"二十五史"经典故事课丛书

ERSHIWUSHI JINGDIAN
GUSHIKE CONGSHU

五陵王气

WULING WANGQI

两汉经典故事课

LIANGHAN JINGDIAN GUSHIKE

张丛林 编著

人民出版社

目　录

两汉经典故事课，共四十篇。其中西汉二十四篇（包括王莽新朝），东汉十六篇。所叙述的历史事件基本都出自《汉书》《后汉书》的记载，个别事件《汉书》没有记载而只出现在《史记》中，就以《史记》的记载为依据，同时结合相关文献进行叙述。故事之后标列"前事后鉴"与"相关链接"两部分，前者是对两汉经典故事各篇所作的评论，后者则是对与两汉经典故事相关的典故、著作、成语、诗词、制度、释词、景点等作出的相关知识点链接。

一、斩白蛇刘邦称帝

上还，过沛，留。置酒沛宫……酒酣，上击筑，自歌曰：
"大风起兮云飞扬，威加海内兮归故乡，安得猛士兮守四方！"

——《汉书·高帝纪》

一个被父母认为不务正业、游手好闲、还有几分无赖的农家仔，奇迹般地成为开创四百年汉家基业的开国皇帝。从布衣到帝王，这是怎样的人生变化？中国历史上第一个平民天子的传奇故事将从这里开始。

战国末期的某个夏季，沛地丰邑中阳里（今属江苏）发生了一桩离奇的事情。一天，一名少妇辛苦劳作了半日，在湖边草地上小憩，不知不觉进入梦境：只见一名丰神绰约的年轻男子飘然而至，少妇一见钟情，很快与其缠绵在一起……这时乌云四合，雷电交加。少妇的丈夫见妻子未归，来到湖边寻找，只见一条蛟龙伏在妻子身上，转瞬不见。年轻的丈夫可能还不知道，妻子于无意中让自己戴了"绿帽子"！打这以后，少妇就有了身孕，怀胎十月，产下一个男孩，这名男孩就是西汉的第一个"真龙"天子——开国皇帝汉高祖刘邦。

刘邦本名刘季，可当了皇帝就再不能叫刘季了，得取个大气的名字才行，于是改名为邦（先秦"邦"指国家，"国"指城邑，后避刘邦讳，"国"才有国家之意）。刘邦长相特异，一副标准的"龙颜"：鼻梁高耸，颧骨突出，须髯修美；左腿上还有七十二颗黑痣。长大后，每当他醉酒时，上面常有真龙现身，父母都感到很奇怪。刘邦为人洒脱大度，乐善好施，轻财重义。但与哥哥勤于农事不同，他从来就不喜欢干农活，游手好闲，懒懒散散。在老实巴交的父母眼里，他是家中最没出息的孩

刘邦（前 256—前 195）画像

子。成人后的刘邦经常到秦帝国的首都咸阳服徭役，闲暇之时逛街，正巧碰上秦始皇出行，看着秦始皇出行队伍锦旗如云、车水马龙的盛大场面，他羡慕地说："嘿，大丈夫活在世上，就应该这个样子！"

后来，刘邦当上了泗水亭亭长（相当于今天的乡村干部），奉命押送刑徒去骊山服役，但在半路上已经有很多的人逃跑了，刘邦自知约束不了众人，走到丰邑的大泽休息时，就松开了刑徒们身上的绳子，让他们自己逃命去。但其中的十几个壮汉表示愿意跟着他，刘邦便带领他们一起逃亡。按秦朝的法律，刘邦他们犯的都是死罪，所以逃跑路上十分小心，为稳妥起见，刘邦派了人在前面探路，没走多远，探路的人跑回来告诉他前边有条大蛇拦路，没法通行，刘邦这天喝了些闷酒，颇有醉意，所谓酒壮人胆，听了探路人的报告，他就训斥说："大老爷们走路，有什么好害怕的！"说着，就分开众人，趔趔趄趄地走到前边，趁着朦胧的月色，刘邦果见一条大蛇横在路中间，

当时他也不知道什么叫害怕，就借着酒力，拔出佩剑将蛇拦腰斩断。又走了一段路后，刘邦酒力发作，头昏脑涨，便躺在路旁休息。不一会儿，后边的人赶了上来，对他说在路旁看见一个老太太哭泣，说是有人把她的儿子杀了，并说她的儿子是白帝的儿子，刚才变成蛇，却在路边被赤帝的儿子杀了，所以才如此伤心。大家当时觉得老太太在说谎，正想说几句话奚落她，老太太却忽然不见了。刘邦听了，心中暗喜，便打算借此号召天下，成就大业。

秦二世元年（前209年）秋天，陈胜等人在蕲县（今安徽宿县）起兵反秦，消息传开后，各郡县人民大都杀死郡守县令以响应陈胜起义。刘邦在萧何、曹参、樊哙等人的帮助下，杀了沛县县令，并被拥立为沛公，领导民众举起了反秦大旗。在陈胜被车夫庄贾杀死后，楚国名将项燕的后人项梁便拥立了楚怀王的孙子熊心做了楚王，定都盱眙（今江苏盱眙），后来项梁遭遇秦将章邯的偷袭，兵败被杀。章邯见项梁死，便率领主力转攻赵国。楚王决定兵分两路去增援赵国。一路由宋义和项羽率领北上，直接救援；一路则由刘邦率领西进关中，牵制秦军，策应北路援军。楚王和众将约定：谁先入定关中谁就做关中王。但当时的秦军还很强大，将领们都不愿意冒险西进和秦军决战。项羽为了给叔叔报仇，要求和刘邦一起西进关中，但遭到大家的一致反对，大家觉得项羽残忍暴虐，又轻信寡谋；而刘邦是个长者，宽厚仁慈，威望较高，所以，最后决定只让刘邦一人领兵西进关中。刘邦开始也不很顺利，经过几次战役之后，才到达灞上（今西安东）。秦王子婴见兵临城下，大势已去，只得献城投降，将玉玺交给了刘邦，秦王朝至此灭亡。

刘邦进入咸阳城以后，自小就居住在简陋农家小院的他流连于富丽堂皇的秦宫，准备就此住下，享受享受。妹夫樊哙劝他说："天下还没有平定，大王怎么就贪图享受起来了？您可别忘了秦朝的前车之鉴呀。"刘邦哪里听得进去？直到谋士张良向他分析大业未成而贪恋富贵的危害，他这才认识到了问题的严重性。于是，刘邦将军队撤退到了灞上。

到达灞上之后，刘邦便召集当地的父老，和他们约法三章：杀人者死，伤人的和偷盗的抵罪。其他秦朝的苛刻法制一律废除，这一举动使他赢得了民心，奠定了日后与项羽争夺天下的民众基础。

项羽在打败章邯，迫使他投降之后，也领兵直奔关中而来，争夺做关中王的资格。等到了函谷关，见刘邦不但已经平定了关中，而且还派兵把守函谷关，不由得大怒，立即发兵攻下了函谷关，然后率领40万大军直奔咸阳，驻扎在了戏下（今陕西临潼东北的戏水西岸）。刘邦的属下曹无伤对刘邦很不满，为了得到更大的官职，他暗地里派人向项羽挑拨说："沛公想在关中做王，然后让子婴做宰相，自己将秦的财物都纳入了私囊。"项羽听了不禁火冒三丈，范增也劝他趁机除掉刘邦这个对手。于是项羽就下令准备第二天攻打刘邦。这时的刘邦兵力只有10万，无法和项羽的40万精兵抗衡。最后是项羽的叔叔项伯"救"了刘邦：刘邦的谋士张良对项伯有救命之恩，项伯为报答张良，连夜潜入营中找到张良，让他赶紧走，以免被杀。张良将消息透露给了刘邦。惊慌之下，刘邦赶忙向张良询问计策，张良让刘邦赶紧去见项伯，说明自己没有野心和项羽争夺王位。

于是，刘邦设盛宴款待项伯，与他约定为亲家。并巧言令色说服项伯，反复称说自己没有野心，请项伯在项羽面前替自己开脱。项伯满口答应，并要刘邦第二天亲自面见项羽以取得原谅。项伯当天夜里就返回了军营，果然说服了项羽不再进攻刘邦。第二天，刘邦如约来到了项羽的军营，只带了樊哙、张良和一百名精锐亲兵。到了项羽的大帐鸿门，当面向迎接他的项羽赔礼道歉。项羽请刘邦入内赴宴，酒宴上，双方剑拔弩张，杀机四伏。项庄在席间借舞剑为名，想趁机刺杀刘邦（成语"项庄舞剑，意在沛公"即出于此），没有成功。后来刘邦借故离开，回到了大营。鸿门宴实际上是刘邦与项羽的一场政治与智慧的较量，项羽的刚愎自用、轻信寡谋，与刘邦的精明圆滑、善于权变形成了强烈的对比，刘胜项败的大结局在这里已经露出了端倪。

鸿门宴之后，项羽便领兵西进，在咸阳城大肆屠杀，秦王子婴也被杀死，秦的宫殿阿房宫被项羽放火焚烧，据说烧了三个月火才熄灭。火烧阿房宫后，项羽分封各路将军为王，刘邦被封为汉王，领地是巴、蜀和汉中共四十一县，国都为南郑（今陕西南郑）。项羽自己为西楚霸王，掌握军队最高统帅权，楚王被尊为义帝。分封完后，项羽让大家到各自的诸侯国去就职，刘邦也只好到南郑去。项羽分给刘邦的军队只有 3 万人，后来又有一些人追随他到了南郑，但总兵力也不足 10 万，刘邦暂时还无法和项羽抗衡，只能坐待时机。为了消除项羽对他的猜疑，也为了断绝其他王侯袭击汉中之路，刘邦采纳张良的建议，将通向汉中的栈道烧毁了。

起初，刘邦并没有东进和项羽争雄的打算，但他到了南郑之后，形势的变化促使他下决心东进，和项羽争夺天下。原因有二：一是将士们不服南郑地方的水土，日夜思念家乡，士气低落。二是被项羽封在齐国的田荣嫌分封不公，起兵反叛项羽，这给刘邦创造了进兵的绝好机会。正巧此时刘邦得到了韩信。韩信被封为大将后，提议立即出兵东进："我们的将士都是山东之人（指函谷关以东地区），现在正好可以利用他们东归回家的强烈愿望，鼓舞士气，东进之后必将建功立业。事不宜迟，应当立即进兵。"于是刘邦让萧何任丞相，负责管理后方巴蜀地区，他亲自和韩信领兵从陈仓（今陕西宝鸡东）偷渡，迅速占领了关中全部，至此，著名的楚汉战争正式爆发。这一年正是公元前206年，即汉王元年。

楚汉战争分为两个阶段，前一阶段是刘邦处于下风，屡次被项羽杀得大败而归，父母妻子被项羽俘获，自己也几乎为项羽活捉。但刘邦的可贵之处是屡败屡战，从不气馁，又能察纳良言，善于将将，终能反败为胜。在刘邦采纳谋士陈平之计，离间了项羽和范增的关系之后，逐渐占据了上风，最后垓下一战，逼得项羽自刎乌江。四年的楚汉相争，终以项羽失败刘邦大获全胜而落下帷幕。

公元前202年的二月初三，刘邦在山东定陶汜水之阳举行登基大典，因为此前他的封爵是"汉王"，于是定国号为汉。刘邦本打算建都洛阳，后接受娄敬的建议，决定定都长安。即位的同年五月，刘邦在洛阳的南宫开庆功宴，宴席上，他和众人总结楚汉战争胜败的经验教训。大臣高起和王陵都说，皇上所以能战胜项羽，是因为能与大家同甘苦，共患难，赏罚分明，而项羽却自私自利，赏罚不公。刘邦认为他们说的有些道理，但没有抓住关键。他总结了自己取胜的原因，说："运筹帷幄之中，决胜于千里之外，我不如张良；镇守后方，抚慰百姓，供应粮草，我不如萧何；领兵百万，攻必取地，战必胜敌，我不如韩信。可是，我能做到知人善用，发挥他们的才干，这才是我们取胜的真正原因。至于项羽，他只有范增一个人可用，却又对他猜疑，这是他最后失败的原因。"刘邦这里提到的张良、萧何与韩信，后人称之为"汉初三杰"。善于识人、用人的确是刘邦的长处，而这一点也的确是他最终成就大业的主要原因之一。

刘邦做了皇帝以后，一次在设盛宴招待英布等大臣时，曾经对在场的父亲夸耀说："原先您老经常说我是个不干活不读书的无赖，没有二哥他们能理家治业。如今我做了皇帝，您看现在是哥哥的财富多，还是我的财富多呢？"当着众多的大臣的面奚落自己的老爸，可见刘邦此时是怎样的得意忘形！但话又说回来，他刘邦能不得意吗？整个天下现在都是他刘邦的，你能说他的财富不多吗？可是，江山是打下来了，怎样才能守住偌大的家业呢？这是刘邦面临的新课题。尤其是在刘邦所封的几个异姓王如韩信、彭越、英布等都反叛之后，刘邦的忧国之思更加强烈。高祖十二年（前195年），在击败反王英布还军京师经过故乡沛县时，刘邦与乡亲们一起宴饮，酒酣耳热之际，刘邦自己作诗，并击筑高歌："大风起啊云飞扬，威加海内啊归故乡，安得猛士啊守四方！"同时叫年轻人唱和，情到极处，刘邦禁不住边歌边舞，慷慨伤怀，眼泪潸潸。是的，刘邦所深深忧虑就是如何守住江山的问题，为了皇权的巩固，他也确实费尽心机，如剪除异姓王，大封同姓王，削弱丞相的权力，等等，莫不是出自这一根本目的。

刘邦在过沛的这一年四月二十五日，病逝于长安，时年六十二岁，在位十二年。葬于长陵，谥号为高皇帝，庙号为高祖，一般都称他汉高祖刘邦。

【前事后鉴】

刘邦从一个不务正业的农家仔发展到一个拥有江山社稷、地位至高无上的封建帝王，其差距何啻霄壤！这种人生的变化是多么富有戏剧性！尽管刘邦编造了"龙种"的神话，以证明他得天下的合法性，但刘邦仍有着斤斤计较于既得的利益，精打细算着生怕失去毫厘的小农意识。何况刘邦现在占有的是九州天下，怎么样保住这份偌大的基业的确是一个天大的难题，因为在刘邦之前，雄才大略的秦始皇也没能解决好这个问题，怎么不使刘邦忧心忡忡呢？在他所分封的异姓王几乎都反叛之后，这种忧虑更是日夜萦绕在他的心头，令他寝食难安。《大风歌》"安得猛士兮守四方"的诗句，是刘邦内心深沉的感慨与真诚的呼唤，充溢着悲壮而苍凉的情调，千年之后，我们仍然能感受得到拥有天下的开国皇帝刘邦那苦闷的心境与真诚的期待！

当然，数千年来，凡开基立业之主，头脑都比较清醒，对怎样巩固政权，都是颇费心思的，例如唐太宗李世民登基后与大臣们展开关于创业难与守业难的讨论，并认为创业难守业更难；宋太祖赵匡胤"杯酒释兵权"，以消除那些勋臣悍将的威胁；明太祖朱元璋兔死狗烹对开国功臣几乎斩尽杀绝；等等，都做的是同一课题——巩固家天下。

刘邦其人及其所作所为都已成为历史，但历史总是给后人以某种经验与教训，只有不忘历史，才能正确地把握现实，创造未来，因为历史是过去的现实，现实是未来的历史。历史对后人的昭示与警策作用是永远也不应忽视的。尽管我们认为刘邦《大风歌》的忧虑是出于一己之私，不过是要巩固刘家天下而已，但它对今天执政党提供的启示则是深刻的：诚如刘邦召唤忠诚的猛士为他守御四方以巩固既得的政权一样，今天，我们执政党执政地位的巩固同样需要执政者的清醒与警惕，同样需要千千万万有执政能力的忠诚之士同德同心，保持清醒，不懈努力！中共中央自党的十八大以来反复强调要提高党的执政能力，加强保持共产党员的先进性教育，坚决持久地惩治腐败，可以说是抓住了问题的本质，是一种充满政治智慧的根本举措。虽然举措的实施与目标的实现还有距离，但清醒地认识到问题的严重性与紧迫性仍然是十分关键的一步，因为孟子的那句话永远也不会过时："生与忧患，死于安乐"！

【相关链接】

成语：

约法三章——当年刘邦进入函谷关，废除秦朝苛酷律法，与三秦百姓约法三章，即只有以下三种行为获罪：杀人偿命，伤人和偷盗判罪。从而赢得了百姓的欢迎，为取得天下奠定了民意基础。约法三章即是指订立法律规章，与人共同遵守，后来泛指订立简单的条款。（《汉书·高帝纪》）

运筹帷幄——张良是帮助刘邦奠定天下的首席谋臣。刘邦曾称赞张良"运筹帷幄之中，决胜于千里之外"。筹，策划；帷幄，军中营帐。谓在后方军帐中对军略作全面策划，指挥前线作战并取得胜利。后泛指策划机要。（《汉书·高帝纪》）

典故：

汉初三杰——指辅佐刘邦打天下的汉初主要功臣张良、萧何与韩信三人。张良是刘邦的首席谋士，在刘邦创建帝业的过程中，他运筹帷幄，屡出奇谋，常使刘邦转危为安，刘邦对他也是言听计从，甚为倚重。萧何与刘邦一同起事，一直是刘邦最得力的助手，刘邦征战在外，常使萧何镇守后方，使粮草兵员得到及时有效的补充，萧何充当了刘邦后勤部长的角色。韩信本是项羽手下的一个下级军官，因不得重用而投奔刘邦，被刘邦拜为大将，是刘邦手下最主要的将领。在楚汉相争中，他常能出奇制胜，挽回败局，后九里山一战，任汉军总指挥，彻底消灭项羽，为西汉政权的建立，立下赫赫战功。消灭项羽以后，在洛阳举行的一次庆功宴会上，刘邦在分析总结自己所以得天下和项羽所以失天下的原因时，认为自己能够任用张良、萧何与韩信这三个杰出人才，是能够夺取天下的主要原因，而项羽所以失败，就是因为他不能任用贤能。尽管刘胜项败的原因很复杂，刘邦所说的也似乎有唯心主义的英雄史观的嫌疑，但凡成大事者，善于识人、用人的确是至关重要的，刘邦的知人善任和张良、萧何、韩信这三个杰出人才的用智用力相结合，也确实是刘邦由平民而至于皇帝的一个重要因素。(《汉书·高帝纪》)

地名：

长安——中国著名古都（今西安）。汉、唐时，长安是世界著名的大都市，又是对外经济文化交流中心。汉高帝七年（前200年）以渭河南岸秦代离宫、兴乐宫为基础，建立国都长安（取"长治久安"之意）。此后有十多个王朝在此建都，或以此为陪都。汉长安城墙始建于汉惠帝时，城在今西安市西北，周围约26公里。隋文帝开皇二年（582年），于龙首原南麓另建国都，号大兴城。唐又改名长安。(《汉书·高帝纪》)

二、倡无为萧规曹随

> （曹）参为相国三年……百姓歌之曰："萧何为法，讲若画一；曹参代之，守而勿失。载其清靖，民以宁一。"
>
> ——《汉书·萧何曹参传》

汉初经济的恢复与刘邦任用的两名宰相（当时称相国）的善于治政很有关系，这两名贤相就是与刘邦一同起事，都出身于县吏的萧何与曹参。萧何订汉律，成规章，固然是一代名相，而他的继任者曹参也因"萧规曹随""无为而治"，为汉王朝的兴盛作出了突出贡献。

汉惠帝即位的第二年，相国萧何病入膏肓。惠帝亲自前去探望，问将来谁来接替相国之职比较合适。萧何觉得臣子是不好自己指定接班人的，就含糊其词地回答说："没有比君主更了解臣子的了。"尽管高皇帝刘邦临终前曾交代过曹参将来可接替萧何的丞相职位，但惠帝还是要征询一下萧何的意见："你看曹参怎么样？"萧何和曹参早年都是沛县的官吏，两人本来关系很好，后跟随汉高祖一起起兵。两人都是刘邦的重臣，但刘邦对萧何更为倚重些，刘邦登极封赏功臣，曹参认为自己久经战阵，功勋卓著，而萧何无非是镇守后方，接济粮草，没有丝毫的战功，可是自己的爵位俸禄却比不上萧何。这样一来，萧、曹二人就有了隔阂。但是萧何毕竟是个谦谦君子，也深知曹参是个治国的人才，所以汉惠帝一提到他，他就表示赞成，说："陛下的主意错不了。有曹参接替，我死了也安心了。"当然，萧何不反对曹参接替自己的相国之职，也有可能已经知道曹参是高皇帝临终时就已内定的相国人选，惠帝征求自己的意见，不过是表示对

曹参（？—前190）画像

一个临终者的尊重而已，赞成或反对，结果都一样。

曹参本是个屡立战功的武将，高祖一直视其为心腹，所以当高祖长子刘肥做齐王的时候，就委派曹参做齐相辅佐刘长。那时候，天下刚安定下来，曹参到了齐国，开始也不知道该怎样治国，于是就召集齐地的父老和儒生一百多人，问他们应该怎样治理百姓。这些人说了一些意见，但是各有各的说法，不知听取哪个才好。后来，曹参打听到当地有一个挺有名望的隐士，叫盖公。便把他请了来，向他请教。这个盖公是相信黄老（黄帝、老子）学说的，主张统治者应该清静无为，让老百姓过安定的生活。曹参采纳了盖公意见，采取宽缓养民的政策，尽可能不去打扰百姓。所以他做齐相九年，齐国全境一直都比较安定。

曹参一听到萧何去世的消息，就叫家人打点行装准备进京。家人不知何故，曹参说："皇上就要下旨让我接替萧相国的职位了。"果然，

萧何一死，汉惠帝马上命令曹参进长安，接替做相国。曹参还是用盖公清静无为的办法，一切按照萧何已经规定的章程办事，什么也不变动。为了尽可能地扫清障碍，以便能更好地实行"无为而治"的治国方针，他还有意从郡县选拔一些不善言辞、老实忠厚的人任丞相府的官员，同时想办法赶走了那些喜欢空谈、不务实际、急功近利的官吏。俗话说，"新官上任三把火"，按理新相国上任伊始，应该有一番不同于前任的作为，可曹参上任则一直不见有什么新举措，一把"火"也没有烧。有些大臣看曹参这样无所作为，有点着急，也有的去找他，想帮他出点主意。但是他们一到曹参家里，曹参就请他们一起喝酒。要是有人在他跟前提起朝廷大事，他总是把话岔开，弄得别人没法开口。最后总是客人喝得醉醺醺地回去，什么也没有说。曹相国府第后花园旁边就是一些下层官吏的住宅，这些官吏经常白天饮酒（大概是当时的公休日吧），并且大呼小叫，吵吵嚷嚷个不停，搞得整个丞相府第都不安宁。曹参的手下人建议责问这些人的过失，可曹参反而也在后花园摆下酒席，一边喝酒，一边歌唱呼喊，与隔壁的那些官吏相应和，一副其乐融融的样子。

汉惠帝看到曹相国这副模样，认为他是倚老卖老，不把自己这个年轻的皇帝放在眼里，心里老大不高兴，因为自己即位不久，缺乏治国的经验，没有丞相的强力支持，总觉着不踏实。曹参的儿子曹窋，在皇宫里侍候惠帝。惠帝嘱咐他说："你回家的时候，找个机会向你父亲传我的话：高皇帝归天了，皇上我又这么年轻，国家大事全靠相国来主持。可您天天喝酒，不管事，这样下去，怎么能够治理好天下呢？看他怎么回答。"

曹窋回家把惠帝的话一五一十跟曹参说了一遍。曹参一听就火了，大骂儿子："你这愣小子懂得什么，国家大事也轮到你来噜苏。"说着，竟用"家法"来责罚儿子，叫仆人拿板子来，把曹窋打了一顿。曹窋莫名其妙地挨打受罚，十分地委屈，回宫后向汉惠帝诉说了此事。惠帝听了非常生气。

第二天，曹参上朝的时候，惠帝就对他说："曹窋跟你说的话，是我叫他说的，你为什么打他？"曹参先向惠帝磕头请了罪，接着说："请问陛下，您跟高祖比，哪一个更英明？"汉惠帝说："那还用讲嘛，我怎么能比得上高皇帝。"曹参又问："我跟萧相国比较，哪一个能干些？"汉惠帝不禁微微一笑，说："好像不如萧相国。"曹参说："陛下说的话都对。陛下不如高皇帝，我又不如萧相国。高皇帝和萧相国平定了天下，又给我们制定了一套规章制度。我们只要按照他们的规定继续办事，不要失职就是了。"汉惠帝这才似乎有点明白曹参的作为。

曹参用他的黄老学说，做了三年相国。由于那时候正处于长期战乱之后，百姓需要安定，他那套办法没有给百姓增加更多的负担，让百姓能更好地休养生息，发展生产，所以国家的元气慢慢得到了恢复，并为后来的文景之治奠定了基础。因此，当时有人编了歌谣称赞萧何和曹参："萧何制定法律，明白如同画一；曹参代而行之，守成不变勿失。清静无为兴国，百姓安康心齐。"历史上把这称之为"萧规曹随"。

【前事后鉴】

在中国历史上，将黄老之学即"无为而治"的思想用之于治国实践，大概是自西汉惠帝开始（此后文、景二帝实行的也是这一基本国策），而具体的实践者就是接替西汉第一任宰相萧何之职的曹参。俗话讲"一朝天子一朝臣","一朝君臣一番新"。历代新君即位，总要显示新朝气象，有一番不同于前任君主的作为，而这种作为又大多是从某些角度否定前任进行的，或改变典章制度、决策措施；或罢除前朝重臣，起用新人。而新朝执掌权柄的大臣，为了显示才能，突显自己的政绩，也会在许多方面另起炉灶，来一个对前任的大否定，这实际上是封建社会官员取得所谓"政绩"的秘诀。

曹参与萧何都是帮助刘邦创业的重臣，但以军功获取爵禄的曹参，对一直当刘邦后勤部长没怎么在战场上厮杀的萧何居然封爵比自己还高这件事是挺不服气的，与萧何自然也就有了矛盾。但萧、曹二人毕竟是一代豪杰，皆有容人容物的宽阔胸襟：萧何十分认可曹参的宰相之才，在皇帝面前积极支持其接任相国之职；而曹参也十分赞赏萧何制定的"汉规"，照章执行。成语"萧规曹随"除了后任按前任既定方针办的意思之外，恐怕也还含有对萧、曹二人特别是曹参政治品格的嘉许的意思在内。曹参本传记载的曹参与汉惠帝的一段对话，表面看起来好像萧规曹随的原因是由于曹参觉得自己的能力不如萧何，所以才不得不如此的，实际这是曹参说服汉惠帝的一种策略。曹参的本意还是老成谋国，因为他清醒地认识到，经历了多年战争的摧残，老百姓再也经不起折腾了，如果朝令夕改，百姓就会无所适从；百姓不能够休养生息，国家元气就得不到迅速恢复，由此就会再生变乱，社稷堪忧。在这种特殊的历史背景下，忠实地执行高祖与萧何制定的已为实践证明为行之有效的律令法规，实行"无为而治"的治国方针，是最佳的政治选择。由此可见，曹参真是一个精于谋国的忠臣、能臣。

有人以为，萧规曹随并不排除曹参的能力不及萧何这一事实，但笔者以为这就更能说明曹参的可贵了，一则表明他有自知之明，懂得才有俊庸，能有优劣，没有高招就不出歪招损民（实际上他的"无为"也是高招）；二则说明他公而忘私，不计较个人声名得失，一切以国家为重，否则即使才能不及前任，变着法儿也能使出几个新招显摆自己，当然"结果"如何是忽略不计的。"按已有的章程办事"，这是曹参的治国思路，从他自己不添什么新招来说是"无为"，但这样做的结果是利于百姓的有为，国家的有为，汉初经济的迅速恢复就是最好的证明。老子说过圣人有"三去"："去甚，去奢，去泰"，从某种角度讲，在中国历史进程中的政坛上，说曹参就是一位能有"三去"的"圣人"或许也不过分。之所以这样说，是因为历史上，尤其是现实生活中，很多官员好像不明白这个理儿。他们热衷于砌新炉灶、提新思路，大到发展战略、城市规划，小到一个市场建设、一条街道拓宽改造，仿佛没有推倒重来式的"思路创新"就没有魄力和水平。这样反复折腾，结果不仅没有"政绩"，反而形成"人祸"。由此看来，历史上"萧规曹随"的故事，对今天的官员仍然是有现实的教育意义的。

【相关链接】

成语：

萧规曹随——西汉初，曹参继萧何为相，全部依据萧何的成规办事。后以"萧规曹随"比喻按照前人的成规办事。（《汉书·曹参传》）

官职：

丞相——官名。战国时期，秦悼武王二年始设左右丞相。至秦朝，中央官吏以丞相、太尉、御史大夫为最高，时谓三公。从秦国开始而在秦朝确立的丞相制度，完成了战国以来政治制度方面的一个重要变化，即彻底废除了世卿世禄制，使权力进一步集中，君权得到加强。西汉初，改丞相为相国，不久恢复旧名，与太尉、御史大夫合称三公。元寿二年（前1年）改称大司徒。东汉末年复称丞相。三国、两晋、南北朝时废时置，有时叫大丞相或相国，大多由权臣担任。唐废丞相，而以中书令、侍中、尚书令、仆射等为宰相；又因为这些官的品位高，轻易不肯授人，而以其他官加"同中书门下平章事"等名义任宰相之职。南宋孝宗时，改尚书左右仆射为左右丞相。元代中书省及行中书省均置左右丞相。明初设丞相，洪武时废。长期以来，丞相通常用作宰相的通称，但宰相不一定是丞相。(《汉书·曹参传》)

三、淮阴侯功高蒙冤

（萧）何曰："诸将易得，至如信，国士无双。王必欲长
王汉中，无所事信；必欲争天下，非信无可与计事者。"

——《汉书·韩信传》

在皇权时代，历来功高震主者都没有好下场，被誉为"汉初三杰"
之一的韩信，就是典型的例子。

韩信，淮阴（今属江苏）人。
很小的时候父母就双双病故，他孤
身飘零，生活窘迫，常常是衣食无
着，但他却怀有安邦定国的远大抱
负，刻苦读书，熟演兵法。迫于生
计，有时不得已在熟人家里混饭吃，
也经常到淮水边上钓鱼，换钱度日。
人常言："人看有的，狗吠丑的"，饥
寒交迫、衣衫褴褛的韩信屡屡遭到
周围人的歧视和冷遇。

当然，也不是所有的人都那么势

韩信（约前 231—前 196）画像

利，韩信也遇到过善心的人，一天，韩信实在饿得不行，连走路也没劲了。一个靠给人家洗衣服度日的老妈妈，见韩信饿得面黄肌瘦，就管了韩信一顿饭，韩信表示将来一定要报答她，老妈妈感到很好笑，说："你现在连肚子都弄不饱，还谈什么报答呀，我是看你饿得可怜，谁图你报答什么呢？"不过韩信的确是一个知恩必报的人，后来发迹当了大将军，还真的把这位老妈妈供养了起来。这就是"一饭千金"成语的由来。韩信还是一个"忍人所不能忍"的大丈夫。一次，一群恶棍当众羞辱韩信。其中一个屠夫对韩信说："你虽然长得又高又大，喜欢佩剑带刀，其实你小子胆子小得很。若有本事的话，你敢用你的佩剑来刺我吗？如果不敢，就从我的裤裆下钻过去。"面对屠夫的肆意挑衅，韩信心里虽气得要命，但一看这帮家伙人多势众，自知形单影只，硬拼肯定吃亏，再说对一个志存高远的人来说，跟这些无赖斗狠斗勇，有什么意思呢？于是，当着许多围观人的面，从那个屠夫的裤裆下钻了过去。围观的人都以为韩信胆小怯懦。这就是史书上说的韩信所忍受的"胯下之辱"。后来韩信发迹，对这个侮辱他的屠夫以德报怨，封他为楚国的中尉。

公元前 209 年，陈胜、吴广揭竿起义。韩信仗剑从军，投奔项梁的西楚军。项梁战死后，又追随项羽，但没有受到项羽的重用，只是充当一名执戟卫士。韩信多次向项羽献策，都未被采纳。于是他愤然逃出楚营，投奔汉王刘邦。刘邦起初也没把他当将才使用，只任命他为治粟都尉，就是管粮草的官员。韩信见刘邦不肯重用，决意离开汉营。丞相萧何平日知道韩信是个奇才，闻讯后立即骑马乘着月色苦苦追赶，将韩信劝回，由此留下了"萧何月下追韩信"的美谈。后来，刘邦在萧何的屡次劝说下，亲自与韩信讨论军国大事，确信韩信为旷世奇才，于是筑拜将台，举行隆重仪式，拜韩信为大将。从此韩信作为一名杰出的军事家，在楚汉相争的军事角逐中，纵横驰骋，每战必胜，为创造西汉帝业立下了汗马功劳。

汉高祖元年（前206年）五月，韩信说服刘邦东进以与项羽争夺天下，并派人修复刘邦进入汉中时烧毁的栈道，以迷惑雍王章邯，自己却率军悄悄沿南郑故道东出陈仓，出其不意，大败章邯军，一举拿下了关中地区，使刘邦得以还定三秦。

汉高祖二年（前205年）二月，韩信引兵出函谷关，将兵锋逼至洛阳，韩王郑昌、殷王司马卬等项羽所属的封国，皆望风归降。然后汉军便与齐赵联合共谋击楚，四月，大军就已进至楚都彭城（今徐州一带），攻势之凌厉，令西楚军胆寒。没想到刘邦进入彭城后就把防务丢在一边，遍搜宝货美人。正在与齐军鏖战的项羽听说彭城失守，急率三万精骑星夜赶回，一战将刘邦击败。韩信闻讯立即赶来收集溃败的部队，和刘邦在洛阳地区会师，又成功地进行了阻击战，在京县、索亭之间把楚军打得大败，使项羽西进的兵锋顿挫。战线最后在荥阳稳定了下来。

刘邦兵败彭城，齐、赵、魏等国见项羽兵强重又倒戈向楚。八月，刘邦封韩信为左丞相，领兵攻魏。魏王豹陈重兵于黄河东岸的蒲坂，韩信针对魏军部署，将大量船只集中在蒲坂对面的临晋，佯作正面渡河之势，暗用木框架绑扎瓦罐做成临时渡河器材，从上游夏阳渡河奇袭安邑，突然出现在魏军背后，大破魏军，俘获了魏王豹。

汉高祖三年（公前204年）九月，韩信又引兵东向阏与，活捉代相夏说，收复了代郡。这时，刘邦却命韩信急调兵力至荥阳加强该地守备，故韩信只带了万余兵力东下井陉攻赵。赵王歇和赵军统帅成安君陈余集中 20 万兵力于太行山区的井陉口，占据有利地形，准备与韩信决战。韩信先以两千轻骑，乘夜迂回到赵军大营的侧后方埋伏。天明后亲率主力前出到河边背水列阵，诱使赵军出营攻击。汉军背河而战，无路可退，人人拼死作战。预先伏下的两千轻骑乘机攻入赵军空营，遍插汉军红旗，赵军见状，军心大乱。韩信挥军趁势反击，大破 20 万赵军，斩杀赵军统帅陈余，生擒赵王歇。接着，韩信又用"上兵伐谋"的办法劝降燕国。

汉高祖四年（公前 203 年）十一月，韩信重兵急袭攻破齐都临淄。楚将龙且急领 20 万人马前来增援，与败退的齐军会师于高密，然后与汉军隔淮水对峙。韩信秘密派人用一万多个沙袋，乘暗夜在上游把淮水堵住。天明后派部分军队渡过淮水，在侧后攻击楚军，继而佯装溃败。龙且误以为汉军胆怯，率主力渡淮水追击。韩信命部属掘开上游堤坝，将楚军冲成两段，汉军运用半渡而击的办法，把已渡水的楚军全歼，龙且被杀。未渡水的齐楚联军不战自溃。韩信趁势挥军追歼逃敌，俘虏齐王田广，全部平定了齐地。

韩信攻占齐地后，项羽万分恐慌，连忙派人去游说韩信，以三分天下为条件，希望韩信反汉联楚，被韩信拒绝。韩信的谋士蒯通劝他："将军难道没有听说过勇略震主者身危，功盖天下者不赏的道理吗？……将军如今既有震主的威名，又挟难赏的大功，归楚，楚不信；归汉，汉王震恐。若不自立为王，何处是你的归宿呢？"韩信是一个"一饭之恩必偿"的人，更何况是刘邦让自己做了大将军。听了蒯通的话连连摆手说："请不要再说了，汉王待我十分厚恩，把他的车给我乘，把他的衣给我穿，把他的饭给我吃。古人说过：乘人家的车，要替人解难；穿人家的衣，应替人分忧；吃人家的饭，就该为人家卖命。我怎么能见利忘义呢？"于是，谢绝了蒯通的建议。可是齐地初定，需要立"王"掌政以安民心。所以韩信就修书派使者请求刘邦立他为假齐王（代理齐王）。当时，刘邦正被项羽困在荥阳，自顾不暇，看了韩信来书后勃然大怒，本不想应允，后来，听取了张良和陈平的意见后，又说："大丈夫平定了诸侯就是真王，当假王干什么！"于是，立韩信为齐王，并征调他的部队攻楚。

汉高祖五年十二月，楚汉两军在垓下（今安徽灵璧南）展开决战。刘邦以韩信为主将，统一指挥各路大军。项羽指挥十万楚军，从正面向汉军阵地猛攻。韩信采用典型的侧翼攻击战法，令汉军中军稍稍后退，避开楚军锐气，而将两翼展开，实行侧击，然后再令中军推进，一下子完成了合围。入夜，韩信令人四面唱起楚歌，终使楚军丧失斗志，被汉军一举聚歼于垓下。项羽眼见大势已去，羞于见江东父老，自刎于乌江。历时近五年的楚汉战争以汉王刘邦夺得天下而告终。

韩信以项羽帐下执戟卫士的低微身份，几年内登坛拜将，屡建奇勋，终至成为左右楚汉战争的一方诸侯。蒯通以"略不世出"来赞誉这位叱咤风云的军事奇才。其用兵之道，为后世兵家所推崇。据《汉书·艺文志》记载，他曾著有《韩信兵法》三章，可惜已经失传。韩信的军事才能令刘邦极度不安，故在项羽败亡后，即夺其兵权，改封为楚王，接着又降爵为淮阴侯，软禁于京都长安。一天，刘邦问韩信："你看我能带多少兵？"韩信说："陛下不过能带十万兵而已。"刘邦又问："那么你呢？"韩信十分自负地说："我韩信将兵是越多越好（多多益善）啊！"韩信的绝世军功和才华终于招来了杀身之祸，汉高帝十一年（前196年），刘邦御驾亲征叛臣陈豨，吕后和萧何将韩信诱至长乐宫的钟室，以谋反的罪名将他杀害。一代名将，惨遭冤死，令人扼腕。

【前事后鉴】

淮阴侯韩信是西汉开基立业的第一大功臣。关于韩信之死，《汉书》的作者班固在韩信本传中认定他是谋反被诛。说韩信等人"皆徼一时之权变，以诈力成功，咸得裂土，南面称孤。见疑强大，怀不自安，事穷势迫，卒谋叛逆，终于灭亡"。又有人根据《史记·淮阴侯列传》赞语的说法，认为司马迁也是将韩信的被诛看作是因谋反之罪，实际上司马迁这里用的曲笔。赞语中所谓"天下已集，乃谋畔逆，夷灭宗族，不亦宜乎"数语，是有隐含之意的。韩信不在能够左右楚汉胜负时采纳蒯通的建议叛汉以自立，而偏偏要等到天下已定、江山有主时来谋反，这种违反常理的事情有谁相信呢？韩信被杀，只是应了"鸟尽弓藏，兔死狗烹"这句古语罢了。韩信虽然打仗是把好手，称得上是一位常胜将军，并且有人以"兵仙神帅"誉之，但他不懂得帝王心术，又为感恩的思想所束缚而不能有更大的作为，同时又不能像古人范蠡和时贤张良那样功成身退，所以最终逃脱不了越王勾践的谋臣文种那样的命运，实在是令人惋惜。

韩信的成败，与"汉初三杰"之一的萧何有密切关系。后人所谓"成也萧何，败也萧何"，是说韩信登坛拜将，靠的是萧何极力举荐；而韩信最终被杀，也是萧何与吕后所谋。南宋思想家陈亮说的一针见血："韩信以盖世之功，进退无以自明，萧何能知之于未用之先，而卒不能保其非叛，方且借信以自保之术。"（《陈亮集》卷九《论》）

在位于今天汉中城东南的拜将台，竖有"汉大将韩信拜将台"的碑石，碑石上刻有后人的一首绝句："辜负孤忠一片丹，未央宫月剑光寒。沛公帝业今何在，不及淮阴有将台。"诗人大概是感愤于刘邦的卸磨杀驴，但却忘了这拜将台就是刘邦弄出来的，没有皇帝刘邦，又哪里有大将韩信？不过话又说回来，刘邦的恶劣与韩信的孤忠总是让人们将同情的目光投向受害者韩信。问题还是上面所说的，韩信功高震主而不自知，擅长带兵而昧于世故人情，缺乏对帝王心术揣摩的能力，最终免不了遭人暗算，死于非命。韩信虽是古人，但他的人生悲剧对世人则有着警醒作用！

【相关链接】

成语：

多多益善——越多越好的意思。刘邦曾问韩信，他刘邦能够指挥多少军队，韩信说："您顶多只能指挥十万。"刘邦问韩信："你呢？"韩信很自信地回答："我嘛！越多越好！"（《汉书·韩信传》）

一饭千金——比喻受人很小的恩惠，而给人很重的报偿。韩信落魄困窘，饥饿难耐，在城下垂钓。有一个靠给人家浆洗衣物为生的老妇人见他实在可怜，就给了他一顿饭吃。后来韩信发迹，赡养这位老妇，以千金报答她当年的一饭之恩。（《汉书·韩信传》）

胯下之辱——胯，两腿之间，承受在别人两腿之间钻过去的侮辱，比喻承受极大的人格侮辱。韩信落魄时，街上一群无赖与他纠缠，以至于要韩信从胯下钻过去才罢手。胸怀大志的韩信不愿与这类泼皮搏命，就从他的两腿中间钻了过去。（《汉书·韩信传》）

人文景观：

　　拜将坛——拜将坛亦称拜将台，位于汉中石城南门外，南环中路南侧。由南北两座土台组成，台高3米多，面积为7840平方米，相传为刘邦拜韩信为大将时所筑。南台四周用汉白玉栏杆围砌，台场平坦宽敞，台脚下东西各竖立一石碑，东碑阳刻"拜将坛"3个字，碑阴刻《登台对》。西碑阳刻"汉大将韩信拜将坛"8个字，碑阴刻七绝一首："辜负孤忠一片丹，未央宫月剑光寒。沛公帝业今何在，不及淮阴有将坛。"两碑相望，更为古坛增添色彩。北台上建有一亭，顶部是斜山式。斗拱飞檐翘角，下边枋檩竹等均施玄紫彩色和苏式彩画。此亭形体舒展而稳重，气势雄浑而大方，金碧辉煌，十分壮观！安放于拜将台的汉中世纪大钟，重达11吨，属中国西部最大的铜钟，其声洪亮，气势壮观，与拜将台交相辉映。

四、吕后临朝制天下

　　高后女主制政，不出房闼，而天下晏然，刑罚罕用，民
务稼穑，衣食滋殖。

　　　　　　　　　　　　　　　　——《汉书·高后纪》

　　如果说唐朝武则天是中国第一个也是唯一的一个女皇的话，那么，西汉开国皇帝刘邦的皇后吕雉则是中国历史上第一个临朝的女主。就是这位辅佐刘邦开基立业、功勋卓著的巾帼豪杰，在刘邦死后，背离刘邦生前"非刘姓不得为王"的誓约，大封吕姓王，几乎使刘姓江山易主。

　　公元前195年，汉高祖刘邦去世，他的嫡长子刘盈继承帝位，这就是西汉的第二位天子汉惠帝。刘盈为吕后所生，虽在弟兄中排行第二，但属嫡出（古代发妻所生子女为嫡出，妃

吕雉（约前241—前180）画像

妾所生子女为庶出），所以早在刘邦称帝时便被立为太子。刘盈为人心地善良，待人宽厚。但性格柔弱，缺少父亲刘邦的雄才大略和杀伐决断的气质，所以少年时便不大为父亲宠爱。当年刘邦宠爱戚夫人，就几次想要废掉刘盈，另立戚夫人所生的赵王如意为太子，只因吕后和张良等人设计，请来当年刘邦多次想请都没能请到的大隐士商山四皓，出山辅佐太子刘盈，刘邦见太子羽翼已丰，也就打消了废立太子的念头，刘盈这才保住了的太子地位。

刘邦一死，太子刘盈虽然即位为帝，但实际掌权的则是吕后。吕雉是刘邦的原配，刘邦称帝后被立为皇后。吕后为人刚毅果决而富有谋略，自刘邦起事开始就辅佐高祖打天下，为刘氏江山的建立立下了汗马功劳。西汉立国之初，她又多次为高祖出谋划策，诛除功臣韩信、彭越等，平定诸侯王的反叛，为汉家天下消除了许多心腹隐患。然而，吕后为人极有野心，且阴狠毒辣、残酷无情。刘邦去世，吕后秘不发丧，与心腹审食其商量，要杀害一些掌大权的功臣。有人得到这个消息，就报告了大将郦商。郦商对审食其说："我听说皇上已晏驾四天了，你们秘而不宣，还打算杀害功臣，现在陈平和灌婴统领10万大军驻扎在荥阳，樊哙和周勃率领20万兵马平定燕、代，倘若他们得知皇上已经归天，朝廷又想除掉他们，他们联手造反，局面怎么收拾呢？"审食其将郦商的话转奏吕后，吕后也觉得时机还不成熟，这才让太子刘盈即位为皇帝。

刘盈即位时虽已17岁，但仍然少不更事，再加上他生性庸懦，又体弱多病，朝廷大权便由他的母亲皇太后吕雉执掌，从此开启了中国历史上女主临朝的先例。

吕后一旦大权在握，就开始对刘邦的子孙下起了毒手。她首先要加害的是她的情敌——刘邦生前所宠爱的戚夫人及其子赵王如意。刘邦死后第二年，她将赵王如意召回京城，意图加害。惠帝知道后，将赵王亲自接到宫中，同吃同睡，加以保护。但有一天，惠帝外出练箭时见刘如意还在熟睡，就没叫醒他同去。等惠帝回宫时，赵王如意已经七窍流血，被毒死在床上。

不久，吕后又将戚夫人砍去手脚，挖去眼珠，弄聋耳朵，药哑喉咙，然后扔进厕所，称为"人彘"，并叫惠帝前往观看。惠帝见到人彘，知是戚姬，惊恐万状，号啕大哭。此后，竟然得了一身重病，长时间卧床不起。惠帝曾派人对吕后说："将人摧残成这个样子，哪里是人能够做出来的？我作为您的儿子，再也没有颜面治理这个国家了。"从此，惠帝便终日饮酒作乐，不问政事，一切大权全部委交吕后。这样，刘盈当了7年傀儡皇帝，于公元前188年八月病逝于长安未央宫，年仅24岁。刘盈去世后被安葬于安陵（在今陕西咸阳市东），谥为孝惠帝。

汉惠帝一死，吕后干号无泪。张良的儿子张辟疆看出了吕后假哭的秘密。他对丞相陈平说："太后哭泣伤心却没有眼泪，是因为她疑惧你们这些功臣。如果您让太后的子侄掌控大权，太后就放心了。"陈平接受了他的建议，吕后真的心安了，再哭也有泪水了。

惠帝娶外甥女张氏（刘盈亲姐鲁元公主与张敖所生，当时近亲结婚和乱婚现象尚不少见）为皇后。不知是否因近亲结婚的缘故，张皇后没有为刘盈生下一男半女。为了保住其地位，张氏与吕后合谋，抱养一名宫中美女所生男婴，冒充为张皇后生的儿子，将婴儿取名刘恭，并将他的亲母杀害。刘恭在惠帝生前被立为太子。关于刘恭生父的身份，有说是惠帝的，也有说是吕氏家族的。惠帝死后，吕后便立太子刘恭为帝，史称"少帝"。吕后自己则以太皇太后的身份正式"临朝称制"，公开行使皇帝的一切权力。然而，这时的吕后，已非昔日之吕后。她的思想发生了巨大的变化，权欲和私心极度膨胀。她公开独揽大权还不满足，竟然想要将刘氏天下改变为吕氏天下。高后元年（前187年），吕后公然违背刘邦生前订立的"非刘氏而王，天下共击之"的盟誓，向大臣们提议分封吕氏子弟为王，虽有像王陵这样的大臣坚决反对，但大多数大臣包括丞相陈平、太尉周勃等慑于吕后之威，只好认可。这样，吕后便大封吕氏子弟，封王的有4人（吕王吕台、梁王吕产、赵王吕禄、燕王吕通），封列侯的有6人。吕后又命吕台与吕产分别统领南军、北军，控制了卫戍京师的军权。她还借故杀掉了刘邦的两个儿子（赵王刘友、梁王刘恢），大力排斥刘氏势力，同时将大批吕氏家族女子嫁给刘氏各王侯为妻，以监控刘氏势力。

经过吕后这一番惨淡经营，诸吕权倾朝野，使刘氏江山面临易姓的危险。丞相陈平见抗争无用，就向大臣陆贾请教对策。陆贾教他与太尉周勃搞好关系，密切合作，将相调和，下面的大臣就会依附。如此，天下形势虽变，则权力不会分散，还有希望。陈平依计而行。吕后见一将一相非常和睦，果然有所忌惮。

公元前184年，当了4年傀儡皇帝的少帝刘恭得知自己并非张皇后的儿子，而亲生母亲已被太皇太后杀害的消息，非常悲愤，发誓说等自己长大后一定要为生母报仇。此话不知怎么传到了吕后那里，吕后害怕日后生变，便一不做二不休，干脆将刘恭囚禁起来，不久便将他杀害，另立惠帝的儿子（庶出——惠帝嫔妃所生）常山王刘义为帝，改名刘弘，这是汉初历史上的又一位少帝。这样，汉王朝的一切大权，仍牢牢掌握在吕后手中。

自惠帝登基开始，吕后实际执掌朝政长达 16 年，至公元前 180 年去世。死前，她任命侄子吕产为相国，统领北军；吕禄为上将军，统领南军；立吕禄之女为皇后：一心想维持吕家天下。然而，刘氏的势力仍很强大，而丞相陈平与太尉周勃也暗中与刘氏联合，待机而动。吕后一去世，陈平、周勃便与刘氏各王合力，举兵讨伐吕氏，诛杀吕产、吕禄及吕后所立少帝刘弘与惠帝各子，一举将吕后家族势力全部消灭，并迎立刘邦的庶子代王刘恒为帝，恢复了刘氏家族的统治。吕后时代至此结束。

吕后执政时期，能继承高祖开创的与民休息、无为而治和对外和亲的政策，使得西汉初期社会经济得到了进一步的恢复和发展，为其后的文景之治奠定了基础。所以说，吕后专政，虽危害刘氏王朝，但从历史的角度看，她无疑是一位对社会进步作出了杰出贡献的历史人物。

【前事后鉴】

在父系社会，"牝鸡司晨"的现象总是反常而不合时宜，令人厌恶的。女性当权在封建社会更会受到舆论的普遍攻击。这虽然实质上是男尊女卑观念在作怪，但关键还在于当权的女性对男权提出了严重的挑战。当男权的传统地位受到严重威胁时，那些所谓男权的中坚力量——文人政客们，对侵夺了他们那至高无上权力的女性予以大张挞伐，也就不足为怪了。但男人们也不得不承认，吕后的确是一个了不起的女性。她代表了一个时代，一个可以称之为吕后的或吕后专权的时代。在那个时代，吕后就是权力，就是威严，就是至高无上的神圣。作为"信史"的《史记》《汉书》都将吕后写入帝王类的传记——

《本纪》中，也是认可了吕后实际帝王地位的事实。

吕后，姓吕名雉，是高皇帝刘邦的结发妻子，西汉建立，被立为皇后，故称吕后。她是中国历史上第一个未戴皇冠的"女皇"。刘邦死后，她执掌朝政十六年，临朝称制八年，为了加强吕氏势力，她不惜残害刘邦后代，打击开国功臣，并且违背刘邦"非刘氏而王，天下共击之"的规约，大封吕氏为王，几乎断送了刘氏天下。她在世时，朝中文武大臣除了一个憨直的王陵作了一次无谓的抗争之外，他人皆慑于这位女主之威，对其唯唯诺诺，噤若寒蝉，即便是勇武如周勃，睿智如陈平者皆是如此。直到吕雉死后，周勃、陈平才敢发难，诛杀诸吕，江山才又真正回到刘姓手中。

中国历史上攫取最高权力的女性只有三人：吕后、武则天、慈禧太后。她们的善恶优劣姑且不论，仅就她们挑战男权的勇气而言，说明她们都是了不起的奇女子。而吕雉，作为一个女性，为什么能破天荒地登上权力的顶峰，并且能够坐稳江山呢？原因大致有四：

第一，吕后有攫取最高权力的个人素质与能力。吕后是刘邦的原配，在刘邦创立帝业的过程中，与刘邦患难与共，并和刘邦一起步步登上权力的巅峰。其间经历多少艰难曲折、运用哪些阴谋诡计，非一般人所能知晓。也正是这不凡的经历让吕后具备了高超的政治手腕和刚毅的品质。她行事果决，手段毒辣，且能谋定而后动，的确已经具备了一个成功的君主所必备的素质和开创一个时代的能力。加之太后的特殊身份，她能够专权也就不令人感到惊讶了。

第二，"雄鸡"不"雄"导致"牝鸡司晨"。凡女主临朝，男性君主过于仁弱都是其重要原因之一。吕后之所以能够专权，也是由于她的儿子汉惠帝太过仁弱。《史记》上说惠帝见了"人彘"以后，乃大哭，因病，岁余不能起。"孝惠以此自饮为淫乐，不听政。"(《史记·吕太后本纪》)这样一个过于仁弱的人显然不能适应复杂残酷的政治斗争。他一共在位七年零八个月，可始终是一个傀儡皇帝。惠帝死后，吕后更可以名正言顺地以太皇太后的名义，操纵年幼的少帝，垂帘听政了。

第三，采取高明的策略——弱刘强吕，控制朝臣。惠帝死后，为了培植支撑自己专政局面的力量，吕后便开始大肆杀戮刘姓子弟，并大封吕氏宗亲。没有多长时间，吕家的势力已经盘根错节地从中央伸到了地方，牢牢掌控了整个国家。当时，全国最重要的两支军队——南军、北军，都被吕家掌握在手中。北军兵符在吕禄手中，南军则被吕产控制。这两支军队是负责京畿地区的防御的，掌握了这两支军队，就等于把满朝文武的性命捏在手中。这样，谁还敢公开和她唱对台戏呢？这也就是吕后背离高祖刘邦非刘姓不得封王的誓约而封吕氏为王时，忠于刘姓王朝而有文韬武略的陈平、周勃也只能听之任之的重要原因。

第四，执行宽缓养民的政策，社会基础稳固。虽然吕后在政治斗争中异常残暴，剪除异己而不择手段，但仍奉行黄老无为而治的指导思想，大力发展经济，让老百姓休养生息，"高后女主称制，政不出房户，天下晏然。刑罚罕用，罪人是希。民务稼穑，衣食滋殖。"(《史记·吕太后本纪》)那个时候，吃穿不愁、安居乐业本来就是普通百姓最大的欲求。至于统治高层斗争是如何残酷，皇帝是男是女，姓刘姓吕，他们或许并不在意。只要这种能让老百姓过上好日子的政策不变，下面就不会乱。下面不会乱，而上面又已被吕后征服控制，她怎么不可以稳坐江山呢？从吕后能够坐稳江山的事实，我们或许更能懂得，民心的向背是何等地重要！

【相关链接】

释词：

左袒——汉高祖刘邦死后，吕后当权，培植吕姓势力。吕后死后，太尉周勃夺取吕氏的兵权，在军中对众人说："拥护吕氏的右袒（露出右臂），拥护刘氏的左袒"。后来把偏护一方叫左袒。（《汉书·高后纪》）

兵制：

南军——西汉时，禁卫军有南军、北军。南军因居京师长安城内的南面，故称。由卫尉统率，除守卫未央宫外，还守卫长乐、建章、甘泉等宫。卫士由各郡服兵役的百姓调充，每年轮换。南北朝时，南朝军队泛称南军，南朝也用以自称。

北军——西汉时禁卫军名，初由中尉统率，因驻守长安城内北部，故称。汉武帝时，扩大北军，改北军中垒为中垒校尉。又增设屯骑、步兵、越骑、长水、胡骑、射声、虎贲等七校尉，分别驻守长安城中及附近各地，并随军出战，中尉也改称执金吾，不再统率北军。东汉时省去中垒，并胡骑入长水，虎贲入射声，置北军中侯以监五营，称为北军五校。

五、缇萦上书除肉刑

（文帝）下诏曰："……今人有过，教未施而刑加焉，或欲改行为善而道毋由也。朕甚怜之。夫刑至断支体，刻肌肤，终身不息，何其楚痛而不德也，岂称为民父母之意哉！其除肉刑。"

——《史记·孝文帝本纪》

汉文帝之谥号为"文"，乃是褒其文德大修之意。对于汉文帝的文德，历来史家赞不绝口。而废除肉刑就是文帝最主要的功德之一，但肉刑的废除，起因却在一个本是名不见经传的小女孩身上。

汉文帝的母亲薄太后出身低微，在汉高祖活着的时候是个不得宠的妃子。她怕住在宫里受吕后的陷害，就请求跟着儿子住在代郡。住在代郡不像在皇宫里那么阔气，因此，娘儿俩多少知道一些老百姓的疾苦。特别是文帝刘恒，由于其母薄姬一直不受宠，他也就没有一般王子的骄纵与奢华。所以当了皇帝以后，文帝能够体恤民情，节俭自律，被后来的史学家称为最有德望的一代仁君。

汉文帝即位不久，就下了一道诏书说："一个人犯了法，定了罪也就是了。为什么要把他的父母妻儿也一起逮捕办罪呢？我不相信这

缇萦上书图

种法令有什么好处，请你们商议一下改变的办法。"大臣们一商量，按照汉文帝的意见，废除了一人犯法、全家连坐（连坐，就是被牵连一同办罪）的法令。

公元前167年五月，临淄地方有个小姑娘名叫淳于缇萦（淳于是姓，缇萦音 tí yíng）。她的父亲淳于意，本来是个读书人，因为喜欢医学，经常给人治病，往往是药到病除，由于医术高明，所以在当地很有名气。后来他做了太仓令，但他不愿意跟做官的来往，也不屑于拍上司的马屁。但官场上往往是身不由己，要想保持自己人格的独立是不可能的。所以没多久，淳于意便辞去官职，当起专职救死扶伤的医生来了。

但再高明的医生，也有治不好的病。有一次，有个大商人的妻子生了病，请淳于意医治。那病人吃了淳于意开的药，病没见好转，过了几天却死了。大商人就认为是淳于意庸医误诊，致死人命，就向官府状告淳于意，说他乱开药方，胡乱治死了人。当地的官吏判淳于意"肉刑"（当时的肉刑有脸上刺字、割去鼻子、砍去左足或右足等），要把他押解到长安去受刑。

淳于意有五个女儿，没生儿子。他被押解到长安去离开家的时候，望着"五朵金花"直叹气，说："唉，可惜我没有男孩，遇到急难，一个有用的也没有。"

几个女儿都低着头伤心得直哭，只有最小的女儿缇萦又是悲伤，又是气愤。她想："为什么女儿偏没有用呢?"她提出要陪父亲一起去长安,家里人再三劝阻她也没有用。

缇萦到了长安,托人写了一封奏章,到宫门口递给守门的人。汉文帝接到奏章,知道上书的是个小姑娘,倒很重视。那奏章上写着:

"我叫缇萦,是太仓令淳于意的小女儿。我父亲做官的时候,齐地的人都说他是个清官。这会儿他犯了罪,被判处肉刑。我不但为父亲难过,也为所有受肉刑的人伤心。一个人砍去脚就成了残废;割去了鼻子,不能再安上去,就是以后想改过自新,也没有办法了。我情愿让官府没收为奴,替父亲赎罪,好让他有个改过自新的机会。"

汉文帝看了信,十分同情这个小姑娘,又觉得她说的有道理,就召集大臣,对大臣们说:"犯了罪该受罚,这是没话说的。可是受了罚,也该让他重新做人才是。现在惩办一个犯人,在他脸上刺字或者毁坏他的肢体,这样的刑罚怎么能劝人为善呢。你们商量一个代替肉刑的办法吧!"

大臣们一商议,拟定一个办法,把肉刑改用打板子。原来判砍去脚的,改为打五百板子;原来判割鼻子的改为打三百板子。于是,汉文帝就正式下令废除肉刑。这样,小女孩缇萦就救了她父亲一命。

文帝是中国历史第一个下令废除肉刑的帝王,他的这一善举,为后代历史学家盛赞不已。东汉的班固为此赋诗《咏史》一首(据说是中国文学史上第一首咏史诗):

三王德弥薄,惟后用肉刑。

太仓令有罪,就递长安城。

自恨身无子,困急独茕茕。

小女痛父言，死者不可生。

上书诣阙下，思古歌鸡鸣。

忧心摧折裂，晨风扬激声。

圣汉孝文帝，恻然感至情。

百男何愦愦，不如一缇萦！

班固的这首赞诗说，小缇萦不仅救了自己的父亲，也成就了汉文帝的高德美名。当然，缇萦这个本应是名不见经传的小女孩，也因为她的聪明智慧和过人的勇气，使其芳名永载史册。

【前事后鉴】

缇萦上书救父而促使朝廷废除了肉刑，看似偶然，但随着社会文明的进步，肉刑的废除是一种必然的趋势。汉文帝即位的第二年即废除"连坐制"就说明了这一点。汉文帝"废肉刑"，以笞、徒取代长期存在的墨、劓、刖三种肉刑，是刑罚制度发展史上的一大进步，标志着刑罚由野蛮、残酷走向文明、人道的开端。但关于肉刑的存废，在中国古代法制史上始终是一个有争论的问题，在两汉魏晋时期争论最为激烈。在实践中，肉刑的实施也因皇帝的肯定或否定的态度而时存时废。

现代一些学者著文对历史上的这一论争进行了分析梳理。总起来看，主张废肉刑的人，从汉文帝到王充、荀悦、王朗、孔融、曹羲及晋元帝时的曹彦、桓彝等人，都认为肉刑残痛不德，对犯人的身体和精神伤害极深，因此肉刑不可复行。曹羲则进一步从犯罪与刑法的关系上论证肉刑之不可行。他认为，对于罪犯应当首先注意他犯罪的缘由，然后再加以救济。救济的方法不应以威吓为目的来实施刑罚，而应以仁德为宗旨对罪犯实行感化。这些观点基本上还是儒家的"仁政"思想和"教育刑"的观念。主张恢复肉刑的人，主要有班固、仲长统、陈群、钟繇、曹洪等人，他们的主要依据是，汉文帝废肉刑"内实杀人"（指打人三百或五百板子可以致人于死），且死刑的功效远远不如肉刑。其中，曹洪的观点更明显地体现了刑罚威吓主义，他认为："以肉刑代其死，则亦足以惩示凶人，而刑者犹坐役，能有所为，又不绝其生育之道，而终身残毁，百姓见之，莫不寒心，亦足以使未犯者肃然，以彰示将来，乃过于杀人。杀人非不重也，然辜之三日，行埋弃之，不知者众，不见者多也。"两派观点反映了当时对施用刑罚的目的、作用乃至法律的本质的不同看法。主张废肉刑的，认为刑罚的目的是用以改善犯人的恶性，虽然对于过去已无法挽救，但对于将来却可以提前预防，既要发挥法律的功能，又要给犯人改过自新的机会。主张恢复肉刑的则认为，刑罚应当具有两种作用，一种是使犯人本身感受痛苦，另一种是给未犯者一种警告，使之有所畏惧，最重要的意义便是威吓。

学者们认为，对于肉刑存废问题应当用历史的眼光去观察，在刑罚制度发展的历史进程中，如此重大的变革引起争论是不可避免的。实际上类似的争论仍在继续，例如当今世界各国，对于死刑的废除与否，看法也不一致，其具体的用废也是根据各国的国情而定，这种争论与不一致，或许还要存在很长时间。

【相关链接】

刑制：

五刑——上古的五刑都是残害肢体的刑罚，它反映出蒙昧时期刑罚的野蛮。秦亡汉立后，随着生产力的发展、社会的进步、文明程度的提高及对人的生命的尊重，汉文帝开始，以墨（面额刺字染墨）、劓（割鼻）、刖（斩脚趾或脚）、宫（阉割生殖器）、辟（死刑）为主的旧五刑也逐渐为笞（鞭打）、杖（杖刑）、徒（服苦役）、流（流放偏远苦寒之地）、死的新五刑所取代。

肉刑——广义的肉刑，指墨、劓、刖、宫、大辟等五种刑罚。狭义的肉刑，则指死刑以外的其他刑罚。以其侵刻肌肤，残害人体，故名肉刑。《汉书·艺文志》说："禹承尧、舜之后，自以德衰而制肉刑，汤、武顺而行之者，以俗薄于唐虞故也。"这是说，肉刑始于夏商周三代。汉文帝在位期间，先后废除了肉刑中的墨、劓、刖、宫刑，被后人誉为"千古之仁政"。自此以后，虽屡有恢复肉刑的议论，但终未被采用。当然，使用肉刑的个别事例还是有的。

六、汉文景励精图治

> 周秦之敝，网密文峻，而奸轨不胜。汉兴，扫除烦苛，与民休息。至于孝文，加之以恭俭，孝景遵业，五六十载之间，至于移风易俗，黎民醇厚，周云成康，汉言文景，美矣！
>
> ——《汉书·景帝纪》

中国封建社会自秦汉到清代的两千余年，被史家称之为盛世的并不多，最为人称道的或许也只有汉代的文景之治，唐代的贞观之治、开元盛世和清代的康乾盛世而已。上述屈指可数的几个盛世的出现都有其不同的历史机缘，而中国封建社会最早出现的盛世文景之治，则是这样形成的。

公元前 180 年闰九月，西汉大臣周勃、陈平等迎立代王刘恒为帝，中国历史由此进入了一个空前盛世——文景时代。

汉文帝刘恒在汉高祖刘邦的儿子中排行第四，母亲为薄夫人。公元前 196 年，刘邦平定陈豨叛乱后，封六岁的刘恒为代王，镇守西北。刘恒得以继皇帝位的原因，除了有当皇帝的血统以外，还有三点：一是刘恒为代王时，即以"贤圣仁孝闻于天下"，声誉不错；二是

汉文帝（前202—前157）画像

消灭吕氏势力之后，刘恒是尚健在的刘邦儿子们中年纪最长（22岁）的一位，因为礼制规定，立长不立幼。三是大臣陈平、周勃鉴于吕后时代外戚专权的教训，才看中了刘恒，因为他母亲薄氏家族在朝中没有任何势力，刘恒当皇帝，既无外戚干政之忧，说不定看着就很"老实"的皇帝刘恒还可以被他们这些强臣所驾驭呢！

但文帝是一个精于谋算、城府极深的人，刚即位时他对周勃、陈平这些拥立大臣还有所忌惮，但没过多久，就很快建立了自己的班底，将这些元老重臣治理得服服帖帖了，后来还削弱了丞相陈平的权力，罢免了周勃的太尉之职。周勃、陈平等人想控制文帝的算盘到底落了空。

文帝是个俭约节欲、谦逊克己的君主。他好黄老之学，在位二十三年，对稳定汉初封建统治秩序，恢复国力、发展经济，起了重要作用。汉文帝十分重视农业生产，即位后多次下诏劝课农桑，并按户口比例设置三老、孝悌、力田等地方吏员，经常给予他们赏赐，以鼓励农民发展生产。他注意减轻人民负担，常颁布减省租赋诏令。前178年和前168年两次"除田租税之半"，即租率从十五税一减至三十税一，前167年又下令尽免民田租税。此后，三十税一就成为汉代田税定制。同时，每年的算赋，也由过去每年每人一百二十钱减至四十钱，徭役则减至每三年服役一次。此外，文帝还下诏"弛山泽之禁"，向百姓开放土地和山林资源，任他们开垦耕种；并废除盗铸钱令，开放金融，实行金融自由政策，结果富商大贾周流天下，交易之物无不流通，商业迅速发展。农工商业的发展，使文帝时期蓄积渐增，户口渐多，国家的粮仓钱库溢满，海内殷富，天下家给人足，社会经济繁荣。

在高祖、吕后对秦代的苛刑峻法改革的基础上，文帝又进一步作了重大改革。秦代法律规定，一人犯罪，其父母、兄弟、姊妹、妻子和子女都要连坐，重者处死，轻者没入官府为奴，称为"收孥相坐律"。文帝即位的第二年，即颁布"尽除收孥相坐律令"。前167年，又将黥、劓、刖左右趾这几种肉刑，分别改为笞三百、五百。秦法还规定，判为隶臣妾以及比隶臣妾更重的罪人，都没有刑期，终身服劳役。文帝诏令重新制定法律，根据犯罪情节轻重，规定服役期限；罪人服役期满，可免为庶人。文帝还在一定程度上尊重官吏的断狱，如对廷尉张释之的几次断狱，虽有不同意见，但最后还是认为"廷尉当是也"，接受了张释之的判决。晁错为内史时，他"惩恶亡秦之政"，对法令进行更定，"论议务在宽厚"，于是在文帝时期"禁网疏阔"，"是以刑罚大省"，每年天下重判的仅四百人，社会呈现出宽松安宁、政通人和的景象。

对周边少数民族，文帝采取安抚政策，尽力维持边境的安定局面。吕后时，由于对南越采取了不友好的政策，南越王赵佗一度自立为帝，与汉王朝分庭抗礼。文帝即位后，为赵佗修葺祖坟，尊宠赵氏昆弟，并再次派陆贾出使南越，赐书赵佗，修好和善，赵佗感念文帝厚德，自去帝号，归附了汉王朝。文帝初年，匈奴加剧了对边境的骚扰，文帝即位的第四年（前177年）五月，匈奴右贤王进犯河南，杀戮吏民，抢掠牲畜，丞相灌婴奉命率八万轻骑将匈奴驱逐出塞，取得初步胜利。此后匈奴虽屡犯边境，文帝只是诏令边郡严加守备；并亲自巡视边境军营，对治军严明的细柳营，大加称赞，对防备松懈的霸上、棘门军营，提出批评。他还采纳晁错"募民徙塞下"的建议，将大量的奴婢、罪人和平民迁徙到边塞屯戍，以什伍编制将他们组织起来，农耕之余进行军训，战时则可应敌。这种做法达到了"御胡"与垦边的双重目的，开启了汉代屯田的先河。

文帝在生活上崇尚省俭克奢，他在位二十三年，史称其"宫室苑囿车骑服御无所增益"。他曾计划造一露台，当工匠计算需用百金时，他觉得花费太大而作罢。他所宠幸的慎夫人也是"衣不曳地，帷帐无文绣"，十分朴素。针对当时盛行的厚葬风气，文帝提倡简葬。他生前为自己"治霸陵，皆瓦器"，不以金银铜锡为饰。临终时公布遗诏："死者天地之理"，不必过哀，不许"厚葬"，不许动用车马和陈列兵器，治丧期尽量缩短；治丧期间，不得禁止百姓结婚、祭祀、饮酒和吃肉。文帝的这些作为，对一个封建帝王而言，的确是难能可贵的。

由于汉初刘邦大封诸侯王，诸侯王国地盘过大，到文帝时已形成"尾大不掉之势"，汉朝政局面临严重问题。济北王刘兴居首起叛心。他趁文帝到前线督战之际，在后方举行叛乱。文帝闻讯赶回长安下诏宣布：叛军凡投降者"皆赦之，复官爵"。结果，叛军迅速瓦解。接着，淮南王刘长"自以为（与文帝）最亲，骄蹇，数不奉法"，无视法制，也起而叛汉，但叛乱很快被平息。文帝赦免了淮南王死罪，将其流放。后淮南王死于流放途中。

针对诸侯王势力的膨胀，贾谊上《治安策》，向文帝痛陈天下形势，提出削弱诸侯王的"众建诸侯而少其力"的政策。文帝倒是很快采纳了贾谊的建议，把齐国分为六，把淮南分为三，暂时抑制了诸侯王的反叛之心。但文帝对此还是重视不够，认为宗室有血缘之亲，筋骨相连，对诸侯王"不忍"下手。刘长死后，他又封其长子刘安为淮南王。然而，刘安明显地表现出对汉廷有"怨望"而多年"称疾不朝"。对早露反意的吴王刘濞，文帝也赐其几杖，允许他可以不来朝觐（定期拜见皇帝）。结果，文帝死后不久，其子景帝即位初期，就爆发了吴楚七国之乱，几乎动摇了汉朝根基。另外，他的一些随心所欲的口谕，也影响了社会经济生活。嬖臣邓通因阿上媚主，得到赏识，文帝一句话就把铜矿的开采权赏予了他，使他可以私铸钱币，形成"吴邓钱布天下"的局面，严重扰乱了货币制度，对整个国家经济的发展产生了负面影响。

前 157 年，文帝去世，终年 46 岁，庙号太宗，尊谥孝文皇帝，葬霸陵。汉文帝的政绩不但得到了后世史学家和文人的赞誉，也得到了"盗贼"的尊崇，西汉末年赤眉军攻占长安，西汉皇陵均遭破坏，而文帝的霸陵却完好无损（或许也是赤眉军得知文帝墓穴中没有金银玉器的缘故）。

文帝去世，太子刘启继位，即是汉景帝。景帝刘启继承了文帝的休养生息政策，赋税轻，刑法宽，汉朝的国力继续上升。为提高百姓生活水平，景帝及时地调配人口和土地，使百姓都能有地可种。他改变当时不准百姓迁移的政策，允许百姓从土地少的地区迁移到土地多的地区，这样既可开发土地资源，也能增加国家的赋税收入。为提高农民的生产积极性，景帝还下令将田租减掉一半，为从根本上减轻农民的负担，景帝也很节省，在位时他极少兴建宫殿楼阁。

汉景帝刘启（前188—前141）画像

景帝继文帝废除肉刑后，再次减轻刑罚。文帝时将古代的奴隶制五刑制（即墨刑——在额头上刻字涂墨，劓刑——割鼻子，刖刑——砍脚，宫刑——毁坏生殖器，大辟——死刑）改变为封建五刑制（笞、杖、徒、流、死）。文帝时虽将肉刑改成了笞（鞭打）刑，但打的次数很多，如劓刑改为笞三百，应当断左脚的改为笞五百。这本来是为了废除肉刑，但笞次数太多又出现了经常打死人的现象，不符合原来体恤百姓的初衷。所以，景帝又逐渐减少了次数，同时规定了刑具——竹板的长短、宽窄，竹节也要削平，笞的中途不准换人。这样使文帝开始的刑制改革终于完善了。对于官员的审案断罪，景帝也经常训导要宽容，不准随意错判人的罪名。

在思想文化方面，景帝也采取宽松自由的政策。景帝时代，朝廷流行黄老学派，即以黄帝和老子命名的学派，主张无为而治，轻徭薄赋。景帝在提倡黄老的同时也让包括儒家学说的其他各派存在、发展，这为后来董仲舒学说的发展以及儒学取得独尊地位提供了前提条件。

外交方面，景帝主要是继续实行和亲政策，一边安抚匈奴。一边积极防御。同时，在边界地区设立关市，和匈奴贸易，这也在一定程度上消解了匈奴的骚扰，保持了边境的安定。

景帝在位16年去世，终年48岁，葬于阳陵（今陕西高陵县西南30里处），谥号孝景皇帝。

文、景二帝合在一起共统治了近四十年。他们在位期间，西汉帝国政治清明，社会经济迅速发展，并出现了土地开辟，人口增加，财富充裕，社会安定、国家繁荣富强、人民安居乐业的景象。史书上甚至记载说：到了景帝后期，汉王朝国库里的钱多得堆积如山，串钱的绳子都烂断了；粮仓满了，粮食多得堆在露天，以至腐烂不能吃了。历史上把汉文帝和景帝父子执政时期的这种繁荣昌盛的形势，誉之为"文景之治"。

【前事后鉴】

封建社会的所谓治世或盛世，一般要具有这样的条件：第一，政局比较稳定，朝廷能够有效地控制地方；政治比较清明，阶级矛盾相对缓和；社会比较安定，经济比较繁荣。第二，君明臣贤，君臣关系比较谐和——君主能够有效驾驭群臣，但又能够使朝臣各尽其才，才尽其用。第三，大多数普通百姓能够保有一些剩余生产物，以维持正常生活和进行再生产。这样的时期大概就可以称作"治世"或"盛世"了。汉文帝、景帝统治的近四十年间，汉王朝社会经济的发展一直呈上升势头，基本符合上面讲的三个条件。"文景之治"局面的出现大致有这样几个原因：

首先，西汉自建国以来，统治者一直在深刻总结和反思秦帝国迅速覆灭的原因，以寻找与探索巩固统治，使国家长治久安的治国方略。贾谊的《过秦论》就是在这样的历史背景下出笼的。而西汉君臣经过深刻反思与总结，得出的结论就是秦王朝暴而不仁，终于逼迫农民铤而走险，走上了反抗与埋葬朝廷的道路。这种深刻的历史教训，使统治者不得不采取怀柔政策——轻徭薄赋，与民休息。

其次，经历了秦末农民大起义和四年多的楚汉战争，社会生产力受到极其严重的破坏。西汉立国时，九州之内，已是满目疮痍，民生凋敝。汉初公卿大夫上朝只有牛车可乘就是最好的证明。在这种情况下，封建朝廷如果继续对老百姓进行苛酷盘剥，残忍压榨，无异于涸泽而渔、杀鸡取卵。善于借鉴历史的经验教训并对社会现状有着清醒认识的西汉前期的统治者们，十分明智地将黄老之学作为制定国策的指导思想，实行"无为而治"。从而比较有效地调动了农民生产的积极性，使整个社会的生产潜力得到最大限度的发挥，社会经济与国力由此得以迅速地恢复与发展。

再次，久乱之后必有治世。这主要是长期的战乱不仅破坏了社会生产力，阻滞了社会发展的步伐，更严重的是造成无数生灵的涂炭。饿殍载道，白骨遍野，就是战乱留下来的罪恶痕迹。对于活着的众生来说，战乱给他们心灵造成的创痛是无法用语言描述的。渴望和平，渴望安定，乃是此时的民心所向，当年周勃诛杀诸吕时，在军中一呼，而将士皆"左袒"，拥护刘姓皇帝，不就是民心思定的反映吗？这就使国家的安定有了厚实的民众基础，如此上下合拍，一个前所未有的封建治世就这样诞生了。

当然，文景时期的所谓治世也是相对的。实际上，由于汉朝廷对地方政权特别是诸侯王一味采取退让政策，助长了诸侯王的反叛意识，激化了统治阶级内部的矛盾，最终酿成了"七国之乱"。对于汉文帝宽待吴王刘濞，赐几杖，准许其不朝拜天子，等等，是姑息养奸，还是另有所谋，后人有不同的看法。例如王夫之在《读通鉴论》中就认为，汉文帝对吴王的谋逆之心是烛照秋毫的，他之所以采取怀柔政策，是因为见吴王年事已高，料其大限之期已迫，吴王死，吴国自然臣服朝廷，不动干戈，不加刑罚，而内患自除，足见汉文帝的谋算要比建议削藩的贾谊、晁错更高一筹(见王夫之《读通鉴论》上册《文帝》篇)。王夫之的观点好像有些道理，但从实际的结果来看，汉文帝的谋算是结出了恶果的。总之，在漫长的封建社会，统治阶级实行宽让养民的政策，其出发点和最终目的还是为了巩固自己的统治。尽管如此，对于普通百姓来说，要的是结果而不是动机。乱世的确造就了一个时代的英雄豪杰，使少数人暴发暴富，甚或由平民成为显贵，成为帝王。但在百姓们看来，治世永远也比乱世好！

【相关链接】

释词：

文景之治——文、景二帝在位共四十年，励精图治，由于实行无为而治的政策，让民休养生息，轻徭薄赋，极大地调动了社会生产积极性，使汉朝经济发展迅速，出现了一个初步繁荣的大好局面。到汉武帝即位时，汉王朝府库充盈，钱粮无数，为汉武帝拓土开疆，战胜匈奴打下了厚实的国力基础。史家把文帝、景帝执政的时期称为"文景之治"。(《汉书·景帝纪》)

刑制：

笞刑——古代的一种刑罚，即用竹板或荆条抽打人的臀部、腿部，一般用以惩罚轻罪。《尚书·舜典》"扑作教刑"，就是用荆条之类的东西责打懒惰的学生。汉文帝时被采用为正式刑罚。《隋书·刑法志》："笞刑五，自十至于五十。"即笞刑分五等：笞十、笞二十、笞三十、笞四十、笞五十。笞的粗细长短均有规定。《新唐书·刑法志》："笞杖，大头二分，小头一分有半。"还规定行刑者中途不得换人。

七、窦皇后姐弟重逢

（少君）从其家之长安，闻皇后新立，家在观津，姓窦氏。广国去时虽少，识其县名及姓；又尝与其姊采桑，堕，用为符信，上书自陈。皇后言帝，召见问之，具言其故，果是。

——《汉书·外戚传》

大才子苏轼有词云："人有悲欢离合，月有阴晴圆缺，此事古难全"。这里演绎的就是一个真实的悲欢离合的故事。

汉文帝即位的第二年（前179年），大臣们都奏请汉文帝立太子，文帝不同意，在大臣们的反复劝谏下，文帝就立其长子刘启为太子。太子一立，大臣们又劝文帝立太子的母亲窦氏为皇后。文帝虽然很喜欢窦氏，但还是去征求了他的母亲薄太后的意见，薄太后知道窦氏贤良，就以太后的名义下诏立窦氏为皇后。窦皇后名漪，清河郡（今河北清河）人，出身贫寒。父母早逝，与哥哥窦长君、弟弟窦少君相依为命。有一次，朝廷派人来挑选宫女，窦氏想得到一笔钱财养家，就报了名。后来她被选送到长安，就和她的兄弟失散了。

窦氏到了后宫，先被派去服侍吕后。不久，吕后嫌宫女太多，就挑选一些赏赐给诸侯王，每个诸侯王分给五名，窦氏也在选中之列。窦氏因家在清河，离赵国近，希望能到赵国去，好照顾自己的兄弟。她向主持派遣宫女的宦官请求，一定要把她的名字放到去赵国的花名册里。这个宦官在分派宫女时却把这件事给忘了，把她的名字误放到去

汉文帝窦皇后（？—前135）画像

代国的花名册里了。窦氏无奈，就只好去了代国。

当时，代王刘恒已经立了王后，并且还生了四个儿子。窦氏自叹命苦，只好小心翼翼地伺候着代王刘恒和王太后、王后。刘恒见窦氏安分守己，倒也喜欢她。在代国，窦氏先后生了三个孩子：女儿刘嫖、儿子刘启和刘武。后来，王后很年轻就病死了，代王就把窦氏当王后看待。等到刘恒做了皇帝，王后先前生的四个儿子也接连害病死了。就这样，刘启被立为皇太子，窦氏也跟着被立为皇后。她的女儿刘嫖被封为馆陶公主，小儿子刘武被封为梁王。就连窦氏死去的父母，也被追封为安成侯和安成夫人，并且还给他们在清河修建陵园，派二百家老百姓守护着。

窦皇后进宫后不久，才四五岁的弟弟窦少君就被人掳掠贩卖到外地，与姐姐断绝了一切联系。后又被人辗转贩卖了十几户人家，最后到了宜阳（今河南宜阳西），在那里替人家在山里挖石炭。一天，夜

幕降临，山崖边有一百多个挖炭工在睡觉，山崖突然崩塌，睡在山崖下的人都被压死了，窦少君命不该绝，正巧坐在最靠边的地方，因为还没有人睡，发现得早，加之逃离得快，才没被压着。后来，他从主人家逃了出来，找人算了一卦，得知自己数日之内会被封为列侯（这不过是史书作者的附会而已），就赶忙来到京城长安，听说新封的皇后姓窦，也是清河观津人。猜想可能是自己的姐姐，就托人写了一封信，到皇宫里来认亲。

窦氏自当了皇后，一直想念弟弟。这天，有个宦官从外面给她带来一封信，说是一个叫窦少君的年轻人写的。信上写明了自己的姓名籍贯，与姐姐离散后被人拐卖的经历等。窦皇后看了这封信，不知是真是假，急忙去找皇帝商量。文帝马上命人将那个年轻人带进未央宫。窦皇后跟那个年轻人见了面，谁也不认得谁，因为当年才四五岁的弟弟现在长成了大小伙子，而姐姐也因做了皇后，体貌光鲜，再也不是当年入宫前的村姑模样了。窦皇后先发问，对年轻人说："你说是我的弟弟，还记得小时候的事吗？"年轻人说："我被坏人拐骗的时候，虽只有四五岁，却记住了籍贯与姓氏。我至今还记得，有一次跟姐姐去采桑叶，自个儿爬到树上玩，不小心摔了下来。"窦皇后回想起这件事，不由得热泪盈眶，又问道："你再好好想想，还记得有别的事吗？"年轻人低头沉思了片刻，说道："姐姐离我西去的时候，我和哥哥一直把姐姐送到驿舍里，临别的时候，姐姐向驿舍里的人讨来米汤水给我洗头，临别又让我吃了饭才走的。"窦皇后听到这里再也忍不住了，伸手抱住弟弟，失声痛哭起来。皇帝和周围的人见了，也被感动得直流泪。

窦皇后重赏两个兄弟，都把他们安置在京师居住。后来又为他俩请了有德行的长者与他们住在一起，对他们进行教育。由于窦皇后重视对俩兄弟的教育与管束，窦长君、窦少君后来成为谦让有礼的君子，不敢因为地位显赫而盛气凌人。

【前事后鉴】

这本来是一个极其普通的姐弟重逢的故事，倘若不是故事中女主人公特殊而高贵的身份的话，它就会淹没在生活与岁月的尘埃中而不为任何人知晓。所以值得讲述，是因为故事发生在皇宫之中，且男女主人公命运的改变具有机缘巧合的特点，颇有戏剧性。同时它也说明，在那样的社会里，普通人只要和皇家沾亲带故，那荣华富贵就会从天而降（当然也有可能"享受"满门抄斩的待遇），所谓"玉门三级浪，平地一声雷"是也。人生本来就充满变数，荣华富贵者有可能顷刻之间遭受灭顶之灾；处于十八层地狱的人也有可能突然跃上天堂。在封建专制社会尤其如此，个中的例子多得举不胜举。上述故事中的窦氏就是典型的一例。

窦氏当年入宫或许只是为了获得一点钱财以补贴家用，算是一个孝顺的女儿或贤良的姐姐。入宫时大概也没有皇宫可能葬送自己青春的担忧与恐惧，当然也就没有获得皇帝专宠，并获取皇后桂冠而母仪天下的奢望。那个时候的窦氏可能是懵懂的，不晓利害的一个乡间女孩。未来的命运到底怎样，她是没法预测的，或者她就根本没有去仔细地考虑过。俗话说："有心栽花花不发，无意插柳柳成荫。"窦氏的发迹完全是阴差阳错。试想当年果如她所愿，被分配到赵国去当王妃，哪怕是当了王后，她能有后来皇后、皇太后的地位吗？命运之神就是那样一直地关照她，呵护她，让她错配到代国

（她得感谢那个忘事的太监），当了代王刘恒的妃子。并且让代王的王后死了，由她来补缺。后来，王后与刘恒生的四个儿子也都接二连三地命赴黄泉，这又让她的儿子刘启当了太子。母以子贵，窦氏很自然地晋升为皇后、皇太后。这个本来应该是默默无闻的乡间女子，就这样无比幸运地登上了那个时代女性所能登临的人生的巅峰。成了万人景仰的国母。而窦氏的弟弟窦少君，本是被人贩卖为奴的，又是做着毫无生命保障的挖炭的苦活，差不多也就生活在"十八层地狱"了。也是他命该富贵，一次偶然的山体滑坡或塌方夺走了他百余名同伴的生命，而他独独得以大难不死。人言大难不死，必有后福；这次灾难不仅使他脱离虎口，恢复了自由民的身份，而且来到京城，很快地与做了皇后的姐姐团聚，他或许做梦也没有想到，自己有一天能够从"地狱"跃进"天堂"。

窦氏姐弟俩演绎了一场虽经悲欢离合却以大团圆为结局的人生喜剧，着实令人生羡！一人得道，鸡犬升天，窦少君就这样突然地发迹了！千年之后的大诗人白居易对这一现象（杨贵妃现象即窦皇后现象）用诗句进行了十分生动而形象的描写与讽刺："姊妹兄弟皆列土，可怜光彩生门户。遂令天下父母心，不重生男重生女！"一人得道，鸡犬升天的现象在现代社会是少得多了，但还远远没有绝迹。只有在完善的法治社会，这种因裙带关系而发迹的现象才能真正被根除。

【相关链接】

学术：

黄老学派——战国中期至汉初道家流派之一。该派奉黄帝和老子为创始人，故名。以虚无之道为世界的本源，认为事物发展到极端即走向反面，故主张"虚静""无为"，以适应天道。汉初，文帝、窦太后都"善治黄老之言"，认为"治道贵清净，而民自定"，采取与民休息，恢复生产的政策。此派著作早已失传，但 1973 年长沙马王堆汉墓出土帛书《经法》《十大经》《称》《道原》等著作，是研究该派的重要资料。(《汉书·外戚传》)

典故：

辕固生下圈刺豕——汉景帝之母窦太后喜好黄老之学，一天，召见经学博士辕固生问老子学说，辕固生回答说："这是家居常言，不值一谈。"窦太后大怒，就命辕固生下猪圈刺杀猪，若一剑刺不死猪，就要重重治罪。汉景帝知道辕固生直言无罪，就命人拿了一把十分锋利的宝剑给他，辕固生果然一剑刺中猪的心脏，将猪杀死，窦太后无话可说，只好作罢。(《汉书·儒林传》)

八、张释之公正执法

是时，中尉条侯周亚夫与梁相山都侯王恬见释之持议平，乃结为亲友。张廷尉由此天下称之。

——《汉书·张释之传》

他铁胆刚肠，是一个敢于和皇帝叫板的直臣；他执法如山，用自己的生命维护着法律的公正。他就是西汉文帝时期的大法官张释之。

张释之是西汉文帝时南阳堵阳县（今河南方城东）人，官任廷尉，掌管全国司法工作，以执法公允著名。

有一次，汉文帝出行，车驾人马走到中渭桥时，突然，有一男子从桥下走出，一看皇家队伍那浩大威武的气势，就吓得没命奔逃。他的这一突然举动，把皇帝座车的御马吓得又叫又跳，差点没把车辇颠翻。汉文帝大怒，命侍从将那人交给廷尉张释之去治罪。

张释之不敢懈怠，回去后立刻对那个人进行审讯。原来那人是长安附近乡下的百姓，今天进城走到中渭桥时，正赶上皇帝车驾出行，听到清道戒严的命令，来不及远避，就急急忙忙躲到桥下。过了好长时间，他以为皇上的车驾人马已经过完了，就从桥下走了出来。刚出来就看到皇帝的御车和仪仗队伍正在桥上，乡下人没见过这阵势，吓得撒腿就跑，没想到惊吓了御马。

张释之查明案情后，认为这个人是偶然过失，只是违反了清道令，根据法律的规定，判处罚金后就把人放了，并将处理根据和结果禀报给汉文帝。汉文帝因为自己座车的御马受了惊吓，龙颜大怒，原以为张释之为了替自己出气，一定会将惊马的人从重治罪。没想到张释之不仅没有顺从皇帝的心意，反而只判了罚金就放了人。

汉文帝火冒三丈地责问张释之："这个人胆大包天，竟敢惊吓了我的御马。幸亏这匹马脾气柔顺，要是一匹烈马，岂不是要让我受伤害吗？你怎么只是判他罚金就了事呢？"张释之见皇帝不满意自己对惊马人的依法判决，而是想要超越法律，按他一时的情绪来加重判罪。张释之不怕冒犯皇帝，平静地说："国家的法律是皇帝和老百姓都应该共同遵守的。惊马人的案子，依据现在的法律，只应当判处罚金，可是皇上却想要超出法律加重处罚。若是按皇帝的意见办，以后法律就无法取信于民了。再说，如果当时皇帝下令立即处死惊马人，这案子也就算了。可现在陛下把这个案子交给廷尉来审理，廷尉的职责就是要掌握量刑轻重，是主持天下公平的执法之人，一旦廷尉断案稍有差错疏忽，全国各地的执法官在量刑时就会上行下效，随意断案，进而徇私枉法。这样一来，老百姓可就遭殃了。请陛下三思。"

汉文帝听了张释之的这番话后，沉思良久，感到张释之所说的话都是从维护国家法律来考虑的忠言，句句在理，就接受了张释之的意见；并表示说："廷尉的处置是恰当的。"张释之坚持依法量刑，避免了轻罪重判的错误。

惊马人的案件处理后不久，西汉朝廷又发生了一起重大案件。有人胆大妄为，偷窃了汉高祖庙中神座前的玉环。汉文帝对窃贼敢于盗祖庙大为震怒，严令尽快查处。有关部门很快将盗贼抓到了（当时的办案水平还真高），汉文帝下令把盗庙贼交给廷尉严加惩治。张释之依据西汉法律中规定的偷窃宗庙的珍宝、服饰、器物的条款，判处盗贼斩首示众的"弃市"刑罚。

张释之把这个判决上奏汉文帝后，汉文帝勃然大怒，责问张释之："这个贼无法无天，为非作歹，竟敢盗窃皇家祖庙中的玉环器物。我之所以把此案交给廷尉去处治，就是要你严加惩处，判以灭族重刑。可是你却像办平时其他案子一样，只是按照法律条文的规定，上报判处的意见。你这样处置他，怎么能够维护先帝高祖的尊严呢？再说也违背了我尊奉祖先，恭敬、孝顺的心意。"

张释之看到汉文帝大发脾气，就脱帽叩头谢罪，口里却依然据理力争地辩驳说："根据法律规定将窃贼判处'弃市'就是最重的了。到底是判斩首弃市罪还是判灭族罪，应该按照罪行情节的轻重来定。现在要是对盗窃了宗庙中的玉环器物的贼就判以灭族罪的话，那么有朝一日，再有个胆大妄为的亡命之徒，公然去挖掘祖庙，到那时陛下又将用什么刑罚来加以惩治了呢？"开明的汉文帝听后沉思不语，下朝后与太后一商量，还是接受了张释之的正确意见。

由于张释之执法严明，依法办事

张释之祠

并敢于坚持正确主张，不以个人好恶来论罪，对皇上也不阿谀逢迎，所以在他任廷尉期间避免了许多冤案，得到了当时百姓的称颂。历史上有记载说："张释之为廷尉，天下无冤民。"

当然，张释之不阿谀权贵，依法办事，必然会招来许多贵族的忌恨。汉文帝死后，汉景帝即位。张释之知道有人会借机报复，故装病准备辞官。这时，有一个道家老者叫王生的人来到张释之办公的衙门，当着众多的公卿大人，对张释之说："你替我把袜子脱下来。"张释之见是一位老者，也没有怎么迟疑，就替他脱了袜子。过了一会儿，老者又对张释之说："给我把袜子穿上！"张释之当着众人，跪下来为王生穿好了袜子。过后，许多人责备王生为什么要在衙门当着众人这样侮辱廷尉张释之，太过分了。

王生意味深长地说："我又老又贫贱，自己这一生都没有对廷尉张释之做过什么好事，也不知怎么样来报答他。张廷尉是如今全国有名的德高望重的大臣，我故意耍弄他，让他为我脱袜穿袜，是想借此提高他的声望。"

王生为了提高张释之在君臣中的声望，甘冒犯戏弄大臣之罪的危险。张释之没有责怪王生的无礼，反而恭恭敬敬的按照老人的要求去做，使当时在场的公卿大臣更加敬重张释之的为人。他以法治国的精神，在我国历代一直受到称颂。

【前事后鉴】

中国封建社会是一个人治的社会，但人治社会也不能没有法。否则民众没有约束，社会就乱了套。依法治国难，在人治社会依法行事更难。汉文帝时期的张释之就是一个依法办事、持议公允的好法官。

不论哪个时代或什么社会的法官，要想公正执法，除了深通法律、精于断案之外，还要做到两点：第一是不以个人好恶来论罪。即在执法过程中，不要掺杂个人的感情：或挟私报怨，公报私仇；或贪赃枉法，违法不究。第二要能够不畏权势，敢于执法。这两点做到任何一点都难，而两点都能够做到则更难。第一点要过的是人情关和金钱美色关，第二点要过的则是权力关和生死关。金钱美色是凡人难以抗拒的，死亡则是人人畏惧的。所以说这两关任何一关都难过。

在封建社会，皇权高于一切，在臣民的头上它犹如一把高悬的利剑，稍有不慎，就会人头落地。作为那个时代的执法的官员，要做到公正执法，不仅要敢于同朝中的官僚势力较量，有时可能还要撞击皇权，直接与皇帝抗争。没有一种不怕死的"强项"精神是不行的。逆龙鳞，忤人主，自古为难。张释之刚正不阿，严正守法，甚至敢于与皇帝较劲，在当时的确是很了不起的。尽管封建社会的法律其本质是不公正的，但张释之这种有法必依、公正执法的做法还是值得后人肯定的。

在现代法治社会，提倡法律面前人人平等。但平等与否，在法治社会的初级阶段，执法、司法人员能否公正执法仍然是关键。从实际情况来看，现代社会要做到公正执法仍然不易。在执法、司法过程中，权钱交易、贪赃枉法的现象还屡见不鲜；错判误判、严刑逼供、屈打成招的事例也司空见惯。众所周知的湖北荆门佘祥林"杀妻"冤案就是一个十分典型的例子。佘祥林"杀妻"被囚11年，但11年后，妻子却现身人间，安然无恙。还有大家熟知的聂树斌强奸杀人案，如果不是真凶现身，如果不是近年来司法制度的改革与进步，聂树斌冤死案也无从得以纠正。佘祥林、聂树斌冤案的原因是复杂的，但它暴露了司法制度的某种弊端，暴露了一些执法、司法人员的司法能力和道德水平的缺失。从这个角度而言，封建时代那个能够持议平允、公正执法的张释之，在今天仍有正面的教育意义。

【相关链接】

释词：

一抔黄土——比喻极细小微贱的事物。《汉书·张释之传》原文：今盗宗庙器而族之，有如万分一，假令愚民取长陵一抔土，陛下且何以加其法乎？唐骆宾王《讨武曌檄文》有"一抔之土未干，六尺之孤何托？"即用此典。（《汉书·张释之传》）

制度：

跸——古代帝王公出巡时，都要开路清道，禁止通行，以保证安全，并显示皇家威仪。"犯跸"该怎样判罪，在当时是写进了法律条文的。（《汉书·张释之传》）

官职：

廷尉——官名。秦始置，为九卿之一。以后历代沿置，但称呼有所变化。汉景帝时改称大理，汉武帝时复称廷尉。东汉以后，或称廷尉，或称大理，或称廷尉卿，北齐至明清时都称大理卿。其职掌为主管刑狱，是最高司法官。属官有廷尉正、廷尉监、廷尉平等等。（《汉书·张释之传》）

九、清君侧晁错冤死

后十余日，吴楚七国俱反，以诛错为名。……（上）乃使中尉召错，绐（欺哄）载行市。错衣朝衣斩东市。

——《汉书·晁错传》

西汉政治家晁错是一个顾大家而舍小家的人，他对国家的忠诚、对皇帝的忠贞超过了对自己生命的珍爱。可他却被自己所忠于的对象——皇帝当作一个无谓的牺牲品而随意捐弃。

晁错（前200—前154）画像

晁错是颍川（今河南省禹县）人，少年时研习法家申不害和商鞅的学说，且文才过人，善写文章，汉文帝时任太常掌故（负责祭祀的小官）。由于他向文帝讲述《尚书》得体，受到文帝的赏识，被先后任为太子舍人、门大夫、博士等职。大约在任博士期间，他写了《言太子宜知术数疏》，建议文帝选择圣人之术中在当今切实可用的，赐给皇太子学习，经常让太子在皇帝面前陈述自己的看法。文帝采纳了晁错的意见，于是就拜他为太子家令。太子家令是主管太子府内庶务的官员，相当于太子府的总管，由于晁错善于辩论，而且智谋出众，深得太子宠信，被誉为"智囊"。

晁错在太子家令任内，多次上书给汉文帝，提出抗御匈奴的方略，汉文帝很欣赏他的才学，采纳了其中的很多建议。前165年，文帝亲自出题"策问"，在参加对策的一百多人中，以晁错的对策为第一。晁错又被提升为中大夫。

西汉的诸侯王问题由来已久，刘邦称帝时，子侄幼弱，便大封同姓王以镇抚天下。其中齐国有七十余城，吴国有五十余城，楚国有四十余城，几乎占了天下一半。而且这些诸侯王可以自己设置官署，建立军队，封国的租税也都归自己，如同周朝天子下面的诸侯国一样。刘邦当初的设想是假如遇到外敌侵扰或是朝中有奸臣作乱，这些诸侯王便可以带领自己的部队入京勤王。可是后来刘邦担心的这些祸患消除了，诸侯王的势力反倒对汉朝的中央政权构成了最大威胁。汉文帝时，已经有诸侯王反叛，虽然马上就平息了，但先兆已见。所以贾谊当时在一篇奏疏中就痛陈利弊，要求汉文帝及早解决，方法是"众建诸侯而削弱之"，也就是把大的诸侯国分成若干小的诸侯国，以削弱诸侯王的势力。应该说贾谊既有先见之明，方法也很正确，可惜汉文帝认为自己的政权还不够稳固，所以厚施仁惠以结天下人心，不愿因削藩问题闹得沸沸扬扬，一直搁置未办。晁错在诸侯王问题上的看法和贾谊不谋而合，他继贾谊之后，再次提出削藩，太子刘启很赞成晁错的建议，而袁盎（一作爰盎）和不少大臣、功臣则持反对态度。汉文帝见反对的大臣太多，且大多是掌握实权的人物，就没有采纳。

汉文帝死，太子刘启继位，即汉景帝。晁错因受景帝宠信，先是被任命为内史，主管首都长安的行政管理工作。晁错多次请求景帝单独召见自己，和景帝商议国家大事，景帝对他言听计从，宠幸超过九卿。晁错仰仗景帝的宠幸把法令制度该改的都改了一遍。这自然引起许多人的不满，可是这些人看晁错正独获君宠，无人敢于发难。

丞相申屠嘉感到自己的权力受到了侵犯，总想找机会收拾晁错，却一直找不到晁错的毛病。晁错的内史府坐落在太上庙外面的空地上，只有一个东门，出入极不方便，晁错便开门南出，凿通了太上皇庙外面的围墙。申屠嘉以为机会终于来了，便要以此为罪过奏请景帝诛杀晁错。晁错却预先知道他要告自己，便先向景帝说明情况。等到申屠嘉向景帝奏说晁错私自开凿太上皇的庙墙为门，应送廷尉治罪时，景帝则说："丞相说得不对，这不是庙墙，是庙内空地上的围墙，这够不上犯法。"申屠嘉一气之下，卧病不起死了。别人见丞相都因和晁错作对被气死了，更无人敢乱说话，晁错也就越发尊贵了。

不久晁错升为御史大夫，就是副丞相。他便在此时向景帝上《削藩策》，建议凡是犯罪有过错的诸侯王，削去他们的支郡，只保留一个郡的封地，其余郡县都收归朝廷直辖。晁错特别指出吴王刘濞危险性最大，这是因为先前吴太子在与皇太子（即后来的景帝）下棋时因争执被打死，吴王就心怀怨恨，假说有病而不朝见天子，按法律本应处死。文帝不忍治罪，赐给几杖，恩德极厚。但吴王不改过自新，反而更加骄横放纵，公然开铜山铸钱，煮海水熬盐，招诱亡命之徒，蓄谋反叛作乱。晁错认为，对于吴王刘濞，削地会反，不削也要反。削地，反得快而祸害小，不削，反得迟而祸害大。

《削藩策》一提出来，立即在朝廷内外引起极大震动。景帝下令，让公卿、列侯和宗室共同议论，大多数人知道景帝是完全支持晁错的，因此没有人敢公开表示异议，只有窦婴（窦太后的亲戚）公开反对，同晁错争论起来，从此他们之间就结下了怨仇。最后，景帝决定：削夺赵王的常山郡，胶西王的六个县，楚王的东海郡和薛郡，吴王的豫章郡和会稽部。随后晁错又修改了关于诸侯王的法令三十条。诸侯王都喧哗起来，相互联合准备武力抗拒削藩。

晁错毕竟是个书生，诸侯王对中央政权的危害他看得透彻，却没估计到诸侯王联合反叛的严重后果。景帝生长于深宫，无治军用兵之长，只认为削藩对朝廷有利，而且相信晁错算无遗策，便下令削藩。

晁错的父亲见儿子老是做得罪人的事，很是担忧，就从颍川老家急急忙忙跑到京城，对晁错说："你这孩子真是糊涂啊！皇上才即位，国家还不怎么安定，你老是主张侵削诸侯封地，让天下的诸侯都怨恨你，你这是图的什么呀？"晁错说："不这样做，天子不尊贵，国家也不安定。"他的父亲叹气说："你这样做了，刘氏是安全了，晁家却危险了，我还是回老家等死去吧！"老人回家后，害怕将来晁错连累自己，就服毒自杀了。

没过多久，早蓄反心的吴楚七国果然公开叛乱，起兵造反了。一时间风云突变，举国震动。

七国都以"诛晁错、清君侧"为旗号，他们来势汹汹，势头很猛。没有心理准备的景帝慌了手脚，便和晁错一起商议军事。晁错不懂军事，认为诸侯王都是王爷，一般大臣为帅压不住阵脚，建议皇上御驾亲征。自己则留守京城。向来对晁错言听计从的景帝这一次没有听从他的建议，而是任命周亚夫和窦婴为帅，率兵征伐七国。

大臣袁盎与晁错是死对头。早先，晁错审查过袁盎在做吴国国相期间，接受吴王贿赂的事，奏请汉景帝免了他的官职。因此，袁盎一直图谋报复。吴楚反叛，袁盎告诉窦婴，说自己有计策可以不战而平息七国之乱。窦婴以为他真有安天下的妙计，便马上报告给景帝。景帝正为军事失利犯愁，闻言大喜，马上召见。召见时晁错也在座，景帝问道："你曾经做过吴相，现在吴、楚等国反叛，你的看法如何？"袁盎说："用不着担忧，一定能打败他们。"景帝说："吴王蓄谋已久。如今头发都白了，如果没有十分的胜算，他怎么会起兵呢？"袁盎说："吴王招收的都是一些逃犯和亡命之徒，成不了大事。"景帝接着问袁盎："你有什么计策？"袁盎想趁机除掉晁错，就诡秘地说："请叫旁边的人退出去。"景帝叫身边的人退下，唯独留下晁错。袁盎说："臣所说的，人臣不应该知晓。"景帝这才叫晁错离开。这时，袁盎才说："吴楚宣称，高皇帝分封给诸王子弟封地，今贼臣晁错擅自削夺其地，所以起兵共诛晁错，如果恢复原有土地，他们就会罢兵。从目前的形势看，只有斩晁错，派使者赦免吴楚七国，恢复被削夺的封地，那么朝廷就可以不必动武而叛军自退，这场大乱也就自然平息了。"景帝沉默很久，说："如果能这样，我是不会爱惜一个人而得罪天下的。"袁盎很聪明，害怕景帝杀了晁错会后悔，再来怪罪自己，就先自己推脱责任，说："臣只有这一条不成熟的看法，只供皇上您参考，皇上还是好好想一想吧。"景帝没有说话，只是任命他为太常，让他打点行装准备去吴国议和。

　　又过了十多天，前方的形势依然严峻，七国攻势凌厉，朝廷的军队处于守势，前线告急文书如雪片般飞来。景帝可能对朝廷在军事上取胜没有信心，便下决心杀晁错以安天下。这时晁错还蒙在鼓里，景帝派中尉叫晁错入朝，晁错穿着朝服以为景帝有事召见，可是经过长安东市时，竟被腰斩。

晁错被斩后，校尉邓公从前线回来向景帝汇报军情。景帝问："我已杀了晁错，吴楚退兵了吗？"邓公说："吴王蓄反已数十年，为削他的封地而造反，诛晁错不过是借口，其意不在晁错一人。杀了晁错，我倒是担心今后再也没有人敢向您说实话了。"景帝问："为什么呢？"邓公说："晁错担心诸侯强大控制不了，所以主张削藩，使中央权尊，这是万世之利。削藩才开始，晁错竟然被杀，这等于堵住忠臣的嘴，为诸侯报仇，臣认为陛下这样做是错误的。"景帝喟然长叹说："你说的对，我也后悔了。"当时天下数十年太平，吴楚七国之乱是不得人心的，经周亚夫等将士近三个月的奋力搏战，总算平息了叛乱，七个叛王不是被杀便是自杀。晁错削藩之功在于：从此，诸侯王力量大大削弱，中央集权大大加强。《汉书》作者赞曰："悲夫！错虽不终，世哀其忠。"

【前事后鉴】

晁错冤死，千百年来，不知多少人为之扼腕叹息。晁错之冤在于：他对汉朝廷忠心耿耿，以至毫不顾惜自己和家人的性命安危，真所谓顾大家而舍小家。他建议削藩，完全是从国家利益出发，而毫无一己之私。他也是揣摩了皇帝的心思的，其言说举动也是顺承"圣意"，得到皇帝的认可、鼓励与嘉许的。可就是这个曾信任他、支持他，并且是削藩的最大受益者的汉景帝，在削藩受阻，七国叛军威逼京师的时候，拿晁错来当替罪羊，就那么轻易地杀了他。可能晁错到死也不知道自己错在哪里。将晁错的拳拳忠诚与汉景帝的刻薄寡恩对比，是何等的强烈与鲜明！

有人说晁错是袁盎害死的，这话有三分对，七分不对。说三分对，是因为《史记》《汉书》都清楚明白地记载着，是袁盎公报私仇，向汉景帝建议杀晁错以平息七国之乱的。所以晁错的死不能说与袁盎没有关系。但袁盎只能是间接杀晁错的凶手，杀晁错的真凶主犯则是下令诛晁错的汉景帝。因为袁盎的建议他完全可以不听，甚至可以追究出这一既馊且毒的主意的袁盎陷害大臣之罪，所以说，晁错之死，袁盎只可承担三分的责任，而汉景帝则有七分的过错。晁错的死，是"伴君如伴虎"这句话最好的注脚。你把老虎侍奉得再好，它要吃你的时候，是不会想着你对它有什么恩德的。因为老虎要吃人，是从来不讲什么理由的。"欲加之罪，何患无辞"，这就是封建帝制的可怕与可恶之处。那个对晁错之死要承担三分责任的袁盎，史书把他写得并不坏，说他基本上是一个公忠体国且儒雅仗义的人，例如他经常为国事而犯颜直谏，例如有人调戏他的婢女惧罪逃跑，他不仅不问罪，反而亲自追上那个偷情者将婢女赐放给他，等等。只是他与晁错一直合不来。按《史记》《汉书》晁错、袁盎本传的意思，好像晁错为袁盎陷害，多半是咎由自取，因为是晁错审查袁盎受贿案并使其丢官在先，才遭至袁盎的报复的。晁错终究是吃了自己为人"峭厉刻深"的性格的亏。然而，将晁错之死归咎于袁盎的报复或晁错本人的性格，都是一种对封建帝制的本质缺乏深刻了解的肤浅之论，是不可取的。

当然，晁错由于得到汉景帝的专宠，以至目中无人，使自己逐渐陷于孤立地位也是事实，但晁错并非个例：先于晁错的有战国时期的屈原，不就是在任左徒之职时，得到楚怀王的宠信，最终弄得"举世皆浊我独清，众人皆醉我独醒"的孤立地步么。晁错之后，北宋时期深得神宗信赖的改革家王安石，也是被司马光这样一些诚实君子们视同仇雠，在朝中处于比较孤立的地位。这些或许都不能用所谓性格不合来解释。现在有论者以为，司马迁在晁错本传中以"变古乱常，不死则亡"来揭示晁错的死因是迂腐之论，笔者则以为司马迁的这种见解真正是剔肉见骨、切中肯綮。历史上凡变法革新者，要实现改革的目标，无一例外地要与一些既得利益者相对立。这种对立往往是势同水火、你死我活的。而这些改革者最终的结局又都几乎一样——"名立而身败"。商鞅、屈原、晁错、王安石等等，莫不如此。

另外，晁错的见识也是有问题的。主张削藩是对的，对吴国必反的认识也是正确的，但凡事都不能操之过急，"欲速则不达"，何况这是关系国家命运的大事，更不能急于求成。在具体谋划的时候，既要考虑国家的整体利益，又要兼顾被削藩王的利益，还要从最坏的结局打算，提出应急的具体措施。凡事预则立，不预则废。从吴楚七国叛乱开始，汉景帝就手忙脚乱的情况来看，汉景帝、晁错君臣对削藩所造成的严重后果是缺乏预见的，更是缺乏具体的应变措施的。所以，吴楚七国反旗一举，无计可施的汉景帝就只好拿晁错来当替罪羊了。"人无远虑，必有近忧"，由此看来，晁错之死，他自己或许也要承担一点责任，因为他太急功近利而又谋算不周。从这个角度来讲，说他咎由自取似乎是有几分道理的。

【相关链接】

释词：

清君侧——清除君主身边的坏人。汉景帝采纳晁错的建议削藩，激起吴楚等七个诸侯国反叛，吴王刘濞等打着"清君侧"即帮助皇帝清除身边奸臣晁错的名义举行叛乱，实际就是要推翻景帝政权。自此，"清君侧"成为后世叛乱者反叛朝廷的冠冕堂皇的旗号。如唐朝的安禄山和明代的朱棣等。(《汉书·晁错传》)

制度：

太庙——天子的祖庙。又诸侯的始祖庙，也叫太庙。《礼记·祭统》："君致斋于外，夫人致斋于内，然后会于太庙。"郑玄注："太庙，始祖庙也。"春秋时代，鲁国对周公庙也称太庙。《论语·八佾》："子入太庙，每问事"。此太庙即指周公庙。周公旦是鲁国的始封之君，始封之君叫太祖，故太祖之庙便叫太庙。(《汉书·晁错传》)

十、汉武帝拓土开疆

如武帝之雄材大略，不改文景之恭俭以济斯民，虽
《诗》、《书》所称何有加焉！

——《汉书·武帝纪》

汉王朝经过高祖刘邦称帝、吕后专政和文景之治，传到了一代雄
主汉武帝刘彻的手中，国势如日中天，疆域空前广阔。

雄才大略的武帝即位之初，就采取一系列措施，巩固中央政权。
元朔二年（前127年），武帝根据主父偃的建议，下推恩令，让诸侯
将自己的土地分封给子弟，结果不用罢免侯王就将大侯国分为小侯
国。诸侯只能享用自己封国所上缴的租税，不得参与政事。元鼎五年
（前112年），汉武帝借口列侯所献酎金分量和成色不足，夺爵一百零
六人。经过这一系列打击，诸侯王、列侯的势力日益衰落。为了加强
皇权，武帝于北军置八校尉，又设期门、羽林军，大大加强了中央常
备军队的力量。他在削弱丞相职权的同时，不拘一格录用人才，提拔
许多贤良文学或上书言事的士人做侍中、给事中，让他们参与国家大
事的决策。又把京畿七郡之外的郡国划分为十三州部，每州派部刺史
一人，按六条规章评价政绩，考察吏治。此外，汉武帝还任用一批

汉武帝刘彻（前156—前87）画像

酷吏，打击各地的不法豪强，以维护封建统治秩序。

如何从根本上解决外患即匈奴问题，是关系汉王朝国运命脉的大事。匈奴自秦以前就是中国西北部一个野蛮强悍的游牧民族。史书记载：匈奴以马为家，以劫掠为生。匈奴骑兵飘忽不定，迅如狂风，杀人掠财后上马即逃，使对方防不胜防。至战国、秦汉时代，虽屡修长城以防范，但收效不大。匈奴骑兵多次侵扰云中、上郡、北地等郡，威胁首都长安，造成了对中原民族农耕文化和汉王朝的严重威胁。不彻底解决匈奴问题，汉民族国家很难获得生存和发展。

公元前133年（汉武帝元光二年），汉武帝召集群臣商议对付匈奴的策略。怎样解决匈奴问题，朝臣看法很不一致。御史大夫韩安国建议与匈奴和亲，以消弭战祸。大夫王恢不同意韩安国的和亲主张，认为应当变被动为主动，变防守为进攻，彻底消灭匈奴之兵，以求从根本上解除汉家的北部威胁。汉武帝早先也曾采纳韩安国的建议，与匈奴和亲。但随着国力的增强，汉武帝变被动和亲为主动出击，开始了对匈奴的大规模战争。

当时，大夫王恢向汉武帝献策说："马邑（今山西朔县）人聂翁壹来报，匈奴单于因与汉和亲，疏于防备，但又极想获得汉边的钱粮。可派人诈降，诱之以利，使其南下，然后设伏袭击。"汉武帝闻听大喜。当即命护军将军韩安国、骁骑将军李广、轻车将军公孙贺率主力埋伏在马邑一带山谷，命材官（步兵）将军李息、将屯将军王恢率军出代郡（河北蔚县）西部，准备袭击匈奴军的辎重。这次预伏袭击虽因事机不密而未获成功，但却揭开了汉、匈战争的序幕。

元朔二年（前127年），卫青奉命率大军出云中，击败匈奴的楼烦王、白羊王，收复了河南之地（今内蒙古河套地区）。汉置朔方郡、五原郡，并从内地移民十万到那里定居。元狩二年（前121年）春，霍去病带兵出陇西，过焉耆山，获匈奴休屠王祭天金人。同年夏，又越过居延泽，攻至祁连山。匈奴浑邪王率部降汉，汉政府在河西地区先后置武威、酒泉、张掖、敦煌四郡。元狩四年，卫青、霍去病又分兵出定襄、代郡，追击匈奴至颜山和瀚海。匈奴经过汉军这几次打击，被迫远徙漠北，此后再无力进行严重骚扰。为了对匈奴发动攻势，汉武帝还派张骞出使西域，联络大月氏。此行虽然没有达到预期目的，却沟通了汉与西域各族之间的经常联系。

对闽越、东瓯和南越的少数民族政权，武帝利用其内部矛盾进行分化，逐个加以征服，并将其置于汉政府的直接管辖之下。在南越地区置南海、苍梧、郁林、合浦、儋耳、珠崖、交趾、日南、九真九郡。与此同时，武帝派唐蒙、司马相如出使西南夷，说服夜郎和邛归附汉朝。随后又派兵攻占且兰和滇国，西南夷地区从此也成为汉的郡县。汉武帝还因朝鲜王卫右渠袭杀汉辽东东部都尉，派兵从海陆两道攻入朝鲜。卫右渠被他的大臣所杀。汉政府在卫氏统治区设置真番、临屯、乐浪、玄菟四郡。

经过汉武帝几十年的拓疆开边，汉帝国疆域空前广阔。但由于对边境各族用兵，耗费了大量的财力和物力，加之汉政府安置流民和武帝个人的挥霍都需要巨大的开支，使得汉王朝长期积累的财富趋于枯竭，财政发生危机。许多富商大贾乘国家之危囤积居奇，牟取暴利。为了恢复国力，汉武帝任用大盐铁商孔仅、东郭咸阳和出身商人家庭的桑弘羊，实行盐铁官营和均输平准等经济统制措施，并规定货币官铸，府库岁收因此大大充实，财政状况有了显著改善。为了打击积货逐利的商贾，又颁布算缗、告缗令。在实行过程中，许多中等以上的商人和高利贷者因犯令而被告发，以至倾家荡产。

武帝初年，黄河在瓠子决口，淮泗一带连年遭灾。元封二年（前109年），武帝东巡，发卒数万人治理黄河，并亲临工地督促。竣工后，黄河有几十年不再为患。由于武帝的重视，各地的水利事业也有比较大的发展，关中地区的漕渠、龙首渠、六辅渠和白渠等著名水利工程，对促进农业生产都起了重要作用。在思想文化领域，武帝独尊儒术而罢黜百家，醉心于儒家所鼓吹的改正朔、易服色和封禅、郊祀、巡狩等礼制。中国皇帝有年号，始于武帝。他还接受董仲舒和公孙弘的建议，立太学、置博士弟子，令州郡举茂材、孝廉，培养和提拔了大批儒生充任各级官吏，扩大了封建统治的社会基础。但汉武帝真正重用和依靠的大臣，却多是熟习儒术而又深谙刑法的人。他还延请一百多位擅长文学的儒士入朝讲学，担任各种官职，其中，公孙弘就是因为精通《春秋》经而官至丞相，还被封为平津侯。这以后，全国读书人都一头扎进儒家经典之中，皓首穷经，以求得一官半职。李白诗中所说的读书人"白发死章句"的现象就是从这时开始的。

汉武帝虽然英明睿智，但一生也做了一些糊涂事。因为幻想长生不死，他尊礼方士，迷信鬼神。为寻求仙人，甚至将公主下嫁方士。

汉武帝晚年，由于社会矛盾尖锐，全国许多地方爆发了农民起义。而朝廷内部也矛盾重重，如巫蛊事件引起太子刘据的武装叛乱，叛军和政府军在长安城内混战多日，死者数万人，太子兵败自杀。次年，远征匈奴的军队又几乎全军覆没。这一系列打击，使年老的武帝深悔自己过去劳民伤财。当桑弘羊建议募民屯田轮台时，他下诏拒绝，表示不再扰劳天下。后元二年（前87年），汉武帝病死。临终前，立八岁的幼子刘弗陵为太子，遗诏霍光、金日磾（音 mì dí）、上官桀和桑弘羊辅佐少主。刘弗陵即位为昭帝。

汉武帝十六岁即皇帝位，在位五十四年，庙号世宗。汉武帝是雄才大略的封建政治家，在他统治期间，以汉族为主体的统一的多民族的封建国家得到了巩固，中国开始以一个高度文明和富强的国家闻名于世。

【前事后鉴】

中国的历史最值得炫耀的是强汉与盛唐，盛唐有盛唐的气象，强汉有强汉的气象。汉武帝时代，是中国封建社会意气风发的少年时代，强汉之"强"，不仅表现在国力的强大上，更表现在人的昂扬奋发的精神状态上。张骞、卫青、霍去病、李广、苏武这些或辗转万里，宣我国威；或驱兵大漠，斩将搴旗；或不辱君命，忠贞节烈的英雄，就是那个时代的杰出代表。那是中国人精神锋芒彰显的年代，是英雄辈出的时代。而英雄辈出的时代必然会推出一位英雄的领袖，这位英雄的领袖就是汉武帝。在汉武帝时代，中国人的文化心理基本定型；在汉武帝时代，中华民族的版图基本确定，"汉人""中国人"，成了那个时代炎黄子孙最自豪、最骄傲的自我称谓！

汉武帝是功大于过，还是相反？好像历来持两种观点的人都有。笔者以为这要从不同的角度来看。对汉民族来说，汉武帝拓土开疆，建立大一统的大汉帝国，他就是大英雄、大功臣，不管他犯有多大的过错，例如穷兵黩武、任用外戚、巫蛊之祸、迷信方术等等，都抹杀不了他为这个民族建立的丰功伟绩。他的功应大于过。然而，正如唐代文人李华在《吊古战场文》中所言："汉击匈奴，虽得阴山，枕骸遍野，功不补患"，对当时被汉武帝征服的汉民族周边的小国家尤其是西北部的匈奴人民来说，汉武帝就是罪人、仇人。当然，一个民族在评价自己的祖先的时候，习惯上还是要看这个祖先给后代子孙留下了什么，而不是他给别人或别人的子孙带来了什么灾难。这就是绝大多数中国人将汉武帝一直视为千古雄主、中华民族的大功臣的主要原因。就如同俄罗斯人将东征西讨，挣得广大疆土的彼得大帝看作俄罗斯民族的大功臣、大英雄一样。如果用历史发展的眼光来看，汉武帝的拓土开疆对于中国统一多民族国家的巩固和发展，是起到积极作用的。

毋庸讳言，汉武帝一生的确做了不少错事，但难能可贵的是，晚年的汉武帝能够思过、悔过。在关于武帝晚年不多的记载中，伴随着改变国策，常能见到汉武帝的自我批评，例如他在《轮台诏》中说"曩者，朕之不明"；对群臣坦白"向时愚惑，为方士所欺"；又说："朕即位以来，所为狂悖，使天下愁苦，不可追悔。"历史上几乎没有帝王不犯过错，像汉文帝、唐太宗、清圣祖这样一些有口皆碑的明君贤主，也都不是没有错误。但像汉武帝这样承认自己糊涂愚蠢，给国家百姓造成了灾难，并痛心疾首的，着实不多。所以汉武帝终究还是一个了不起的封建帝王。

【相关链接】

释词：

与民更始——与民除旧布新。后以"与民更始"表示改革旧状。汉武帝即位之初，就发布诏令说：我虽然推崇尧舜和商周圣王的业绩功德，但认为应该依据他们的业绩功德而有所创新发展。我要大赦天下，为老百姓除旧布新，改革旧状。(《汉书·武帝纪》)

雄才大略——非常的才能和谋略，亦作"雄材大略"。班固在《武帝纪》中嘉许汉武帝有雄才大略，认为武帝若能像文、景二帝那样谦恭节俭，则更能造福于天下，这样，即便是《诗经》《尚书》所称颂的古代帝王的功德也不能超过他。汉武帝开疆拓土，的确是一代雄主，"雄才大略"冠之于汉武帝，倒是名副其实。然其不能"谦恭节俭"则是美中不足。(《汉书·武帝纪》)

民族：

匈奴——古族名。也称胡人。商周时期，先后称为鬼方、混夷、猃狁、山戎、犬戎，战国时与燕、赵、秦三国为北方边邻。秦时称匈奴，秦汉之际，其首领冒顿单于统一各部，势力始盛，占有大漠南北之地，建立奴隶主军事政权。汉初，不断南下掳掠。汉武帝时，对匈奴发动反掠夺战争，几次进军深入漠北。匈奴受到沉重打击，其势逐渐衰弱。宣帝甘露二年（前52年），呼韩邪单于为兄郅支所逐，归附于汉。元帝将宫女王嫱嫁给他为后（阏氏），又助他恢复对匈奴全境的统治。东汉建武二十四年（48年）分裂为南北二部，南下附汉者为南匈奴，放牧于五原、云中、朔方等郡。东汉末，又分为五部。

十六国时期，先后建立赵、夏、北凉等地方政权。留居漠北的称北匈奴。东汉和帝永元元年（89 年），为汉将窦宪所破，一部分西迁，另一部分留居鄂尔浑河流域。后为鲜卑所并。(《汉书·武帝纪》)

十一、董仲舒重塑儒学

自武帝初立，魏其、武安侯为相而隆儒矣。及仲舒对
册，推明孔氏，抑黜百家，立学校之官，州郡举茂材孝廉，
皆自仲舒发之。

——《汉书·董仲舒传》

汉初文景之世奉行黄老之学，宽缓养民，无为而治。经过六十年余年的发展，国家恢复了元气，家给人足，一片太平景象。公元前140年，雄心勃勃的汉武帝刘彻即位。上台伊始，他就一反祖训，开始重用儒生，倡导儒学，变无为政治为有为政治。于是，以董仲舒为代表的汉代新儒学便应运而生了。

董仲舒，西汉广川（今河北枣强县北）人。年轻时以"三年不窥园"的苦读精神，研究春秋公羊学，成为一代儒学大师，号称"群儒之首"。董仲舒平时教授弟子、讲习经学时，

董仲舒（前179—前104）画像

常常放下窗帘，以使学生注意力集中，不为外面景色干扰。他的后几批入学的弟子，都只是向先来的师兄请教学问，以至好些学生一直到学成回家时都没有见过老师一面。他的一举一动，都恪守礼节，学者们都像尊敬自己的老师那样尊敬他。

汉武帝即位后，广选人才担任贤良文学的官职，董仲舒以贤良的身份应召对策，受到重视和采纳。董仲舒在先辈儒学的基础上，结合汉武帝时代国家在政治上、思想上实现"大一统"的客观需要，改铸先秦儒学，建立了汉代新儒学，对中国传统文化产生了重大、长久的影响。

董仲舒在中国历史上所以具有突出地位，在于他建议汉武帝"罢黜百家，表彰六艺"，并被汉武帝采纳。从此构建了中国封建王朝的"大一统"的理论思想。他在《举贤良对策三》中说："《春秋》提倡的大一统思想，是天地的常道，古今的通理。如今，老师各守其道，人们言论迥然，学者各持己见，主旨尽皆不同。所以君上没有可以用来统一人心的理论依据，因此制度经常变更，百姓也无所适从。依臣愚见，凡是不属于孔子儒家学派的《诗》《书》《礼》《乐》《易》《春秋》等范围的学术，一律禁止传习，不要让那些百家杂同儒学一起流传下去。这样，违背朝廷旨意的邪说就会自然灭绝，国家政令既能得到统一，法律制度也就清楚明白。老百姓才有规章制度可以遵守，言论行动才不会越轨犯纪。"

董仲舒从百家学说中选择儒学作为当时中国文化的中心，是有其独立思考的。首先，他重视汲取秦朝二世而亡的教训，认为"自古以来，从来没有像秦王朝那样以残暴统治民众，而能够以乱治国的"。秦帝国短命而亡，就是始皇父子穷奢极欲、以暴力治国、不修文德的必然结果。其次，汉承秦祚，"就像腐烂了的木头，粪污的墙壁，即使想把它治好，也没有办法"，"如果不能抓住有利时机改革弊政，即使有杰出的人才也不能将它治好。所以，汉家自从得到天下以来，常常想把国家治好而至今也还没有治好的原因，就是不能抓住有利时机改革弊政"。这实际上是对汉初奉行黄老之学，过分消极无为，致使诸侯王势力膨胀，社会教化松弛的批评。另外，打出儒家的旗号，主张在政治实践中实行德主刑辅、外儒内法的政策，以有利于封建统治阶级的长久统治。汉武帝按照董仲舒的儒学思想建立的汉家制度，其本质就是将法家提倡的"霸道"和儒家主张的"王道"合而为一。

董仲舒将"天"人格化，把"天"看作是超自然的至高无上的上帝，认为天是万物的始祖，百神的主宰，是人的曾祖父。"天"被描绘成为有意志和权威的万物的主宰，自然规律被歪曲为"天"的有意识的安排。他声称，阴阳流转而成四时，说明"天"好德而不好刑；春生夏长，秋收冬藏，则表示"天"的喜怒哀乐。他在《阳尊阴卑》一文中说："喜气为暖而当春，怒气为清而当秋，乐气为太阳而当夏，哀气为太阴而当冬。"他尽力渲染"天"的无穷威力，认为"天"是"甚可畏"的，一切人必须服从"天意"，敬畏"天殃"，否则必将招致"天"的严厉惩罚。董仲舒这样说的目的，在于维护现有的等级秩序，天子臣民，贵贱尊卑，都是"天"的安排，不服从这种安排，存在任何非分之想，就是违背天意，而违背天意就会自取其祸。

董仲舒极力宣扬儒家的纲常思想，认为"王道三纲，可求于天"，即是说：君为臣纲、父为子纲、夫为妻纲的封建政治秩序，乃是天意的安排。其中，封建专制君主是"天"在人间的代表，他说："只有天子受命于天，天下受命于天子。"而"天"与封建君主之间有一种感应关系，如果国家的政治举措有了过失，"天"就要用灾异来向君主表示告诫或谴责。这种说法的目的是想给封建君主增加一种制约力量，以防止出现桀、纣、秦始皇父子一类的暴君。

董仲舒把古代阴阳五行的学说，纳入于自己的思想体系中，宣扬"天数右阳而不右阴""阳贵而阴贱"的观点，以此说明社会人伦中尊卑贵贱现象的合理性；认为"五行（金、木、水、火、土）是忠臣孝子之义"，以此说明维护封建道德的合理性。这些观点都是为巩固封建秩序服务的。

董仲舒大肆宣扬"三统"循环历史观。他认为，历史以黑统、白统、赤统的顺序依次循环更迭。比如在历史上，夏朝是黑统，商朝是白统，周朝是赤统，三者轮转替代，完成改朝换代。当一个王朝更替另一个王朝之际，在历法制度上要有相应的改变，这叫作"改正朔"；在服饰方面也要相应的改变，这叫作"易服色"。他进而指出：王朝更替，历法、服色可变，封建统治的某些形式仪节可变，但绝不能改变它的实质。即"天不变道亦不变"，以强调封建秩序的稳定性与永久性。

汉代的儒家思想，经过董仲舒的改造，其内容包括大一统思想、天人感应论、君权神授说、三纲五常说等等，这些观点和主张以今天的眼光来看，不少属于儒家思想的糟粕。然而它们不仅为当时的汉武帝所采纳，而且也为以后的封建统治者所接受。封建时代的史家给予董仲舒以高度的评价，如《汉书》就把他与文王、孔子并列，视董仲舒誉为"儒者之宗"。

董仲舒后来辞官归家，但朝廷在议论重大事情时，还是派遣使者和掌管刑狱的廷尉到董仲舒家中向他请教。他的回答依然像从前给汉武帝上书那样严谨缜密，合乎法度。

当时的宰相窦婴、田蚡都尊崇儒学，使儒学的地位日益提高。而董仲舒回答武帝的征询时，又极力推崇孔子，阐明儒学对治理好国家的重要作用，并贬低、压抑其他各派学术思想。从而使其他诸子之学日衰，而儒学则日益显隆。董仲舒还建议汉武帝，制定了立官学，设学督，让地方州郡推荐茂才、孝廉等措施。这些建议和措施对建立大一统的强汉帝国都起了不小的作用。

【前事后鉴】

"罢黜百家，独尊儒术"的建议，历来的学者皆以为由汉儒董仲舒提出而被汉武帝采纳，并从此确立了儒学在中国历史上的统治地位。中国的所谓"文化专制主义"也由此开始。近年来一些学者对所谓"独尊"问题提出了不同看法，认为董仲舒提出的"独尊"，无非是从思想大一统的政治目的出发，突出儒家文化的主流地位，避免因"师异道，人异论，百家殊方，指意不同"而妨碍了汉家王朝的一统纪，明法度。儒家的独尊，并非儒家的独存。董仲舒的本意，并非绝对地排斥诸子学说，而是要明确诸子学说在社会文化中的主次地位，即明确儒家学说在思想文化领域中的主导地位。有两点可以为证：第一，汉武帝时期实施的文化政策，在尊奉儒学的同时，"博开艺能之路，悉延百端之学"，"诸子传说，皆充秘府"。太史公司马氏父子《论六家要旨》，刘向、刘歆父子撰写《七略·诸子略》、评述各家各派学术优劣得失，正是"百端之学"存而不废的史征。第二，董仲舒本人的思想体系，也并非纯粹单一的儒学，他的神学和天人感应说，就明显地吸收了阴阳家、刑名家的思想观点，这也是不争的事实。

董仲舒的儒学思想之所以成为那个时代的统治阶级的思想，主要原因是这种思想适应了那个时代的社会需要。汉武帝要建立大一统的封建帝国，需要一种能够为这种大一统帝国服务的思想，在董仲舒看来，遍观诸子学说，只有儒学能够适应这种需要。所以，尽管董仲舒的儒学体系中包含很多独断的、唯心的、神学的观点，十分荒谬，却能够得以畅通一时，行之久远。他的学说也成为中国古代哲学，特别是儒学发展链条上的不可或缺的一个环节。如果说在世界四大文明古国中，只有中华文明没有断层而历久不衰是得力于儒学一统思想对中国人心理的塑造的话，那么董仲舒就因其主张儒学独尊地位而成为中华民族的大功臣。从这个角度讲，董仲舒是不朽的。

　　从学术的角度讲，董仲舒的"独尊儒术"奠定了儒家思想在中国传统文化中的地位。董仲舒本人也是一位颇有创造性的学术宗师。董仲舒所独尊的儒术是糅合了阴阳五行家、法家、墨家、荀派儒术、孟派儒术等多种学说的混合体。它吸收了阴阳五行学说的辩证法；吸收了法家的刑法思想；接纳了墨家的重民和有神论；调和了孟家和荀家的性善恶论，从而形成了符合统治者口味的儒术。而且董仲舒并不是断章取义地把各学派的论点机械地组合在一起，而是将其融入了自己的哲学见解，使之形成了一套系统独立的学说。因此，在中国学术发展史上，董仲舒也是一个作出了杰出贡献的人。

【相关链接】

释词：

罢黜百家，独尊儒术——董仲舒为适应"大一统"政治的需要，向汉武帝建议推重孔子儒学，贬抑或废止其他诸子学说，从而使儒家学说在中国几千年的封建社会一直占据统治地位。(《汉书·董仲舒传》)

典故：

三年不窥园——董仲舒是西汉武帝时期的经学大师，他年轻时就勤奋好学，尤其对《春秋》三传之一的《公羊传》研究最为专深。据说他废寝忘食，刻苦钻研《公羊传》，甚至多年都足不出户，连近在咫尺的园圃也不曾涉足。努力的结果，终于使他成为一代儒学大师。后来"三年不窥园"一语用来形容读书勤奋专一。(《汉书·董仲舒传》)

经典：

《公羊传》——亦称《春秋公羊传》或《公羊春秋》，儒家经典之一。相传为齐国人公羊高所撰，公羊高是孔门弟子子夏的学生，他口述《春秋》的微言大义，四传至玄孙公羊寿。汉景帝时，公羊寿和他的学生齐国人胡毋生最后著录成书，即今本《春秋公羊传》。该书专门阐释《春秋》的"微言大义"。起于鲁隐公元年(前722年)，终于鲁哀公十四年(前481年)。它不用史实疏正经文，而是逐字逐句地解释《春秋》，以问答体逐层阐说大义，史料价值不高，但能使读者理解《春秋》的字义，对了解先秦时期的名物制度和礼仪制度有一定的参考作用。西汉时期解经，以公羊学派最为盛行，称"今文经学派"。他们的学术主张对于巩固汉代封建国家的统一，加强专制主义中央集权，有其积极作用。(《汉书·董仲舒传》)

十二、李广数奇难封侯

广在郡，匈奴号曰"汉飞将军"，避之，数岁不入界。

——《汉书·李广传》

"初唐四杰"之一的王勃在其著名的《滕王阁序》中，感叹自己的身世与境遇时以"冯唐易老，李广难封"自况，形容自己的怀才不遇。其中的李广是西汉名将，可是，为什么李广"难封"？下面的叙述将告诉你其中的原因。

李广是陇西成纪（今属甘肃）人。其先祖李信为秦国名将，曾率秦军追逐燕太子丹直到辽东。公元前166年，匈奴大举入侵边关，李广少年从军，抗击匈奴。他作战英勇，杀敌无数，深得汉文帝的赏识。几年后，汉景帝即位，李广升为骑郎将，成为景帝身边的禁卫骑兵将军。吴王刘濞等七国诸侯叛乱时，其时担任骁骑都尉之职的李广跟随太尉周亚夫出征平叛，在昌邑城下夺得叛军军旗，立下显赫战功。诸王叛乱平定后，李广先后在上谷、上郡、陇西、雁门、代郡、云中等西北边陲担任太守之职，抗击匈奴的入侵。

一次，匈奴进攻上郡，景帝当即派了一名自己十分信任的亲随到李广军中督察战事。这名亲随于交战间隙带了几十名卫士骑马外出游猎，路上遭遇三名匈奴骑兵。交战的结果，亲随的卫士们全被射杀，亲随本人也中箭逃回。李广闻讯，马上率领百名骑兵追击，亲自射杀其中两人，生擒一人。刚把俘虏缚上马，匈奴数千骑兵赶来，见到李广等人，以为是汉军诱敌之兵，连忙抢占了一座高地。李广所带的百骑兵士见状惊慌失措，纷纷上马打算逃跑。李广大喝一声，说道："我们远离大军数十里，逃跑就必死无疑！不逃，匈奴以为是诱敌之计，一定不敢攻击我们。"于是带领兵士向匈奴骑兵迎去，离匈奴阵前二里之遥，他命令士兵下马解鞍，匈奴搞不清他们的意图，果然不敢攻击，只派一名将官出阵试探，李广飞马抢到阵前，将他射落马下，然后从容归队。到夜半时分，匈奴估计一定有汉军埋伏夜袭，就撤军退走了。

公元前 140 年，汉武帝即位，由于李广有汉家名将之威名，武帝就调他担任未央宫卫尉的要职。当时担任长乐宫卫尉的程不识也是汉朝名将。以前程不识和李广一样在边境担任太守抵御匈奴，但两人的治军方法很不一样。程不识带兵，纪律严明，赏功罚过，打仗的时候讲究阵法，平日对士兵的要求十分严格，因此经常打胜仗。李广带兵打仗，从不排兵布阵，军纪散漫，常常就有水草的地方安营扎寨，饮食宿营也不吹号打更，平日尽可能减少军情文书的处理。这样士兵们都乐于追随李广，平时虽然散漫而无约束，打起仗却乐于为李广效命，所以李广出兵，常能以一当十，以少胜多，使匈奴胆寒畏惧，望风溃逃。武帝即位的第四年，李广率军出雁门关，被成倍的匈奴大军包围。匈奴单于久仰李广威名，令部下务必生擒之。李广终因寡不敌众而受伤被俘。押解途中，李广假装死去，趁着一名骑着壮马的匈奴骑兵经过身边的时候，他出其不意，飞身夺得敌兵马匹，射杀追骑无数，终于回到了汉营。从此，李广在匈奴军中赢得了"汉飞将军"称号。归朝后，因李广曾一度被匈奴俘获，丢了朝廷脸面，被革除军职，贬为庶人（平民）。

李广罢官在家闲居时，常到南山打猎。一天夜里，他带着一名随从外出和别人一起饮酒。回来时走到霸陵亭，负责守卫的霸陵尉禁止李广通行。李广的随从说："这是前任李将军。"亭尉说："现任将军尚且不许通行，何况是前任呢！"于是亭尉便扣留了李广，让他停宿在霸陵亭下。没过多久，匈奴攻杀辽西太守，将军韩安国所部汉军屡屡溃败，匈奴更加猖獗。武帝不得不重新起用李广为右北平太守。李广随即请求派霸陵尉一起赴任，到了军中就把他杀了，然后上书向汉武帝请罪。汉武帝虽然对李广擅杀霸陵尉十分不满，但国家正在用人之际，只得暂时予以安抚而未追究此事。

匈奴闻"飞将军"镇守右北平，数年不敢来犯。一次，李广外出打猎，看见草中大石，以为是虎而一箭射去。待他近看时，方知射中的是大石头，而那支箭却深深地射入了石中。他张弓对着石头再射，却怎么也不能再将箭射入石中了。

元朔六年（前123年），李广恢复了将军之职，跟从大将军卫青出战匈奴。在这次战役中，军中诸将大多斩杀或俘获匈奴将领而被封侯。可李广就是运气不佳，在此战中没有任何战功，又一次失去了封侯的机会。公元前120年，李广率四千骑兵出右北平，配合张骞出征匈奴。兵进数百里，突然被匈奴左贤王率四万骑兵包围，汉兵死伤过半，箭矢也快用完了。李广令士兵们引弓不发，他自己以大黄弓连续射杀匈奴裨将多人。匈奴兵将大为惊恐，都慑于李广的神勇而不敢妄动，直到第二日，汉军主力赶到，李广军得以解脱重围。这次出兵，

李广（？—前119年）射石图

李广所部斩杀的敌人与自己部队死亡的人数相当，又没有得到封赏。

公元前119年，大将军卫青率军出击匈奴，李广以60多岁的高龄任前将军职。出塞后，卫青从俘虏口中得知了单于的驻地。他想甩开李广独得大功，便令李广的前锋部队并入右翼出东道，他自带中军去追单于。李广力争无果，于是引军与右将军赵食其（读yì jī）合军出东道。由于道路难走又无向导，终于迷了路。此时卫青与单于接战，单于逃走，卫青只得无功而返。在回军的路上才与右翼部队会合。这次出军无果，卫青指挥无方、贪功求名是主要原因，但卫青却不打算承担责任。与李广会合以后，卫青就派亲信带着酒肉来慰问李广，向他询问右翼部队迷路的经过。并告诉李广，准备在向皇帝汇报的时候，把走失单于的责任推给右将军赵食其。李广正直，自然不答应。卫青大为光火，又派人催逼李广的幕僚去中军接受审问。李广说:"他们无罪,迷路的责任在我,现在我自己去向上交代。"把责任全揽在自己身上。来人走后,李广望着眼前这些多年同生共死的部将,慨然叹道:"我自少年从军,与匈奴大小七十余战,想不到现今却被大将军如此催逼,我已年过花甲,哪能再受这些刀笔吏的屈辱!"说罢拔出佩剑引颈自刎。一代将星,就这样悲惨地陨落了。

当初,李广与堂弟李蔡一同侍奉汉文帝。到景帝时,李蔡因功做了俸禄二千石的高官;汉武帝时,李蔡官至代国相国,不久又被封为乐安侯;元狩二年又做了宰相。李蔡的为人只能算下中等,功劳与名声远在李广之下。但是,李广却没有得到爵位封邑,官位也没有超过九卿,而李蔡则被封为列侯,位至三公。李广的一些部下,有不少人后来也封了侯。李广曾向阴阳家王朔讨教,想弄清楚自己不得升迁、封侯的原因。王朔认为是李广做了亏心事(坑杀降卒),所以影响了官运。而当时的皇帝汉武帝则认为李广"数奇"(运数不好),并告诫大将军卫青在战场上不要重用李广。可以说,在战场上,李广是一位骁勇善战、叱咤风云的英雄,在官场上,则始终是一个命乖运蹇的悲剧人物,真正令人扼腕叹息。

【前事后鉴】

初唐诗人王勃在其著名的《滕王阁序》中,有这样喟叹命运不济的句子:"时运不齐,命途多舛。冯唐易老,李广难封"。尽管王勃在这里不过是借李广来比况自己目下时乖运蹇、"命途多舛"的艰难的人生处境,但这足以说明,"飞将军"李广在后世文人的笔下,无疑成了英雄受挫,难得奋翼的人物典型。关于李广军功卓著却难得显贵的原因,当时的卜者王朔说是李广坑杀降卒所遭到的报应,汉武帝说李广"数奇"。这些当然都不是事实。笔者以为主要原因如下：

其一是战功不显。"李广材气，天下无双"（《汉书·李将军列传》），这是李广同时代的人对他的评价。李广平生身经七十余战，应该是颇有战绩的。但从《史记》与《汉书》中李广本传看来，其情节虽能突显李广的"奇"才，但似乎战功并不显赫。按照汉武帝时期论功的制度来看（杀敌多而损失少，并有一定的数目比较），其战功都不足以获得封侯的奖赏。请看李广本传所记载，李广与匈奴直接交手共有五次：第一次是李广射杀、俘获匈奴的三个射雕者，遭匈奴大军围困，李广以疑兵计得脱重围；第二次李广率军出雁门关击匈奴，被匈奴俘虏，侥幸脱逃；第三次李广跟随大将军卫青击匈奴，军中诸将大多斩杀或俘获敌军将领得以封侯，李广则独独未能斩杀敌将而无功；第四次是李广独自率四千兵与匈奴交战，杀敌之数与自己部队死亡人数相当，没有得到封赏；第五次，也是李广生平最后一次出战。李广因迷路犯军纪，因不愿接受审查而自杀。李广一生与匈奴大小七十余战，我们现在无从知晓史书没有记载的是否有比已记载的李广的战功还要大，但从情理上讲，司马迁与班固都不会将李广更为显赫的战功遗漏的。所以史书所记载的大概是李广最主要的战功了。但从史书记载的来看，好像也没有足可使他封侯的战功。尽管本传中记述的事迹形象地突出了李广的军事奇才和超人的胆识，尤其是他超群拔萃、百步穿杨的箭术，使他在敌人——匈奴人那里赢得了"飞将军"的称号，包括他虎口脱险的那一幕，都足以显示他神勇超迈的英雄风貌。但这些战绩是否就能达到封侯的标准，也还是一个问题。（当然，汉武帝愿意封李广为侯，即使李广的战功再小，也是可以的。在封建社会，生杀予夺操于皇帝一人手中）所以说，李广没有封侯，第一个原因或许就是由于战功不是十分显赫的缘故。

其二是"犯忌"太多。李广能够与士兵甘苦与共，往往还能吃苦在前，享受在后，凡获封赏能够与部众分享，平时对士卒也很少约束，深得部下的爱戴，所以，打起仗来，士兵们乐于为他拼命。这些，无论古今，都是令人赞赏的美德。但是，李广的上司，对于部将李广的广树恩德、深得众心都是忌讳的。李广的性格缺陷也是十分明显的。他心胸狭窄，求名心切而又缺乏政治头脑。李广本传记载，吴楚七国反叛时，李广跟随周亚夫在昌邑城作战，一战成名。但却因私自接受梁王的将军印而得罪朝廷，功过相抵，没有得到封赏。梁王虽不是反王，但作为朝廷的将军，李广却私自接受一个诸侯王的将军印，这是犯朝廷忌讳的。可见李广是一个政治头脑比较简单的人。李广在被匈奴俘虏逃生之后，被贬为庶人（平民百姓），因一次夜间饮酒归迟，被霸陵尉呵斥（霸陵尉也有可能是按章办事，并非一定就是势利）。待李广官复原职时，却将霸陵尉带至军中擅自斩杀（这一点他比以怨报德的韩信差多了）。可见李广并非一个宽宏大量之人，甚至可以说是气量狭窄，"睚眦必报"。由此，李广犯有四忌，这也是他不能封侯的第二个原因：私受梁王大印是一忌，擅杀霸陵尉是二忌，战场被俘是三忌，树威德于众是四忌。有此四忌，加之战功不显，岂能封侯？

当然，李广的不能封侯，除了上述原因之外，也不排除汉武帝为了重用外戚卫青、霍去病、李广利等人，而有意打压李广这一因素在内，甚至有可能是其中最主要、最本质的原因（这从某种角度反映了封建帝制的弊端）。所以，对于李广的不能封侯，应该从主观、客观两方面去寻找原因，才比较切合实际。从对李广本人的主观原因的分析来讲，我们在对英雄李广赞美之余，是不必忌讳他身上的任何缺陷包括性格缺陷的。李广的悲剧或许也能给我们这样的警示：健全完美的性格将有助于自己获得成功！

【相关链接】

谚语：

桃李不言，下自成蹊——比喻实至名归，尚事实不尚虚声。司马迁和班固都在李广传记中引用了这个谚语，以反映李广的为人：虽地位不显，生不封侯，但一代名将，自是声名远播，足以彪炳史册，令万世景仰。（《汉书·李广传》）

典故：

飞将军——汉将李广能征善战，骁勇异常，且箭术高超，临大敌而不乱，匈奴人称其为"飞将军"。唐代边塞诗人王昌龄有一首著名的绝句："秦时明月汉时关，万里长征人未还。但使龙城飞将在，不教胡马度阴山。"诗中提到的"飞将"，就是西汉名将李广。诗人歌颂了西汉名将李广威震敌胆、神勇超迈的英雄气概，表达了自己对李广为国御边的英雄壮举的仰慕之情。（《汉书·李广传》）

十三、东方朔幽默谏主

（东方）朔虽诙笑，然时观察颜色，直言切谏，上常用
之。自公卿在位，朔皆敖弄，无所为屈。

——《汉书·东方朔传》

汉武帝时代，不仅是封建社会的政治、经济、文化较为繁荣和
全面发展的时代，也是俊采风流、英雄豪杰辈出的时代，这一时代，不仅出现了军事俊才卫青、霍去病、李广，伟大的史学家司马迁，杰出的外交家张骞，忠贞不屈的民族英雄苏武，还出现了一位智慧超群的幽默大师东方朔。

东方朔，字曼倩，平原厌次（今山东惠民东北）人。以诙谐幽默著称，擅长辞赋，西汉著名的文学家。

武帝即位初年，征召天下贤

东方朔（前 154—前 93 年）画像

良方正和有文学才能的人。各地士人、儒生纷纷上书应聘。东方朔也给汉武帝上书，上书用了三千片竹简，两个人才扛得起，武帝读了两个月才读完。在自荐书中，东方朔介绍自己说："我东方朔少年时就失去了父母，依靠兄嫂的抚养长大成人。我十三岁才读书，勤学刻苦，三个冬天读的文史书籍已够用了。十五岁学击剑，十六岁学《诗》《书》，读了二十二万字。十九岁研习孙吴兵法，懂得排兵布阵和使用各种兵器，以及作战时士兵进退的钲鼓，这类的兵书也读了二十二万字。总共四十四万字。我钦佩子路的豪言。如今我已二十二岁，身高九尺三寸，双目炯炯有神，像明亮的珠子，牙齿洁白整齐得像编排的贝壳，勇敢像孟贲，敏捷像庆忌，廉俭像鲍叔，信义像尾生。我就是这样的人，够得上做天子的大臣吧！臣朔冒死再拜向上奏告。"汉武帝读了东方朔自诩自夸的推荐书，赞赏他的气概，命令他待诏在公车署中，俸禄不多，也得不到武帝的召见。过了一段时间，他不满意目前的处境。一天出游都中，见到一个侏儒，就恐吓他说："你的死期要到了！"那侏儒问他为何，他说："像你这样矮小的人，活在世上无益，你力不能耕作，才不足做官，更不要说拿兵器到前方去作战。像你这样的人，无益于国家，只是活在世上糟蹋粮食，所以如今皇上要将你们一律杀掉。"侏儒听后大哭起来。东方朔对他说："你暂时不要哭，皇上就要来了，他来了你去叩头谢罪。"一会儿，武帝乘辇经过，侏儒号泣叩首。武帝问："为什么哭？"侏儒说："东方朔说皇上要将我们这些矮小的人全部杀掉！"武帝问东方朔为什么要如此说。东方朔回答道："臣朔活着要说，死了也要说这些话。那矮子身长只有三尺多，一袋米的俸禄，钱二百四十。我身高九尺多，却也只拿到一袋米的俸禄，钱二百四十。那矮子饱得要死，我饿得发慌。

陛下广求人才，您认为我讲的话对的，是个人才，就重用我；不是人才，也就罢退我，不要让我在这里浪费粮食。"武帝听了哈哈大笑，任命他为待诏金马门，这样他见到皇帝的机会就多了些。

汉武帝喜欢微服出巡，恣意游猎。常率卫队骑马射鹿，追逐狐兔，甚至空手格斗熊黑，在游猎过程中，马队践踏庄稼，百姓怨声载道。有人建议武帝搞一个皇家苑囿。武帝命人设计，在南至阿房宫，东至鳌屋，西至宜春宫的一大片土地内围造上林苑，专供皇帝游猎、休憩。东方朔见要用这么大的一片土地筑造苑囿，上书力劝武帝。他说："皇上如果建造这样的苑囿，弊端十分明显：首先，它既破坏了陂池水泽的环境，又侵占了百姓膏腴的土地。上不利于国家，下不利于百姓。其次，它需要拆除百姓的房屋，平掉百姓的冢墓，使百姓生无所居死无所葬。另外，造这样的苑囿，使马跑东西，车行南北，还要挖深沟大渠，这是劳民伤财的事，以陛下一日之乐，来损害皇上无上的圣名，这是万万不可的。"东方朔的谏阻上林苑书写得真切感人，武帝读罢奏疏后，任东方朔为太中大夫、给事中，赐黄金百斤。然而武帝仍然建造了上林苑。

东方朔在当太中大夫时，昭平君娶了武帝的女儿夷安公主为妻。这昭平君是武帝妹妹隆虑公主的儿子，平日飞扬跋扈，经常犯罪，所以隆虑公主很不放心。在病重临终前，拿出金千斤钱千万，为儿子预赎死罪，武帝答应了。果然，昭平君自母亲死后，更加骄横，竟然醉杀了夷安公主的傅母（古时负责辅导、保育贵族子女的老年妇人）。按汉代法律，应是杀人偿命，但朝中大臣都不敢问斩，因为隆虑公主曾预赎过死罪，而且皇上又同意了的。于是将此事奏请武帝，由他亲自裁夺。武帝说："我妹妹已故，只有这么个儿子，死前，又嘱托过我。"讲到这里，他泪流满面，叹息良久。又说："但法令是先帝制定的，我不能因妹妹而违反先帝的法令，否则，我有什么脸面进高庙见祖先？何况还要辜负天下万民。"于是下令廷尉斩了昭平君。斩了昭平君，武帝十分悲痛，左右大臣也为之伤心。

此时，只有东方朔没有哀伤的表情，反而拿了一杯酒，为武帝祝寿。他说："我听说圣明的君王治理国政，赏赐不避仇人，杀戮不避骨肉。这就是古书上所说的'不偏不党，王道荡荡'。这两件事，是五帝所推重的，也是三皇所难以办到的。现在陛下却做到了，这样，天下的老百姓都能各得其所，这是值得庆幸的事。我手捧酒杯，冒死再拜，祝皇上万岁。"武帝没说什么，就起身进入宫内。

到了傍晚，武帝召见东方朔说："《传》曰：看准时机后再说话，别人不讨厌。今天先生给我祝寿，认为是看准时机了吗？"东方朔马上脱下帽子，磕头请罪道："我听说快乐过分就阳溢，哀伤过分就阴损。阴阳变化就心气动荡，心气动荡就精神分散。精神一散，就邪气侵入，消除愁闷最好的是酒。我所以用酒向皇上祝寿，既赞陛下不徇私情的美德，也用它来替皇上止哀。我不知忌讳，该当死罪。"武帝听了，觉得很有道理。在这之前，东方朔曾醉酒闯入宫殿，并在宫殿中小便，宫中值巡官发现了，弹劾他大不敬。武帝就下诏，免去了他的官职。现在，因东方朔谏劝在理，就恢复了他中郎的职位，还赏给他一百匹绢帛。

武帝的姑妈馆陶公主，也称窦太主（当时称皇帝的女儿为公主，皇帝的姐妹叫长公主，皇帝的姑姑叫太公主，简称太主），其夫堂邑侯陈平去世后，守寡多年，已五十多岁。一个卖珠宝的女子经常到她家去，还带了个十三岁的儿子董偃。董偃长得很漂亮，窦太主就把他留在身旁，教他御射术数。到了十八岁他已是个仪表堂堂的英俊少年。他与窦太主出则执辔，入则侍侧，关系非同一般，整个京师都知道他与窦太主的关系，叫他董君。一天武帝到窦太主家做客，太主激动万分，亲自下厨做菜。武帝坐定后对姑妈说："希望见见你的主人翁。"窦太主就把董偃引了出来。只见董偃头戴绿帽子，手套皮筒子，跟在太主的后面，对武帝说："臣董偃，太主家的庖人，冒死叩拜皇上万岁！"武帝见他长得很美貌，也很喜欢，赏赐他很多东西，并喊他"主人翁"。从此，董偃经常与武帝斗鸡走狗，游猎踢球。由于与武帝关系日趋亲热，董偃名声大噪，京城王公贵戚没有一个不认识他的。

一次，武帝在宣室设酒宴款待窦太主和董偃。当他们要进入宣室时，东方朔执戟上前阻拦，对武帝说："董偃有三个罪名可杀：他以人臣的名义，私侍太主，这是第一条死罪；败坏男女风化，搞乱婚姻礼制，有伤先王的制度，这是第二条死罪；陛下正当壮盛之年，须积思于'六经'，留心于王事，追慕唐虞的政治，仰敬三代的教化，而董偃却不知依经书劝学，反而以靡丽为重，奢侈为称，尽狗马之乐，极耳目之欲，行邪枉之道，径淫辟之路，这是国家之大贼，社会之大害，这是他第三条死罪。"武帝听后，默不作声，过了一会儿说："我已经摆好酒宴，下次再改吧！"东方朔说："不可以。宣室是先王的正殿，不是议论正当的国事，不能进去！坚持这一原则，淫乱的事情才能渐渐消除下去。请皇上以历史为殷鉴：竖貂教齐桓公淫乱，后来终究和易牙一同为患；庆父缢死于莒国，鲁国方得安宁；管叔、蔡叔被诛灭，周王室方得治安。"武帝听了以后就说："是的。"便下诏停摆酒宴于宣室，改摆在北宫。让董偃从东司马门进去，后又把它改称东交门。赏赐给东方朔黄金三十斤。从此，董偃逐渐失去了宠爱，三十岁就去世了。过了几年，窦太主也去世，董偃与她一起合葬在霸陵。

东方朔的幽默诙谐往往反映出他超群的智慧。这里只说一个他喝"君山不死酒"的故事就可见出一斑。据说，君山上有美酒数斗，如能喝到，可以不死而成为神仙。武帝得知后，就斋居七天，派了栾巴带童男童女数十人到山上求之，果然得到了仙酒，就带回来给武帝喝。武帝未喝之前，东方朔就偷偷地喝光了。于是武帝大怒，下令推东方朔出去斩首。东方朔就说："假如酒有灵验，你杀我，我也不死；要是没有灵验，这酒有什么用呢？"武帝想了一下，明白了其中的道理，才笑着把他放了。

东方朔就是这样以他过人的智慧和勇气，采用幽默诙谐的方法谏劝君主，尽臣子之忠的。他不仅是一位杰出的文学家，一位中国历史上少有的智者和幽默大师，还是汉武帝身边的一位善谏敢谏的"诤臣"。

【前事后鉴】

人常言，幽默是智慧的象征。善于幽默的东方朔可算得上是一位智者了。而能将自己的幽默用于对皇上的讽谏，从而利于国计民生，这就不仅仅是一种"智"，而且是一种高明的"智术"了。

在奴隶社会和封建社会，"伴君如伴虎"这句话，是君臣关系最为形象的比喻。它一方面说明了君权的至高无上，君主的可惧可畏；另一方面说明了做臣子的身不由己和朝夕怵惕而难以自保的可悲命运。封建时代的臣子往往处于两难境地：一方面，他要尽职尽责，忠于职守，所谓叨食君禄，替君分忧，对君主处理朝政的得失，特别是对君主的重大阙失要进行谏劝，有时甚至要冒杀头族诛的危险，逆批龙鳞，据理力争。而不如此，则是谩上渎职，有负皇恩。另一方面，"天心"难测，皇威森严。面折廷争的结果，可能落得个大不敬之罪，招致杀头之祸，甚而可能株连九族。那个时候的士大夫，在一般人的眼中可能是荣华富贵享不尽，八面威风人上人，但"黄金带裹着祸端"，要承担的风险却太大。所以，作为一个朝廷的官员，怎样做到既要尽职报国，又要保全性命，这的确是一个很难把握的课题，没有超人的智慧与精明的处世艺术，是不能解决好这一课题的。

有人以为，贤明的君主，是不会诛杀直谏之臣的，事实也不尽然。在中国历史上，唐太宗李世民算是少有的明君了，但就是这个明君，在大臣魏徵一次面折廷争之后，不也是在自己的老婆面前发怒，说早晚要杀掉魏徵这个乡巴佬吗？而东方朔所侍奉的汉武帝，是一位雄才大略、积极有为的君主，基本上也算得是一个贤明之君。但汉武帝却是一个容不得直谏的皇帝。汉武帝十六岁即皇帝位，可算是少年得志。再加上其即位以来，拓疆开边，功业煌煌，特别是战胜匈奴，一雪先君"和亲"之耻，可算是扬眉吐气。所谓得志者易骄。这个时候的汉武帝，岂能容许臣下犯颜谏诤？司马迁一言遭毁就是最好的例子。东方朔算是摸透了汉武帝的脾性，知道自己采取的方式只能是曲谏，不可直谏。他只能效仿战国时期的优孟，用诙谐幽默的方式讽谏楚庄王那样讽谏汉武帝。不论东方朔的讽谏成功与否，它都说明了封建皇权制度下知识分子的悲剧命运，从而深刻暴露了封建帝制罪恶的本质。

当然，东方朔算是一个比较有社会责任感的士大夫，作为一个被汉武帝以"俳优（俳优——古代指滑稽玩杂技的艺人）畜之"的弄臣，他本可以在一些可能触怒圣颜的大事上三缄其口，明哲保身就可以了，不必去冒杀头的危险。但他还是当说则说，尽到了作为一个大臣的责任，尽管他采用诙谐幽默的"智术"来达到劝谏的效果，较之面折廷争少却了几分危险，但仍然需要胆识。"铁肩担道义"，任何时代，具有这种精神和强烈社会责任感的知识分子都是令人钦敬的。

【相关链接】

成语：

管窥蠡测——本义比喻所见狭小短浅。东方朔在他的赋文《答客难》中引用的谚语，以答客问难兼以自嘲，发泄自己才堪大用却不能一展经纶的牢骚。（《汉书·东方朔传》）

著作：

《答客难》——《答客难》是东方朔的一篇散文赋。由于汉武帝把他当作俳优看待，政治上得不到信任，东方朔就写了这篇《答客难》以发泄牢骚。《答客难》设主客问答，说明战国"得士者强，失士者亡"，士人可以身处尊位。而到了汉武帝一统的时代，情形却完全两样：疏懒的人安逸，勤劳的人辛苦；得到赏识的人就成为将军，被轻视的人成为仆人；得到重用的就青云直上，被贬抑的就身处底层；有大用的人成为狮虎，不被起用的人就形同老鼠。即便有励节尽忠的愿望，哪能实现呢？这就道出了士人在帝王的随意摆布下怀才莫展的境遇，在封建帝制时代具有相当的普遍性。

十四、金屋藏娇长门恨

> 使有司赐皇后策曰："皇后失序，惑于巫祝，不可以承天命。其上玺绶，罢退长门宫。"
>
> ——《汉书·外戚传》

南宋辛弃疾有一首著名的《摸鱼儿》词，其中有这么几句："长门事，准拟佳期又误。蛾眉曾有人妒，千金纵买相如赋，脉脉此情谁诉?"词中这个用千金买得大文豪司马相如作《长门赋》的悲剧主角，就是西汉武帝的陈皇后。

公元前156年，汉景帝的妃子王美人生下了儿子刘彻。这时景帝已有好几个儿子，其中栗姬生子最多，景帝以前最宠爱栗姬，曾与她私下订约，将栗姬生的长子刘荣立为太子。如今景帝宠爱的是王美人，王美人又生下一子，传说王美人怀孕时梦见太阳钻入怀中（是真是假，只有王美人自己知道），景帝十分高兴，认为这个梦吉利，兆示着这孩子将大有作为。栗姬听到后自然很生气（栗姬太老实了点，生了那么多儿子，也不晓得编造"梦日"的神话），担心景帝毁约，自己的儿子刘荣当不了太子。馆陶长公主是景帝胞姊，生有一女，名叫阿娇。长公主是个很会盘算的人，心想如果将女儿许配给太子，将来不就是皇后吗？于是就派人征求栗姬的意见，她以为凭着自己和景帝的姐弟关系，栗姬哪有不答应的理。谁知栗姬竟然不愿联姻，一口回绝。原来长公主与景帝姐弟同胞情深，许多妃子为得景帝宠幸，都奉承长公主。长公主本来就是个喜欢揽事的主儿，得到妃子们的奉承与托付，她自然就在景帝面前代为引荐。栗姬素来妒忌（这本来也是后宫嫔妃的通病），对长公主干预后宫之事耿耿于怀，加之缺乏见识，不知道长公主的耳边风比自己的枕边风还厉害。当长公主为女议婚时，就不顾情面，予以回绝。长公主这一气非同小可，便和栗姬结下仇怨。

王美人可比栗姬聪明多了（汉武帝刘彻或许是承袭了他妈王美人的"聪明"基因），她很会见缝插针，一听说这件事，就趁机劝慰长公主。长公主提及栗姬，恨得牙痒痒的，说："她既然不识抬举，我将阿娇配与彻儿，也是一样的。"王美人自然暗喜，嘴上却谦逊地说："彻儿不是太子，怎敢委屈阿娇。"长公主却听出这话有点激将的意思，且笑且恨地说："栗氏以为她的儿子当了太子，她将来就会十拿九稳地成为皇太后，哪知还有我在，管教她儿子当不成太子！太子的废与立是常事，且看我的手段！"王美人又劝慰说："您不要为了孩子们的事情伤了和气！"长公主愤然道："她既无情，我也豁出去了！"王美人巧使激将，以退为进，促使长公主与她暗订了婚约。

王美人见了景帝，就说起长公主愿结儿女姻亲。景帝以阿娇长刘彻数岁，似乎不合适，所以没有马上答应。王美人就求助于长公主。长公主索性带着女儿一起入宫。长公主将刘彻抱坐腿上，抚摩他的头顶，玩笑似的问他："彻儿想娶媳妇吗？"聪明的刘彻对着长公主只是笑而不答。长公主故意指着宫女问他："这些人做你的媳妇，可愿意不?"刘彻连连摇头，很不高兴。等到长公主指着阿娇问他："阿娇可好吗?"刘彻马上一脸笑容，说："如能娶阿娇为妇，我就建金屋给她住。"（成语"金屋藏娇"就是这样来的）话一出口，不仅长公主、王美人听了乐不可支，连景帝也笑骂说："小东西脸皮也太厚啦!"景帝见刘彻小小年纪，唯独喜欢阿娇，或许是姻缘前生注定，于是就认定了这门婚约。

长公主与王美人，彼此更加投缘，两人就私下算计着如何把栗姬母子除掉。景帝鉴于历代废长立幼的动乱教训，最终还是决定立刘荣为太子，这样栗姬就成了皇后。长公主连忙进谗言，说栗姬肚量狭窄，不能容物，崇信邪术，日夜诅咒其他妃嫔，恐怕一旦为后，又要重演吕后"人彘"的惨剧了!景帝听到"人彘"二字，一阵心悸。他认为有必要试探一下栗姬。于是有一天他问栗姬："后宫诸姬，皆已生子，我百年后，你应善待她们，千万别忘记了。"一面说着，一面瞅栗姬的反应。谁知栗姬的脸色一会儿紫一会儿青，半天不说一句话，并且转过脸不看景帝。景帝只好暗中叹气，于是决意废去栗姬。景帝刚出宫门，就听见里面栗姬哭骂不绝，隐约有"老狗"二字。景帝忍气而去。隔日长公主与景帝闲聊，乘机猛夸刘彻如何聪明仁孝，如果立为太子，必能缵承大统。景帝既然已有废栗姬皇后之心，也就欣然接受了长公主的建议。于是找借口废太子荣为临江王。栗姬被贬入冷宫，连见景帝一面也难，不久一病而亡。

太子刘彻即皇帝位时是 16 岁。这就是历史上有名的汉武帝。因为他未即位时，已娶陈阿娇为妃，此时贵为天子，阿娇自然成了皇后。当初年少的武帝看中陈阿娇固然是真情，但武帝好色成性，后宫佳丽如云，必然导致了阿娇的悲剧命运。起初武帝与陈皇后的感情尚好，但久未生育，不过武帝对她还算尊敬，这个中的原因主要还在于长公主的地位与势力。

一天武帝路过平阳公主家，公主盛筵相待。并召出十多个年轻美貌的女子把盏劝酒。武帝乃好色之徒，对这些女子一一审视，却没有一个中意的。平阳公主见状，便将准备好的"王牌"女子召入。武帝眼前一亮，只见这女子低眉敛翠，粉面生辉，俏眼一瞥，摄魄勾魂；且弹奏如天籁，歌唱如莺啼，把个武帝弄得神魂颠倒，不知所以。便问这女子是何人，平阳公主告诉他女子叫卫子夫，是她家的歌伎。武帝当时就借更衣的机会临幸了卫子夫，并将卫子夫带入宫中。谁知与正在宫中等候的陈皇后碰了个正着。只见她柳眉倒竖，脸色铁青，恨恨地说："好！好！"说着回头就走。武帝思量，皇后一家权势正盛，自己能够继承皇位也多亏人家扶持，何况金屋贮娇的誓言也不好随便毁弃。无奈之下，只好将卫子夫安顿别室。武帝忌惮皇后家族势力，便与陈皇后订约，把卫子夫锢置冷宫，不再私见一面。从此子夫有一年多不见天颜，如同罪犯下狱，出入俱受管束。因为宫女多，武帝也一时想不起她来。一次，武帝偶翻宫人名册，看到"卫子夫"三字，不由触起前情，即命召入。卫子夫面容清瘦，但仍然俏丽动人，只见她对着武帝款款下拜，无语呜咽而泪眼婆娑。武帝见状，情难自已，便揽她入怀，重叙阔别之念。卫子夫很乖巧地说："臣妾不应再近陛下，若让皇后得知，妾死不足惜，恐陛下也有许多不便！"武帝道："我在这里召幸你，与正宫相离尚远，不至于被皇后知道。何况我昨日做了一个梦，梦见你站的地方，有几株梓树，梓与'子'谐音，我还没有儿子，莫非应在你的身上，应该替我生儿子吗？"说着与子夫双入鸾床，一宵欢梦。而卫子夫有了这夜与武帝的肌肤之亲，竟然真的怀了孕。

这件事很快被陈皇后察觉，她恚恨不已，立即往见武帝，与他争论。武帝却一改故态，不再相让，反而责备陈皇后无子。陈皇后自知理亏，愤然退去。为求自己也得子嗣，陈皇后出重金求医。但虽吃药无数，也终不见效。陈皇后气闷不已，千方百计地想除去卫子夫，偏偏卫子夫甚得宠幸，每天和武帝在一起，根本没机会下手。陈皇后自与卫子夫争宠后，渐渐失去武帝欢心。无奈之下，她召入一个名叫楚服的女巫，要她设法祈禳，以挽回武帝的心意。楚服设坛斋醮，每日入宫，但好几月也不见应验。俗话说，隔墙有耳，这事最终还是让武帝知道了，他怒不可遏，当即缉拿楚服问罪，将其枭首；并将陈皇后宫中的女使太监三百余人，一概处死。陈皇后则废徙于长门宫。

陈皇后自从入居长门宫中，终日以泪洗面，费尽心思，想得一法，命心腹内监，携黄金百斤，求大文豪司马相如代作一赋，诉说自己深居长门的闺怨。司马相如得悉原因，挥毫落墨，遂成千言。这篇赋题作《长门赋》，诉说一深宫永巷女子愁闷悲思，写得委婉凄楚，悱恻动人："……悬明月以自照兮，徂清夜于洞房；忽寝寐而梦想兮，魄若君之在旁……"陈皇后打算借文人笔墨，感悟主心，她命宫人日日传诵，希望让武帝听到而回心转意。但《长门赋》虽是千古佳文，却终于没能挽回武帝的旧情。到了陈皇后之母窦太主死后，陈氏不久也郁郁而终。卫子夫虽取代了陈阿娇，贵为皇后。但粉面桃花终有凋谢的时候，卫皇后不久也步陈皇后的后尘受到冷落，成了陈皇后之后的又一个废弃皇后，后又受巫蛊之祸牵连，卫皇后被逼得悬梁自尽，结局比陈皇后还要悲惨。

【前事后鉴】

"君思如水向东流,得宠忧移失宠愁。"(李商隐《宫词》)这两句诗概括地揭示出"君恩无常"的事实和古代宫女幽怨之情产生的根本原因。后妃之间为争宠夺爱而相互残害,明争暗斗,是封建社会后宫生活的日常,每天都会发生。封建社会的皇帝处于至高无上的地位,他拥有九州四海。所谓"普天之下,莫非王土,率土之滨,莫非王臣"。这样一来,后宫中的如云的美女,甚至包括母仪天下的皇后,都是他的私物,想怎么把玩就怎么把玩,想什么时候遗弃就什么时候遗弃。封建帝王与后妃之间,不用说爱情,连一般的感情也微薄如纸。后妃、宫女只是帝王们淫乐的对象,喜之则施以富贵,厌之则弃如敝屣。今日倍加宠爱,贮以金屋;明日则翻脸无情,刀剑加身。后妃、宫女的命运完全操纵在皇帝手里。封建社会的皇帝后宫,不知埋葬了多少怨女恨妇的冤魂。

汉武帝刘彻是中国历史上一个风流成性的皇帝,他曾经说过:"能三日不食,不能一日无妇人。"他执政时期,后宫美女多达万人。被他玩弄过的宫中女子,其姓名不彰者,大概绝不在少数,仅见于史籍的美人,就有陈阿娇、卫子夫、王夫人、李夫人、尹婕妤、钩弋夫人,就像走马灯一样地替换。直到年近六十时,还迷恋上了十七岁的钩弋夫人,以满足其难填的欲壑。钩弋夫人怀孕十四个月,为他生了个儿子刘弗陵(即后来的汉昭帝),汉武帝对此很高兴,因为传说古圣人尧,就是在娘胎十四个月才生出来的。武帝对其宠爱有加,决定立为太子,又担心这个小太子将来管不了他年轻聪明的母亲,就借故杀死钩弋夫人,真是"无情最是帝王家"。

实际上,陈皇后的悲剧遭遇还有政治的因素。当初汉武帝被立为太子，靠的是其姑母长公主刘嫖，条件是刘彻娶长公主独女陈阿娇为妻。长公主自恃拥立皇帝有功，骄悍不驯，引起汉武帝的强烈不满，于是汉武帝渐渐疏远阿娇。但长公主是朝中一支重要的政治势力，因为她的后面还有她的母亲——汉武帝刘彻的祖母太皇太后窦氏。所以，当刘彻有忤长公主刘嫖时，刘彻的母亲王太后立即警告他说：你刚刚登上皇位，大臣未服。先为改制，太皇太后已怒。现"又忤怒长公主，必重得罪，宜深慎之！"武帝此时还没有力量和窦氏较量，弄得不好连皇帝也可能当不成。刘彻亲政之后，他任命的重臣赵绾提出窦氏不应再干涉朝政，惹恼了窦氏。窦氏逼迫汉武帝废除了刚刚实行的一系列的改革措施，刘彻任命的丞相和太尉也被迫罢免，有的大臣被逼死狱中。刘彻到底是个极其聪明的人，马上向长公主、陈皇后示好。从建元二年至建元六年间，他一直嬉戏射猎，不怎么过问大政方针。由于长公主的保护与刘彻的韬光养晦，才使他的帝位得以保全。而在他坐稳了帝位，长公主的势力已不足以对他构成威胁时，他对陈皇后的态度也就无所顾忌了，以前一直压抑着的对陈皇后的不满这时可以随意地发泄了。如此一来，陈皇后的悲剧命运就是无可避免的了。

对于陈皇后，我们不能简单地以善妒论之。在后宫那样的环境，人性是极易扭曲的，宫妃彼此之间的关系，正所谓就像乌眼鸡似的，恨不得你吃了我，我吃了你。鲁迅说史书上写满了两个字：吃人，由此亦可见一斑。李白对后宫嫔妃以色邀宠、固宠而终至于为帝王遗弃的现象大为感叹："昔日芙蓉花，今成断根草。以色事他人，能得几时好？"但话又说回来，宫妃们不靠美色侍奉皇帝，又能靠什么呢？王安石有诗："君不见咫尺长门闭阿娇，人生失意无南北！"金屋与冷宫两种命运的巨大落差，又岂是宫廷里的弱女子所能料想？

【相关链接】
成语：

金屋藏娇——娇，原指汉武帝刘彻的表姐陈阿娇。汉武帝幼小时喜爱阿娇，并说要让她住在金屋里。后多指以华丽的房屋让所爱的妻妾居住。也指娶妾。"金屋藏娇"一语不见于正史，《史记》《汉书》未有记载。只有班固所撰《汉武故事》有这样的文字：（长公主即刘彻姑妈）指其女问曰："阿娇好不？"于是（刘彻）乃笑对曰："好！若得阿娇作妇，当作金屋贮之也。"但《汉武故事》是否为班固所撰，古今多有质疑。(《汉武故事》)

作品：

《长门赋》——《长门赋》载于李善注《文选》卷一六。其序言提到西汉司马相如作于汉武帝时。据传汉武帝时，皇后陈阿娇被贬至长门宫（汉代长安别宫之一，在长安城南，原是馆陶公主献给汉武帝的一所园林），终日以泪洗面，遂辗转想出一法，命一个心腹内监，携了黄金百斤，求大文士司马相如代作一篇赋，请他写自己深居长门的闺怨。司马相如遂作《长门赋》。

据《长门赋》序，武帝读此赋后，大为感动，陈皇后遂复得宠。但由于序言提及武帝的谥号，司马相如不可能知道，而且史书上也没有记载汉武帝对陈皇后复宠之事。所以有人认为《长门赋》是后人伪作。

十五、朱买臣衣锦还乡

　　　　入吴界，见其故妻、妻夫治道。买臣驻车，呼令后车载
其夫妻，到太守舍，置园中，给食之。居一月，妻自经死，
买臣乞其夫钱，令葬。悉召故人与饮食诸尝有恩者，皆报
复焉。

——《汉书·朱买臣传》

　　在男尊女卑、夫主妇从的社会里，向来都是男人休妻。而下面所
演绎的却是一个贫穷难耐凄凉的女子大胆"休夫"及其以后所发生的
悲欢离合的故事。

　　朱买臣是汉朝会稽（今江苏苏州）人，字翁子。家境贫穷，无有
产业，靠砍柴卖柴度日。朱买臣平生爱好读书，每次上山打柴，挑到
城里卖时，总是一路上边走边读，他的妻子也常常帮他砍柴卖柴，可
她不学无识，尤其对于丈夫的好学，不但不予鼓励，反而觉得丢人，
经常阻止买臣在路上高声诵读，以免遭人笑话。

　　有一次，买臣正诵读得兴味盎然时，妻子终于忍耐不住，大声
嚷道："烦死我了！看你一副穷酸相，天天为衣食奔波，还要扮个读
书人的样子，你一个大男人，落到今天这个地步，不感到羞耻呀？"

买臣不加理会，读的声音更加响亮，妻子大发雷霆，放下柴担骂道："你这个窝囊废，我这辈子跟你挨饿受罪不算，还要遭人笑话，我再也忍受不了啦，今天非跟你离婚不可，不再跟着你遭罪了。"说罢，气呼呼地转身就走。买臣拦住她，笑着劝她说："老婆，我五十岁该当富贵，现在已经四十多岁了，你跟着我受苦半辈子了，何不再忍耐些时候，等我做了官，一定好好补偿你。"妻子愤怒地说："像你这副穷酸相，终日只知道哼哼唧唧，妻子都养不了，还谈什么荣华富贵，我看你早晚要饿死在沟中，自己不知羞，还梦话连篇地想做官，不怕让人笑掉了牙齿？"任凭买臣怎样好言挽留，妻子只是不听，买臣也只能眼睁睁看着老婆离他而去，不久她便改嫁给了一个农夫。

过了一段日子，买臣背着柴薪在墓冢旁边的小路上边走边诵唱，正巧碰上前妻和她的丈夫带着祭品熟食上坟祭扫，前妻夫妇见买臣衣衫褴褛，又冷又饿，就喊他过来让他饱餐了一顿。

几年之后，买臣去长安向皇帝上书，好长时间都没有回应，幸而遇见老乡严助。严助当时深受皇帝宠幸，将朱买臣推荐给汉武帝，汉武帝要朱买臣讲论《春秋》《楚辞》，买臣讲得很切题旨。汉武帝就授予他中大夫之职，与严助同为侍中。不久，因为与朝廷有关案件有牵连，买臣被罢免官职。过了一段时间，汉武帝下令，让朱买臣在家等待朝廷的诏命。当时，东越多次发生叛乱，买臣入朝上书，认为朝廷发兵就可以平定。武帝于是任命他为会稽太守，还乡就任。

当初，朱买臣在被免官和在家待命期间，经常到会稽郡守城的差役们那里混饭吃。在被朝廷任命为会稽太守后，他照样穿着以前的衣服，将太守大印藏在怀中，步行来到会稽城。直接来到城防值班室，一群守官们正在大呼小叫地饮酒，看都不看买臣一眼。买臣进入后

朱买臣衣锦还乡图

室，和差役一道进餐，快要吃饱的时候，故意把太守大印上的红丝带露一点出来，差役很奇怪，上前拉出红丝带，看那大印上的字，原来却是会稽太守的印章。差役大惊，立即向值班的长官报告，那一班人这时都已喝得大醉，一听差役的报告，都嚷道："别听他吹牛！"差役说："不信，请自己去看！"这些人中有一个平日就十分看不起朱买臣的来到后室一瞧，立即跑开，大声叫着："是真的！的确是太守的大印！"这些人一个个都惊慌万状，马上向会稽郡的守丞报告，并一同你推我攘地在大院中排列整齐，拜见新太守。这时，朱买臣才从内室慢慢地走了出来。很快，京都长安就派人驾着四匹马拉的车来迎接朱买臣，于是朱买臣坐着官车上任去了。

会稽的郡吏征集民夫，清除道路，迎接新任太守。郡吏部属以及送迎车辆，多达百余乘。朱买臣的前妻望见买臣衣锦还乡，坐在车上，神气十足，不禁百感交集。买臣偶然发现了前妻和她的丈夫在清道夫队中，想起多年的夫妻之情，和离异后的"一饭之恩"，当即命人将她夫妇载回太守官舍，安置在后花园中，供给衣食。居住一个多月，买臣前妻最终还是羞愤自杀而死。买臣送了些钱财给前妻的丈夫，将她安葬。

买臣还将往日老友都召来畅饮，凡对他有旧恩的，都一一报答。不久，买臣与横海将军韩说共同击破东越有功，被征召入京为主爵都尉。后坐法免官，复为丞相长史。廷尉张汤审理淮南王刘安反叛案，排挤陷害严助，又故意折辱他，于是买臣十分怨恨张汤，发誓拼死也要为严助报仇。元鼎二年（前115年），他与王朝、边通共同告发张汤私下做的一些罪恶勾当。张汤因而自杀，汉武帝也因朱买臣构陷大臣，居心叵测，将他问斩。朱买臣最终为了友情和报恩而丢了性命。

【前事后鉴】

古代有个成语叫"覆水难收"。说的是商纣末年，年已七旬的姜子牙，因其妻马氏不愿忍受贫困生活的煎熬，主动离他而去，后姜子牙被周文王拜为太师，并辅佐周武王灭了商纣，富贵无比，马氏请求重修旧情，姜子牙以"覆水难收"（泼到地上的水不能再收回来）为喻，断然拒绝，马氏羞愤而死的故事。这个故事当然是在讥讽那些难耐贫穷，又无见识的女人的。但自古都是男人休妻，而马氏破天荒地来个"休夫"的盛举，倒也新奇。

朱买臣的故事和姜子牙的故事十分类似，都是妻子不耐贫困而"休夫"，而丈夫被"休"之后都获得富贵。所不同的是姜子牙与朱买臣对前妻的态度以及两人的前妻对发迹后的前夫所求有别而已。姜子牙富贵之后，对其前妻极端冷酷，不仅断然拒绝与前妻修好，而且以

"覆水难收"为喻对其予以讥诮挖苦，全不念夫妻旧情，一副小人得志的样子。朱买臣发迹之后，尚能对前妻有所眷顾，将其接到家中供养，至少对前妻还有一丝怜悯之心，从这一点来看，他比姜子牙多了一点"丈夫"风度。而两个大胆"抛弃"丈夫的女人，在她们的前夫发迹之后，表现是不同的。姜子牙的前妻见前夫发达，就主动请求恢复夫妻关系，虽遭拒绝，显见姜子牙冷酷无情，但也足见这个女人嫌贫爱富、轻薄势利的内心世界，似乎难以博得人们的同情。朱买臣的前妻有些不同，首先，她对朱买臣的发迹，心中或许十分懊悔，但没有厚着脸皮求他什么，多少保留了一点做人的自尊；其次，她毕竟是一个有同情心的女人，在与朱买臣分手以后，在力所能及的情况下还能关照前夫；再次，朱买臣主动将她夫妇养在后花园，衣食无亏，但她觉着如此苟活，已没有了人的尊严，即自缢而死，足见她颇有廉耻之心。朱买臣前妻之死很能博得人们的同情与惋惜。这就是两个女人命运虽同，而评价不一的原因。

至于朱买臣将前妻接到家中供养起来是恩是怨，历来看法不一。有一部分人认为，朱买臣是软刀子杀人，将前妻养在后花园中是有意羞辱她，逼她自尽。这个看法实在值得商榷。如果说朱买臣的行为在客观上促使前妻自杀，或许还有几分道理，因为，朱买臣若不将前妻夫妇接到家中供养，让他们仍然过一种虽然贫苦却自由自在的平民生活，或许前妻经过一段时间后，淡忘此事，也不至于自杀。但若说朱买臣主观上就是有意要羞辱前妻，让她在自己的后花园中天天看见前夫是如何地作威作福，从精神上摧残与折磨她，笔者以为是冤枉了朱买臣。因为朱买臣本传记载得十分清楚，朱买臣富贵以后，不仅厚待前妻夫妇，凡过去熟人朋友，有恩于他的都一一报答（见篇首《汉书》

引文）。而且，朱买臣是由于严助的帮助才得以发达的，所以当大臣张汤陷害严助时，他深怨张汤，从此与张汤结仇，最后也死于与张汤的纠葛之中。由此可见，朱买臣是懂得报恩、知恩必报的人。前妻虽然在他贫困时离他而去，但贫穷难耐，人之通情，何况自己当时也确实没有承担起一个男人、丈夫的责任的能力呢？俗话说，一日夫妻百日恩，何况是十几年或几十年的夫妻呢？再说，离异之后，前妻对自己还有"一饭之恩"，这说明，曾经的夫妻感情还没有完全泯灭。因此，朱买臣在自己发迹之后，将前妻夫妇供养起来，应该是感念前情和出于同情之心，或者是出于对前妻的一种补偿，其出发点应该是善不是恶。他或许也没有想到前妻是如此"刚烈"，自缢而死。其结果与他的初衷相左，这是他没有想到的。这叫做好心办了错事吧。

当然，朱买臣的故事在今天仍然有教育意义：贫穷夫妻要耐得住贫穷，不要半路相弃，只要夫妻携手奋斗，相信总会有出头之日，生活的磨难往往是对夫妻感情的最好考验，"患难见真情""日久见人心"，这些话恐怕永远也不会过时。

【相关链接】

释语：

诣阙上书——在汉代，一般应按司法管辖逐级告劾，但蒙受冤狱，也可越级上书中央司法机关申冤，这叫"诣阙上书"。出现这样的越诉行为，原因有三：（1）地方司法机关判案不公，造成冤狱，受害者不得已如此；（2）地方司法官吏互相推诿，不负责任，受害者冤苦无告，不得已上诉；（3）被告人位高权重或案情重大，受害人或知情人不得不越级上诉。这一制度的确立，对纠正地方司法不公、减少冤假错案、

缓和社会矛盾等是有一定积极意义的。(《汉书·朱买臣传》)

官职：

太守——官名。战国时期，各诸侯国在边地置郡，其长官称守，尊称为太守。秦始皇统一六国后，推行郡县制，每郡置郡守，为郡的最高行政长官，负责治理全郡，其权力甚大，除各县令长由朝廷任命外，其余郡内属吏都可由郡守从本郡辟举，其治郡方略，朝廷也不干预。汉代沿置，于景帝中元二年（前148年）更名太守，其职权与秦代相似，上与天子剖符（虎符、竹使符，各执其半），下得刑赏和任命除县令长以外的官吏，是地方最高行政长官。汉代郡守因俸禄为二千石，故也称二千石，掌治民，进贤劝功，决讼检奸，巡历属县，守卫边疆，察举人才。南北朝时设州渐多，郡的辖境不断缩小，州郡区别不大。隋代统一后，废郡守之名而以刺史名之。隋炀帝与唐玄宗时一度改州为郡，不久复旧。宋代改设知州，而习惯上仍以太守为别称。明清时则专以称知府。(《汉书·朱买臣传》)

十六、苏武坚贞卧寒冰

武既至海上，廪食不至，掘野鼠去草实而食之。杖汉节牧羊，卧起操持，节旄尽落。

——《汉书·苏武传》

孟子有一段话是专为"大丈夫"下定义的："富贵不能淫，贫贱不能移，威武不能屈"，西汉时期的民族英雄苏武就是这样一个富贵不能淫其心，贫贱不能移志，威武不能屈其节的大丈夫。

自从卫青、霍去病打败匈奴以后，汉、匈双方有好几年没打仗。匈奴口头上表示要跟汉朝和好，实际上还是随时想进犯中原。匈奴单于一次次派使者来求和，可是汉朝的使者到匈奴去回访，有的却被他们扣留了。汉朝也扣留了一些匈奴使者。

公元前100年，汉武帝正打算出兵攻打匈奴，匈奴却派使者前来求和，还将以前扣留的汉朝的使者都放了回来。汉武帝为了答复匈奴的善意，派中郎将苏武拿着作为汉王朝皇权凭信的符节，带着副手张胜和常惠等出使匈奴。

苏武到了匈奴，向匈奴单于带去被扣留的匈奴使者，并送上了礼物。苏武一行正等单于写个回信回去复命，没想到在这个时候，出了一件大事儿。苏武没到匈奴之前，有个汉人叫卫律，出使匈奴后投降了匈奴。单于特别重用他，封他为王。卫律有一个部下叫作虞常，对卫律很不满意。他跟苏武的副手张胜原来是朋友，就暗地跟张胜商量，想杀了卫律，劫持单于的母亲，逃回中原。张胜表示愿意合作实施计划，没想到虞常虑事不周，计划败露，被匈奴人逮住。单于大怒，叫卫律审问虞常，还要查问出同谋的人来。

苏武本来不知道这件事。到了这时候，张胜怕受到牵连，才告诉苏武。苏武说："事情已经到了这个地步，一定会牵连到我。如果让人家审问以后再死，不是更给朝廷丢脸吗？"说罢，就拔出刀来要自杀。张胜和常惠眼疾手快，夺去他手里的刀，把他劝住了。

虞常受尽种种刑罚，只承认跟张胜是朋友，拼死也不承认跟他同谋。

卫律向单于报告。单于大怒，想杀了苏武，被大臣劝阻，单于又叫卫律去逼迫苏武投降。苏武一听卫律叫他投降，就说："我是汉朝的使者，如果违背了使命，丧失了气节，活下去还有什么脸见人。"又拔出刀来向脖子抹去。卫律慌忙把他抱住，苏武的脖子已受了重伤，昏死过去。卫律赶快叫人抢救，苏武才慢慢苏醒过来。单于觉得苏武是个有气节的好汉，十分钦佩他。等苏武伤痊愈了，单于又想逼苏武投降。单于派卫律审问虞常，让苏武在旁边听着。审讯室内，摆放着各种各样的刑具，阴森恐怖，令人胆寒。卫律先把虞常定了死罪，杀了；接着，又举剑威胁张胜，张胜贪生怕死，投降了匈奴。

卫律对苏武说："你的副手有罪，你也得连坐。"苏武说："我既没有跟他同谋，又不是他的亲属，为什么要连坐？"卫律又举起剑威胁苏武，苏武毫无惧色。卫律没法，只好把举起的剑放下来，劝苏武说:"我也是不得已才投降匈奴的,单于待我好,封我为王,给我几万名兵士和奴仆,以及满山的牛羊,享尽富贵荣华。先生如果能够投降匈奴,明天也跟我一样,何

苏武(前140—前60)牧羊图

必白白送掉性命呢?"苏武怒气冲冲地站起来,说:"卫律!你是汉人的儿子,做了汉朝的臣下。你忘恩负义,背叛了父母,背叛了朝廷,厚颜无耻地做了汉奸,还有什么脸来和我说话。我决不会投降,怎么逼我也没有用。"卫律碰了一鼻子灰,回去向单于复命。单于把苏武关在地窖里,不给他吃的喝的,想用长期折磨的办法,迫使他屈服。

这时正是入冬季节,北方天寒,外面下着鹅毛大雪。苏武忍饥挨饿,渴了,就捧一把雪止渴;饿了,扯一些皮带、羊皮片啃着充饥。过了几天,居然没有饿死。单于见折磨他没用,就把他送到北海(今贝加尔湖)边去放羊,跟他的部下常惠等人分隔开来,不许他们通消息,还对苏武说:"等公羊生了小羊,才放你回去。"公羊怎么会生小羊呢,这不过是说要长期监禁他罢了。苏武到了北海,旁边什么人都没有,唯一和他做伴的是那根代表朝廷的符节。匈奴不给口粮,他就挖掘野鼠洞里的草根充饥。日子一久,符节上的穗子全掉了。

一直到了公元前85年,匈奴的单于死了,匈奴发生内乱,分成了三个国家。新单于没有力量再跟汉朝打仗,又打发使者来求和。那

时候，汉武帝已死去，他的儿子汉昭帝即位。汉昭帝派使者到匈奴去，要单于放回苏武，匈奴谎称苏武已经死了。使者信以为真，就没有再提。

第二次，汉使者又到匈奴去，苏武的随从常惠还在匈奴。他买通匈奴人，私下和汉使者见面，把苏武在北海牧羊的情况告诉了使者。使者见了单于，严厉责备他说："匈奴既然存心同汉朝和好，不应该欺骗汉朝。我们皇上在御花园射下一只大雁，雁脚上拴着一条绸子，上面写着苏武还活着，你怎么说他死了呢？"单于听了，吓了一大跳。他还以为真的是苏武的忠义感动了飞鸟，连大雁也替他送消息呢。便向使者道歉说："苏武的确还活着，我们把他放回去就是了。"

苏武出使的时候，才四十岁。在匈奴受了十九年的折磨，胡须、头发全白了。回到长安的那天，长安的人民都出来迎接他。他们瞧见须发皆白了的苏武手里拿着光杆子的符节，没有一个不受感动的，说他真是个有气节的大丈夫。

但苏武回国后，并没有得到封侯的恩赏，汉朝廷仅让他担任典属国（负责接待外宾——少数民族的官员）之职，俸禄二千石（公卿以下的待遇）。到宣帝时，苏武因拥立有功，才被赐爵关内侯。神爵二年（前60年），苏武去世，享年八十四岁。

【前事后鉴】

唐末词人温庭筠有《苏武庙》诗一首："苏武魂销汉使前，古祠高树两茫然。云边雁断胡天月，陇上羊归塞草烟。回日楼台非甲帐，去时冠剑是丁年。茂陵不见封侯印，空向秋波哭逝川。"这首诗除了歌颂了苏武忠贞不屈的精神之外，其主要的意思在于为苏武还朝时没能封侯感到不平与惋惜，尽管有批判封建统治者赏罚不公的意思在内，但也反映了一个封建文人醉心功名的思想。温庭筠可能并不懂得，尽管苏武没有及时被封侯，但这对他伟大的爱国主义者的光辉形象丝毫无损，苏武独立不迁的民族气节和辉映日月的爱国精神是不朽的。

"苏武牧羊"的故事历来成为爱国主义教育的典型题材。"爱国主义"是一个晚起的名词，但爱国思想却渊源久长，其缘起可以追溯到国家的产生。爱国的观念源于一个人对国家与民族的认同，这种认同感不因任何外力而改变。正如孟子所说的，"富贵不能淫，贫贱不能移，威武不能屈"。爱国，永远是一个民族、一个国家存在的支柱，也是做人的起码标准。封建时代讲"忠孝"，"忠"即是忠君，亦是爱国，忠君爱国和孝敬父母一样，都是人的一种最基本的感情。对父母之邦——国家的背叛，意味着对生育自己的父母的背弃，是一种人所不齿的行为。中国历史上涌现出了千千万万个杰出的爱国主义者，他们毁家纾难，精忠报国，不成功，便成仁，以他们光辉的爱国业绩，谱写了一曲曲爱国主义的赞歌。屈原为追求美政理想而"虽九死其犹未悔"，终至以身殉国；抗金英雄岳飞血战沙场，英勇无畏，至为奸人所害；辛弃疾虽年逾花甲，仍以廉颇自喻，报国之情弥烈；文天祥慷慨悲歌："人生自古谁无死，留取丹心照汗青"，为国家为民族从容就义，这些都是何等崇高的人生信念和壮烈行为！历史上那些被鲁迅称之为"我们民族脊梁"的人首先是一个爱国者，因为只有爱国，他才能正道直行，才能担当济世救民、扶危拯乱的历史重任。当然，历史上那些坚定的爱国者，他们之所以爱国，除了他们个人的美好品德之外，一个更重要的原因就是我们民族深厚的历史文化对他们的熏陶。

苏武牧羊匈奴十九年而忠贞不渝，其中一个最重要的原因就在于他对自己是强大的汉帝国、汉民族的一分子而感到无比自豪；对无比灿烂的本民族的文化有一种强烈的认同与归属感。富贵、贫贱、暴力都不能动摇他心中的这种认同感与归属感，汉民族的精神与文化已深深地浸润在他的情感与血液中。这种伟大的精神力量，鼓舞着苏武寒冰茹毛，荒原啮雪，忠贞不屈，终于使他成为一个万人景仰、彪炳史册的伟大的爱国主义者。

今天，我们讲爱国，并非要人人去做惊天动地的大事，而是要把这种爱国精神，体现在自己的工作、学习的实践中，为祖国的繁荣，为民族的振兴，让自己的生命最大限度地生发光和热，脚踏实地地为国家、民族和人民服务，作出力所能及的贡献。

【相关链接】

成语：

肝脑涂地——形容惨死。也用来表示竭尽忠诚，任何牺牲均在所不惜。这是苏武面对匈奴的劝降时，表达对汉王朝的忠心和坚决拒绝投降时说的话。(《汉书·苏武传》)

地理：

北海——先是北方远僻地域的泛称，秦汉以后，凡塞北大泽，往往被称为北海。《汉书·苏武传》"乃徙武北海无人处"，这里的"北海"指今俄罗斯境内贝加尔湖。这里曾是中国古代北方游牧民族的主要活动地区。(《汉书·苏武传》)

人文景观:

苏武庙——在史书上记载着我国现有纪念苏武的寺庙只有两座:一座是苏武的家乡陕西省武功县的苏公祠,另一座就是位于河北承德市丰宁满族自治县境内潮河岸边的苏武庙。而苏武庙又是全国唯一供奉苏武的庙宇,因此具有"天下第一庙"之称。

丰宁苏武庙的始建年代说法有二:一说建于西汉宣帝年间;二说建于宋代。唯一没有争论的是,苏武庙曾在清朝康熙五十年(1711年)重修过,又在雍正四年(1726年)进行了扩建。扩建后的苏武庙集苏武祠堂与佛教寺庙于一体,在古建筑中极为特殊。苏武庙的所在地叫苏武庙村。家家供奉苏武,人人会唱苏武"牧羊歌"。更有"苏武泉""牧羊圈""子卿卧榻"等故事广为流传。每年正月十五元宵节,这里的花会、花灯,都要从苏武庙前起会,人们抬着苏武像,唱着"牧羊歌",祈求一年的风调雨顺和国泰民安。每年的农历四月初一,尽管是春耕大忙季节,村民们都要放下手中的活计,聚集在苏武庙前唱上几天大戏,以此来祭奠苏武。

十七、霍去病为国忘家

上为治第，令视之，对曰："匈奴不灭，无以家为也。"
由此上益重爱之。

——《汉书·霍去病传》

"出身仕汉羽林郎，初随骠骑战渔阳。孰知不向边庭苦，纵死犹闻侠骨香"。王维的这首《少年行》，道出了当时长安少年企冀征战边庭、建功立业的梦想，西汉霍去病无疑曾是这个梦想的实现者。

霍去病（前140—前117），河东郡平阳县（今山西临汾）人，是大将军卫青的外甥。他的母亲卫少儿是汉武帝姐姐平阳公主家里的奴婢，在与平阳县衙役霍仲孺私通后，生下了霍去病。

当年，霍去病的姨妈卫子夫不过是平阳公主府中的一个歌女，舅舅卫青只是一个骑卒，也就是保镖。建元二年（前139年），就是霍去病一岁的时候，汉武帝去霸上祭祀，在平阳公主家歇息的时候，看到了歌女卫子夫，卫子夫的美丽与才艺深深吸引了汉武帝，武帝借更衣的机会临幸了卫子夫，并把卫子夫带回宫中。后来卫子夫生了皇子，被立为皇后。卫氏家族从此平步青云。霍去病的命运也发生了根本的改变。到十六七岁时，霍去病已经长成了一个相貌奇伟、性格坚

位于酒泉市的霍去病雕像

毅、智勇过人的青年。汉武帝很赏识他，派他做了保卫皇帝安全的侍中官。

或许是受舅舅卫青的影响，霍去病少年时就有驰骋疆场、建功扬名的远大志向。为了实现这一志向，他主动向汉武帝请缨，出战匈奴。汉武帝出于对他的喜爱或者说是希望他少年成才，答应了他的请求，任命他为骠姚校尉，由卫青挑选了八百名骁勇矫捷的骑兵归他指挥。在元朔六年（前123年）出击匈奴的时候，霍去病上了战场，这个英俊少年从此开始了他鹏翔九霄、转战万里、建功立业的英雄生涯。

这天，霍去病率领八百骁骑连续驰骋了好几百里路，将近黄昏时，忽然发现前方远处有一片黑点。霍去病判断应是匈奴的营帐，当即命部下衔枚而行，以迅雷不及掩耳之势杀了过去。匈奴兵根本没想到汉军会这么远地杀来，顿时一片混乱。霍去病身先士卒，率先闯入匈奴营帐，八百骁骑个个勇猛无比，把匈奴兵杀得四散逃窜。

这次战役，霍去病功居第一，其他各路有胜有负。卫青将战争的经过报告了汉武帝。汉武帝对霍去病大加赞赏，说："骠姚校尉霍去病，以八百骁骑斩杀匈奴兵 2028 人，并杀死匈奴单于的祖父籍若侯产及相国、当户等将官多人，生擒单于的叔父罗姑比，出奇制胜，勇冠全军。以 2500 户封霍去病为冠军侯。"公元前 121 年春天，汉武帝任命霍去病为骠骑将军，率领精骑一万人，从陇西（今甘肃省临洮县）出发，攻打匈奴。在霍去病的指挥下，汉军所至，势如破竹，穿过五个匈奴王国，转战六日，越过焉支山（今甘肃省山丹县境内）一千多里，在皋兰山（今兰州黄河西）与匈奴发生激战。霍去病率部勇猛异常，横冲直撞，阵斩匈奴折兰王、卢侯王，活捉了匈奴浑邪王的儿子及相国、都尉等，歼敌 8960 人，并且缴获了匈奴休屠王的祭天金神像。汉军大获全胜。汉武帝非常高兴，下令增封霍去病食邑 2200 户。

这年夏天，汉武帝决定乘势全部扫除匈奴在河西地区的势力，打通进入西域之路，于是发动了第二次河西战役。这次战役，以霍去病、公孙敖率领的几万骑兵为主力，从北地郡（今甘肃环县）出发，另派李广、张骞率一万多人从右北平出发，攻击匈奴左贤王，策应西征的主力军。霍去病与公孙敖出塞后，分兵出击，公孙敖由于中途迷失方向，未能与匈奴交手。霍去病与公孙敖联系不上，只好孤军深入，越过居延海（今内蒙古额济纳旗北），穿过小月氏部落，抵达祁连山。匈奴被他神妙莫测的战术搞得晕头转向，祁连山麓一战，被打得大败。这次战役，总计接受匈奴单桓王、酋涂王及相国、都尉等2500人投降，俘虏了五王、王母、单于阏氏、王子59人。相国、将军、当户、都尉等63人，歼灭匈奴兵30200人。汉武帝加封霍去病食邑5400户。从此，霍去病的声望日隆，地位日尊，成为汉武帝倚重的一名大将。

两次河西战役之后，汉朝完全控制了河西地区，这对匈奴是一个很大的打击。匈奴人非常惋惜，他们悲伤地唱道："亡我祁连山，使我六畜不蕃息；失我焉支山，使我妇女无颜色。"匈奴单于对于浑邪王、休屠王的屡次战败，非常恼火，派使者征召他们，准备治罪。浑邪王新失爱子，本来就够心烦的了，又闻单于将要加罪，于是与休屠王商量，决定向汉朝投降，并派使者来与汉朝接洽归降事宜。当时负责藩属事务的大行李息，正在黄河边上筑城，见到浑邪王派来的使者，马上派人向朝廷报告。

汉武帝得到这一消息，很高兴，认为这样可以分化匈奴，减弱匈奴的力量，但是又担心其中有诈，于是派霍去病带领一万骑兵。前往河西，见机行事。霍去病还没有到达河西，情况就发生了变化。休屠王听信部下的谗言，不想投降了。浑邪王骑虎难下，痛恨休屠王的背信弃义，于是一不做二不休，他率兵冲入休屠王的营帐，杀死了休屠王，收编了休屠王的部队，然后列队迎接汉军的到来。

霍去病渡过黄河，与浑邪王遥遥相望。浑邪王的部下很多。他们本来就不甘心投降，现在看到汉军阵容严整，心存疑惧，纷纷逃走。霍去病望见浑邪王阵营人群骚动，当机立断，亲率几名精骑飞马驰入浑邪王营帐，与浑邪王谈判，下令将私自逃跑的匈奴将士8000人全部杀死（未免残忍了些）。稳住了匈奴军队。然后，霍去病派轻车快马先把浑邪王送往长安拜见汉武帝。接着，他把四万多匈奴降兵编队列阵，带回长安。

汉武帝隆重地接见了浑邪王，封他为漯阴侯，食邑一万户。匈奴小王呼毒尼等四人也被封侯爵。汉武帝把这五侯连同他们的部众分别安置在陇西、北地、上郡、朔方、云中等地，保持他们原来的生活习俗，号称"五属国"。浑邪王旧地设置武威、酒泉两郡，连同后来设置的张掖、敦煌二郡，被称为"河西四郡"。霍去病受降有功，加封食邑1700户。

从此，匈奴的军事力量大大削弱，不得不退到遥远的大沙漠以北地区。汉朝西部的威胁彻底解除，通往西域的道路完全畅通了。

匈奴主力虽远逃往漠北，但仍未放弃对汉朝边境的掠夺。公元前120年秋，匈奴骑兵万余人又突入定襄、右北平地区，杀掠汉朝边民一千多人。汉武帝决定远征漠北，彻底消灭匈奴军队。

公元前119年，汉武帝调集10万骑兵，随军战马14万匹，步兵辎重队几十万人，由卫青和霍去病各领五万骑兵，分东西两路向漠北进军。卫青从定襄出塞，北进一千多里，与匈奴单于所率主力相遇，经过激战，大败匈奴单于，斩获一万多人，一直追到赵信城（匈奴深境）才胜利班师。

汉武帝原来的计划是由霍去病专力对付匈奴单于，所以给他配备的全是经过挑选的精兵强将。霍去病率军从代郡出发，大胆重用匈奴降将赵破奴等，在大沙漠纵横驰骋，行军两千多里，越过难侯山，渡过弓卢河，与匈奴左贤王相遇。汉军发动猛攻，左贤王大败而逃。这次战役，活捉匈奴屯头王、韩王等三人以及匈奴将军、相国、当户、都尉等83人，歼敌70443人。匈奴左贤王部几乎全军覆灭。霍去病率军追至狼居胥山（今蒙古国境内德尔山）。为庆祝这次战役的胜利，霍去病在狼居胥山积土增山，举行祭天封礼，又在姑衍山（在狼居胥山附近）举行祭地禅礼，并登临瀚海（今贝加尔湖），刻石纪功，然后凯旋还朝。霍去病因功加封食邑 5800 户，并与大将军卫青一起被拜为大司马。

霍去病一生曾四次领兵出塞攻打匈奴，共歼敌 11 万多人。他平时少言寡语，战场上却敢打敢冲，勇猛无比。汉武帝常常劝他学习孙吴兵法，他却说："两军对垒，只以谋略取胜罢了，何必拘泥古法！"他是凭借战场上的直觉与经验指挥战斗的，随机应变，谋无定法，让敌人防不胜防，这使他百战百胜，成为名扬后世的一代名将。

霍去病屡立战功，获得了高官厚禄，但他把个人的享受搁在一边，时时以国家的利益为重。河西战役胜利后，汉武帝为了表彰他的卓越功绩，特意为他建造了一座豪华住宅，叫他亲自去看看是否满意。霍去病谢绝了汉武帝的好意，气概豪壮地说："匈奴未灭，何以家为！"硬是推辞不受。汉武帝因此更加看重他，喜爱他。

正当霍去病的生命焕发着熠熠光彩的时候，病魔却夺走了他的生命。公元前 117 年，霍去病英年早逝，年仅 24 岁。真是天妒英才，令人扼腕！对于这位青年名将的过早离去，人们都感到无比的悲痛和惋惜。汉武帝特地命人在自己的茂陵旁边为霍去病修建了一座形状像祁连山的坟墓，并发动陇西、北地等五郡的匈奴人民，身穿黑甲，把霍去病的灵柩从长安护送到墓地安葬。

霍去病的墓至今仍然矗立在茂陵旁边，墓前的"马踏匈奴"的石像，象征着他为西汉帝国立下的不朽功勋。

【前事后鉴】

战争是解决政治矛盾的最高手段，它破坏了生产力，破坏了安稳的社会秩序，使生灵涂炭，无辜者遭殃。但战争又解放了生产力，推动了历史的进步，并且还造就了无数的英雄和军事奇才。这就是战争的悖论。在战争史上，尤其是抗御外侮的民族战争，更是维护本民族的和平与稳定，保证本民族的生存与发展的最直接、最有效的手段。两千多年前旷日持久的汉匈战争，从本质上讲是文明与野蛮的较量，农耕大国与游牧部族的血拼。尽管战争给匈奴人民也带来了深重灾难，但对于长期深受匈奴野蛮掠夺、残酷杀戮的汉边人民而言，汉帝国对匈奴的用兵无疑具有保家卫国的正义性。因此，那一时期出现的军事奇才卫青、霍去病、李广等都可以看作我们民族的伟大英雄。

可以说，在这众多的杰出的军事奇才之中，霍去病又是其中的佼佼者。霍去病十八岁就为汉家王朝效命疆场，在与匈奴的鏖战中独当一面，并且斩将搴旗，首战告捷，在此后的将近七年的与匈奴的大小战争中，霍去病几乎每战必胜，并且斩获极多，超过卫青等人，真可谓常胜将军、中国历史上少有的军事天才。

当然，霍去病之所以功成名就，首先是因为他生而逢时，是汉武帝时代特殊的历史氛围——大规模的汉匈战争造就了他；其次是他的特殊的外戚身份成全了他，使他有机会直接进入汉武帝选拔军事人才的决赛圈，并具有了选拔的优先权；再次，霍去病本身具备了军事天才的素质，这使他一上战场就如同大鹏腾空，气贯长虹，所向无敌。至今还有论者对汉武帝任用外戚，讥之以"任人唯亲"，但古人云：举贤不避亲，只要是栋梁之材，即使是皇亲国戚又何妨？在汉武帝所任用的外戚中，比较知名的除了一个贰师将军李广利有些草包之外，像卫青、霍去病、霍光等人，虽是外戚，但他们所创造的历史功勋，他们对汉家王朝所作出的巨大贡献，又是哪一个不是外戚的人所能够比得了的呢？从这一点来说，汉武帝不仅没有任人唯亲之过，反而有慧眼识人之明。千里马常有，而伯乐不常有，成就霍去病这个军事天才的英名的，恰恰是雄才大略的汉武帝！

人常言，是金子总会发光的。霍去病的军事才华也并非与生俱来。虽然他对汉武帝叫他学习孙吴兵法不以为然，但他舅父卫青的军事生涯对他不可能没有影响，少年霍去病留心军事，甚至醉心于军事，进而苦学军事知识与理论的情形，都是我们可以想见的。所谓厚积而薄发，这使他一上战场，就充分发挥了那积聚已久的军事潜能，在疆场上大显身手，百战不殆。

霍去病的生命是短暂的，但他的生命的品质则是闪光而崇高的，永垂不朽的。他永远是今天或者将来有志于报效祖国的壮志男儿学习的光辉榜样！

【相关链接】

释语：

匈奴未灭，何以家为——当年霍去病征伐匈奴，战功赫赫。汉武帝为奖赏他，为他建造了华丽的府第，并让他去察看是否满意。霍去病则对武帝说："匈奴还没有完全消灭，我不想这时就拥有自己的安乐窝。"表达了霍去病这位英雄才俊舍小家为大家的可贵思想。这句话后世常用来比喻公而忘私、为国献身的精神。(《汉书·霍去病传》)

典故：

封狼居胥——公元前119年，霍去病率军追击匈奴至狼居胥山

（今蒙古国境内德尔山）。为庆祝这次战役的胜利，霍去病在狼居胥山积土增山，举行祭天封礼，又在姑衍山（在狼居胥山附近）举行祭地禅礼，并登临瀚海（今贝加尔湖），刻石纪功，然后凯旋还朝。"封狼居胥"，后用来比喻建立巨大的军功。（《汉书·霍去病传》）

十八、张骞辟丝绸之路

骞即分遣副使使大宛、康居、月氏、大夏……后岁余，其所遣副使通大夏之属者皆颇与其人俱来，于是西北国始通于汉矣。

——《汉书·张骞传》

他用自己的铁脚板踏出了一条沟通东西方经济文化交流的"丝绸之路"，他最早使西方世界了解了中国，也让闭塞的中国人开始知道了域外还有另一片蓝天，他就是中国历史上第一个杰出的探险家和外交家张骞。

汉武帝时，匈奴经常南下入侵，为了摸清敌情，彻底打垮匈奴，汉武帝经常会见一些匈奴的降卒，一次，汉武帝得到一条重要消息：匈奴冒顿单于当初战胜月氏国的时候，曾经残忍地将月氏国王的脑袋砍下来，用头盖骨做成一个大酒杯。月氏人败逃到西方，他们十分仇恨匈奴人，想要报仇，却势力单薄，没有外援。

汉武帝认为这一信息十分重要。月氏既然在匈奴西边，汉朝如果能跟月氏联合起来，切断匈奴跟西域各国的联系，这不是等于切断了匈奴的右臂吗？但是派谁为使者呢？汉武帝知道这项任务十分艰巨，

张骞（前164—前114年）出使西域图

非智勇兼备、坚毅忠贞者不能胜任。

于是，他下了一道诏书，征求干练之士到月氏去联络。张骞主动请缨，他当时还只是御林军的将领，史籍这样描绘张骞："张骞，成固人也。为人强大有谋，能涉远。"张骞正是武帝寻找的合适人选。但要把结盟的书信送往月氏，意味着三千多公里的漫漫旅途，沿途有重山阻隔，没有人知道路该怎样走。更危险的是，要寻找月氏，就要穿越匈奴人控制的领地，很容易被匈奴的骑兵围追堵截。况且当时根本没有人知道月氏部落到底迁到了哪里。这种种的困难与危险，张骞都十分清楚，但他义无反顾，知难而进，并且把这次远征当作报效国家与建功立业的机会。

汉武帝元光五年（前138年），张骞受命带着一百多人出发去找月氏。行到匈奴占领的地界时，张骞他们小心翼翼，可走了没几天，还是被匈奴兵发现，他们全都做了俘虏。匈奴单于并不了解张骞他们的远行意图，加之当时汉、匈关系还比较缓和，所以单于只将张骞他们留下做人质，派人把他们分散开来管住，张骞被安排给匈奴右贤王牧羊。这一住就是十多年。

在匈奴，张骞度过了十多年软禁的时光，无法离开匈奴的土地，他甚至娶了一位匈奴妻子，还生了几个孩子。多年来，张骞一直在设法逃跑，一次，他和几个随从趁匈奴人松懈的时候，偷来几匹骆驼和骏马，一起逃了出来。他们一直向西跑了几十天，吃尽苦头，逃出了匈奴地界，没找到月氏，却闯进了另一个国家叫大宛（在今中亚细亚）。

历尽艰辛，张骞他们终于见到了大宛王，大宛王早就听说汉朝是个富饶强盛的大国，这回听到汉朝的使者到了，很欢迎他们，并且派人护送他们到康居（约在今巴尔喀什湖和咸海之间），再由康居到了月氏。

月氏被匈奴打败了以后，迁到大夏（今阿富汗北部）附近建立了大月氏国，不想再跟匈奴作战。大月氏国王听了张骞的话，不感兴趣，但因为张骞是汉朝的使者，也很有礼貌地接待他。

张骞在大月氏住了一年多，由于月氏人认为大汉离他们较远，结盟未必有什么好处，便不打算与汉建立亲近的关系。所以张骞他们没能说服大月氏国共同对付匈奴，只好回来。经过匈奴地界，又被扣押了一段时间，幸好匈奴发生了内乱，张骞才和一个叫甘父的随从逃出来回到长安。

张骞在域外整整待了十三年才回来。汉武帝十分惊喜，尽管张骞这次与月氏没能达成什么协议，但汉武帝还是重重地赏了他们。张骞向汉武帝详细报告了西域各国的情况。他说："我在大夏看见邛山（在今四川省，邛音 qióng）出产的竹杖和蜀地（今四川）出产的细布。当地的人说这些东西是商人从天竺（今印度）贩来的。"他认为既然天竺可以买到蜀地的东西，一定距离蜀地不远。

汉武帝就派张骞为使者，带着礼物从蜀地出发，去结交天竺。张骞把人马分为四队，分头去找天竺。四路人马各走了两千里地，都没有找到。有的被当地的部族打回来了。

往南走的一队人马到了昆明，也给挡住了。汉朝的使者绕过昆明，到了滇越（今云南东部）。滇越国王的祖上原是楚国人，已经跟中原隔绝了有好几代。他愿意帮助张骞找道去天竺，可是昆明在中间挡住，没能过去。

张骞回到长安，汉武帝认为他虽然没有找到天竺，但是结交了一个一直没有联系过的滇越，也很满意。

不久，张骞加入大将军卫青的军队，官职为校尉。因为收集情报方面积累了很多经验，所以张骞主要负责刺探情报和沿途的给养。在北方，卫青率领军队与匈奴人展开激烈的厮杀，正是张骞先前收集的水源和牧草分布资料帮助了汉朝军队，他们赢得了一系列胜利，张骞也因此被封为博望侯。

后来，张骞因为协助李广与匈奴作战失败，被剥夺了爵位，成了平民。

张骞失去了爵位，但仍在朝中任职。张骞几次晋见武帝，说明继续与西方各国加强交往的重要性，当然，某种程度上是想让武帝再次派他前往，好重新赢得爵位。张骞本人笃信同西方的交往关乎汉王朝的命运。他上谏武帝，说可以说服从前匈奴的附属国乌孙，一起攻打匈奴，只要武帝许诺事后让他们回到被匈奴人夺走的家园故土。张骞和其他谋士认为可以用和亲政策取得乌孙首领的配合，然后再用大量的财宝诱使他们回归东方。一旦乌孙国与汉朝联合，无异于"断匈奴右臂"。在消灭匈奴人之后，汉朝军队甚至可以继续向西挺进，让西方的大夏等国家臣服。汉武帝认为张骞的建议有道理，但没有马上付诸实施。

到了卫青、霍去病消灭了匈奴兵主力，匈奴逃往大沙漠北面以后，西域一带许多国家看到匈奴失了势，都不愿意向匈奴进贡纳税。汉武帝趁这个机会再派张骞去通西域。公元前119年，张骞和他的几个副手，拿着汉朝的旌节，带着三百个勇士，每人两匹马，还带着一万多头牛羊和黄金、钱币、绸缎、布帛等礼物去结交西域。

张骞到了乌孙（今新疆境内），乌孙王出来迎接。张骞送了他一份厚礼，建议两国结为亲戚，共同对付匈奴。乌孙王只知道汉朝离乌孙很远，可不知道汉朝的兵力有多强。他想得到汉朝的帮助，又不敢得罪匈奴，因此乌孙君臣对共同对付匈奴这件事商议了几天，还是决定不下来。

张骞恐怕耽误日子，打发他的副手们带着礼物，分别去联络大宛、大月氏、于阗（今新疆和田一带）等国。乌孙王还派了几个翻译帮助他们。这许多副手去了好些日子还没回来。乌孙王先送张骞回到长安，他派了几十个人跟张骞一起到长安参观，还带了几十匹高头大马送给汉朝。

汉武帝见了他们已经很高兴了，又瞧见了乌孙王送的大马，格外优待乌孙使者，并委任张骞为主管接待宾客的"大行"。

过了一年，张骞害病死了。张骞派到西域各国去的副手也陆续回到长安。副手们把到过的地方合起一算，总共到过三十六国。

打那以后，汉武帝每年都派使节去访问西域各国，汉朝和西域各国建立了友好交往。西域派来的使节和商人也络绎不绝。中国的丝和丝织品，经过西域运到西亚，再转运到欧洲，后来人们把这条路线称作"丝绸之路"。

汉武帝和张骞的成功谋略为中国赢得了贸易、建设和统一的保障。同时，张骞出使西域对中国和西方历史都具有深远的意义。张骞本人也作为一名伟大的探险家和外交活动家被载入史册，千古流芳！

【前事后鉴】

张骞是我国历史上第一个杰出的外交家。中国与西方的文化交往之路，最早是由张骞打通的。张骞两次出使西域，带着大汉皇帝赋予的使命，不畏艰险，跋涉在烈日下或狂风中的西域荒原之上，两次为匈奴所俘获，又两次机智地逃脱，啮雪苦节，带着不辱使命的坚定信念继续前行，虽都没有完成使命，却沟通了亚洲内陆交通要道，与西域诸国正式开始了友好往来，促进了东、西方经济文化的广泛交流，开拓了丝绸之路，完全可称之为中国走向世界的第一人。毫不夸张地说，两千多年以前的这条沟通东、西方经济、文化交流的丝绸之路，是张骞用生命走出来的。因为他把自己的一生都耗费在这万里征途之中。其筚路蓝缕之功将被后人永远铭记。

开拓驰名中外的丝绸之路是张骞一生最主要的功绩。张骞成了一个地道的东西方经济文化交流的和平使者。起先，张骞带回了西域国家对汉皇帝的问候以及中原从不曾有过的核桃、葡萄、哈密瓜、胡萝卜等，又将中原的丝绸、瓷器、茶叶带到西域。后来，职业的商人们沿着张骞的足迹，络绎不绝地西进或者东行，将丝绸之路延伸到帕米尔高原以西的中亚、印度、西亚乃至欧洲。那以后的漫长岁月中，经由丝绸之路，辉煌一时的汉文明被传播到全世界，也使得曾经封闭的中国人开始知道了一个更为广大的外部世界，汉民族的封闭之门从此洞开。张骞的西域之行，是时代英雄的创举，也是历史发展的必然，其结果是使得中国、印度、西亚和希腊罗马四大古代文明有了直接的交流和影响，此后，东、西方文明的发展与进步，就处于一种相互撞击、相互依存与交融的状态之中，再也不是孤立存在了。

从中国历史的发展来看，汉代开辟的这条丝绸之路，虽曾经因为政治对立、民族矛盾乃至战争而一度中断。但文明的发展，势力的扩张，商业的活跃，和草原游牧民族与农耕定居民族的依存关系，使得东西方的精神与物质的文化交往两千多年来从未断绝。

丝绸之路的道路漫长而久远，而且无始无终。在古代，它是传播友谊的道路，也曾经是被战争铁蹄践踏过的道路。今天，人们已经忘却昔日曾经有过的苦难，而把丝绸之路看作是联结东西方文明的纽带。近年来，联合国教科文组织发起的"丝绸之路研究计划"，把丝绸之路称作"对话之路"，以促进东西方的对话与交流。中共十八大以后，习近平提出"一带一路"的设想正像当年张骞一样，筚路蓝缕，以启山林。在世界经济发展融合的大潮中，这条由张骞开辟的古丝绸之路必将焕发出更加灿烂的全新的生命光彩，以造福中国人民和世界人民。对于中国人来说，今天的丝绸之路，是开放之路，是奋进之路，是走向 21 世纪的光明之路。而行走在这条超越时空观念的丝绸之路上的第一人，永远是伟大的张骞！

【相关链接】

释词：

丝绸之路——亦称"丝路"。19世纪末叶德国地质学家李希霍芬提出，泛指穿越我国新疆的山岭、草原和沙漠通往里海、地中海沿岸的古代商路。当年张骞分派属下出使的大宛、康居、月氏、大夏等国都是丝绸之路必经的西域国家。张骞无所争议地成为开辟古丝绸之路的第一人！（《汉书·张骞传》）

地理：

西域——玉门关（甘肃敦煌县西）、阳关（甘肃敦煌县西南）以西中亚西亚乃至欧洲，汉时统称西域。巴尔喀什湖以南及以东，昆仑山以北的广大地区，西汉时有大宛、乌孙等三十六个小国。当时狭义的西域，就是指的这三十六个小国。公元前119年，汉武帝派遣张骞出使西域。由于汉对匈奴战争的胜利，公元前121年至前111年，汉在河西设立河西四郡。公元前59年，汉宣帝在乌垒城（今新疆轮台县东）设置西域都护。河西四郡及西域都护的建立标志着西域开始由中央政府管辖，汉在西域各国的统治日益巩固，并由此开辟了通往西域的走廊。西方道路的畅通得到了保证，中外文化的交流有了很大的发展。唐代在西域设立安西都护府，分掌天山南、北二路。自19世纪末以来，西域一名渐废弃不用。

十九、司马迁忍垢著史

所以隐忍苟活，函粪土之中而不辞者，恨私心有所不尽，鄙没世而文采不表于后也。

——《汉书·司马迁传》

一部二十四史，将我华夏五千年文明记录在籍。无疑的，二十四史的著者则是中华民族的大功臣。而在这众多的史学家中，有一个值得华夏子孙永远铭记的、堪与日月争光的响亮的名字——司马迁。

司马迁字子长，夏阳（今陕西韩城）人。他生于史官世家，祖先自周代起就任王室太史，掌管文史星卜。父亲司马谈也是汉朝的太史令。司马迁十岁的时候，就跟随父亲到了长安，从小就读了不少书籍。父亲博学多识，精通天文、易学和黄老之学。司马迁十岁起诵读《尚书》《国语》《左传》等"古文"，接受其父的启蒙教育，在历史与文学两方面打下了坚实的基础。同时，家学渊源对他一生的治学道路产生了深刻影响。后来司马迁在长安师从著名经学大师孔安国、董仲舒，研习古文《尚书》和《春秋》。十九岁补博士子弟。二十岁随博士褚太等六人"循行天下"，开始了他的壮游生活。他到过浙江会稽，在传说中大禹召集部落首领开会的地方留下了自己的足迹；到过

司马迁（约前145—约前90年）发愤著《史记》

长沙，往汨罗江边凭吊爱国诗人屈原；到过曲阜，考察了孔子这位儒学的创造者的讲学遗址；到过丰沛，听沛县父老讲述高皇帝刘邦起兵的壮举……这些游览和考察，使司马迁获得了大量的知识，并从民间语言中汲取了丰富的养料，为后来写作《史记》积累了大量的原始素材，做好了充分的知识准备。

壮游使司马迁开阔了眼界，增长了知识。武帝对这个广闻博识、学问丰富的年轻人十分赏识，命他为郎中，让他奉旨出使巴蜀，到达了今天昆明一带大西南地区。读万卷书，行万里路，使司马迁的知识更加渊博深厚。元封元年（前110年），汉武帝封禅泰山，司马谈以职任太史令却未能从行，抑郁而死。临终前他难过地对司马迁说："我死以后，你必为太史。做了太史，莫忘了我的遗愿。如今大汉兴盛，海内一统，上有明君，下有忠臣。我身为太史，而未能记载，愧恨不已。你一定要完成我未竟之业，以了却我的心愿。"司马谈死后，司马迁继任父职为太史令，这使他有机会读遍皇室所收藏的文史经籍、诸子百家及各种档案史料。他决心继承父亲的遗志，写一部载述古今重大事件和人物事迹的皇皇巨著。

就在他着手写作不久，突如其来的灾难降临了。

苏武出使匈奴的第二年，汉武帝派贰师将军李广利带兵三万，攻打匈奴，结果全军溃败，几乎覆没，主帅李广利侥幸逃生。李广的孙子李陵当时担任骑都尉，带着五千名步兵跟匈奴作战。单于亲自率领八万骑兵把李陵的步兵团团围困。尽管李陵的箭术高超，士兵也拼死搏杀，一连杀了五六千名匈奴骑兵，但众寡悬殊，匈奴兵越聚越多，汉军寡不敌众，加之没有援军，最后只有四百多汉兵突围出来。李陵被俘投降了匈奴。

李陵投降匈奴的消息震动了朝野。汉武帝将李陵的母亲和妻儿都抓进了监狱，并且召集大臣议定李陵降敌之罪。大臣们都谴责李陵贪生怕死、投降匈奴的可耻行为。

司马迁知道皇帝对李陵的降敌耿耿于怀，觉得丢了朝廷的脸面，他认为这时候一味指责李陵既失公允，也不会使皇帝得到宽慰，作为一个正直的大臣，应该讲真话，或许还能使皇帝得到一丝安慰。于是他说："李陵率兵不满五千，却深入敌人腹地，与几万敌人搏杀。虽然吃了败仗，可是杀死的敌人比牺牲的汉军将士多，功过两抵，也可以向天下人交代了。李陵不肯马上去死，或许是一种权宜之计他一定还想将功赎罪来报答皇上。"

汉武帝听了，勃然大怒，认为司马迁这样为李陵辩护，是有意贬低李广利（李广利是汉武帝宠妃李夫人的兄弟），当即就将司马迁下了大狱，交给廷尉审问，最后被判处"腐刑"（即阉割生殖器）。司马迁拿不出钱赎罪，只好受了刑罚，关在狱中。

司马迁认为受腐刑是一件辱没祖先的事，他整日惶恐悚惧，如芒在背。他痛苦地思前想后：这是我自己的过错呀。现在已成刑余之人，活着还有什么意思呀，他几乎想自杀。但一想到父亲的临终嘱托，自己还有一件极重要的工作没有完成，不应该死。身心备受摧残、含幽忍垢的司马迁暗暗告诫自己：人都免不了一死，死有重于泰山、轻于鸿毛之别。古圣先贤给了他无穷的榜样的力量。他想到周文王、孔子、屈原、左丘明、孙膑、韩非等前代贤哲，都是在困厄之中发愤著书，成就他们的美德大业的。这些先贤的著作，都是因为他们心里有郁闷，或者理想行不通的时候，才写出来的。我为什么不利用这个时候把《史记》这部史书写好呢？

司马迁决心以残疾之身完成父亲的遗命，著就《史记》这部传世之作。经过六年的囚禁生活，征和元年（前93年），他终于出狱。汉武帝对司马迁的才能还是爱惜的，任命他为中书令。中书令的职责是掌管传宣诏命，通常由宦官担任，但由于接近皇帝，所以一般被认为是一个尊显的职务。但司马迁却为自己担任这个一直由宦官担任的职务而羞愧。但皇命如天，他也莫可奈何。用司马迁自己的话说，他之所以含幽忍垢地活着，目的是要著成一部能够"藏之名山，传之其人"的伟大著作。有了这一伟大目标作为自己的精神寄托，从此他埋首发愤著述。

他把从传说中的黄帝时代开始，一直到汉武帝太始二年（前95年）为止的这段时期的历史，按照"本纪""世家""列传""书""表"

五种体例加以编写。经过多年的发愤努力，终于完成了一部"究天人之际，通古今之变，成一家之言"的一百三十篇、五十二万字的巨著——《太史公书》（即《史记》）。

司马迁在他的《史记》中，对古代一些著名人物的事迹都作了详细的叙述。他对于农民起义的领袖陈胜、吴广给予高度的评价，对被压迫的下层人物往往表示深切的同情。同时，司马迁不以成败论英雄，将楚汉相争中失败了的项羽写进帝王的传记——本纪中。在《史记》的引文中，他还把古代文献中过于艰深的文字改写成当时比较浅近的文字。《史记》的人物描写和情节描述，形象鲜明，语言生动活泼。因此，它既是一部伟大的历史著作，又是一部杰出的文学著作。

司马迁出了监狱以后，担任中书令。后来，终于郁郁不乐地死去。由于班固在《汉书·司马迁传》中没有交代传主是怎么死的，所以关于司马迁的死因，一直没有定论。有人说武帝读过《史记》以后，认为这是一部"谤书"，最终以"大不敬"罪杀了司马迁。但此说因证据不足，一般不为正统学人所采纳。所以大多数人还是认为司马迁是病死的。

司马迁和他的著作《史记》在我国的史学史、文学史上都享有盛誉。司马迁的学术思想，在中国古代思想文化史上占有重要突出的地位。《史记》被鲁迅誉为"史家之绝唱，无韵之离骚"，是当之无愧的。

【前事后鉴】

司马迁在遭受腐刑的屈辱中写就了《史记》这部长达五十余万言的历史巨著，成为中国历史上最伟大的史学家。《史记》一书凝聚着作者的毕生心血，是作者"含幽忍垢"的发愤之作。《太史公自序》说：

"古者富贵而名摩灭，不可胜记，唯倜傥非常之人称焉。盖西伯拘而演《周易》；仲尼厄而作《春秋》；屈原放逐，乃赋《离骚》；左丘失明，厥有《国语》；孙子髌脚，《兵法》修列；不韦迁蜀，世传《吕览》；韩非囚秦，《说难》、《孤愤》；《诗》三百篇，大抵圣贤发愤之所为作也。此人皆意有所郁结，不得通其道，故述往事，思来者。"在《报任安书》中，司马迁重申了这种发愤著书的观点。大凡物不得其平则鸣。司马迁在《屈原列传》中揭示屈原创作《离骚》是思想根源时说："信而见疑，忠而被谤，能无怨乎？"这也可以看作是司马迁的自白。他在《史记》中所表现出来的强烈的批判精神，是以自己的惨痛经历为代价得来的。

李陵降敌，罪无可恕。然司马迁与李陵素无亲故，说辞并无一己之私，不过是宽武帝之心，尽"拳拳之忠"罢了，却不料触怒武帝，被施以腐刑。痛不欲生的司马迁为了著成《史记》这部"究天人之际，通古今之变"的传世之作，把他对汉王朝统治者的怨恨与自己孤立无助的寂寞之悲寓含于《史记》的字里行间，因而使这部旷世巨著充满着抒情意味和批判精神。

司马迁曾经遭受君权暴力的摧残和迫害，因此，他在《史记》中将同情的目光总是投向那些失败的英雄和受到暴力蹂躏的弱者，这就使《史记》一书充满着人性的光辉。在长达两千多年的封建社会，司马迁是少有的敢于秉笔直书的史学家，无粉饰，不隐讳。即使是对当今皇帝汉武帝的功过，也敢于"秉笔实录"，既对汉武帝的历史功绩给予适当的肯定，但更多是对他任用酷吏，施行残暴统治予以无情的讽刺和鞭挞。由于司马迁对最高统治者的过错也敢直书无碍，以至后世有人认为《史记》是一部"谤书"。但也毋庸讳言，司马迁在人物传记中往往表现着他对现实的看法，借他人酒杯，浇胸中块垒。例如，他在《管晏列传》中评赞晏子时，意外深长地写了这段话："至其谏说，犯君之颜，此所谓'进思尽忠，退思补过'者哉！假令晏子而在，余虽为之执鞭，所忻慕焉"，这是很有影射意味的。晏子侍奉过齐国三世国君即灵公、庄公、景公，这三世国君都并不贤明，但晏子却能以其谏说，犯君之颜，不仅无刀锯之祸，反而权位日显，声名日隆。相比之下，自己仅进一忠言而成刑余之人。这就深刻揭露了自诩为圣明之君，功高日月，在泰山封禅勒铭的汉武帝的残暴不仁，将汉武帝贬斥得连晏子所侍奉过的灵、庄、景三代国君也不如了。作者追慕晏子，正表现了他对自己命运不公的强烈抗议和对现实的否定，具有强烈的批判色彩。

《管晏列传》的言外之意还在于：管仲与齐桓公有一箭之仇，而桓公用之为相；而自己仅一言之谏，则遭腐刑之辱。之所以如此，是不遇明主、不遭其时啊！愤激之情，溢于言表。况管仲耻功名不显于天下，故幽囚受辱而苟存；而自己受腐刑之辱，"所以隐忍苟活，幽于粪土之中而不辞者，恨私心有所不尽，鄙陋没世而文采不表于后世也。"越石父幽囚狱中有晏子代赎，而自己处缧绁之中，"家贫，货赂不足以自赎，交游莫救视，左右亲近不为一言"。真正是悲痛惨怛，莫可名状，痛定思痛，泣涕泫然。

这些都充分说明，司马迁提出"发愤著书"的观点，并不仅仅是基于对历史经验的总结，更是由自身的不平遭遇感发而来。从一定的角度讲，司马迁若无因李陵事件"幽囚受辱"的惨痛的生活挫折，那么，被鲁迅先生推为"史家之绝唱，无韵之离骚"的《史记》，无论其史学价值还是文学价值都可能逊色得多。

【相关链接】

释词：

发愤著书——司马迁提出的文艺观，认为圣哲先贤的著作，都是他们内心有所郁结，发愤而作，这一观点对中国古代史学、文学和美学理论的发展都有很大影响。（《汉书·司马迁传》）

泰山鸿毛——亦作鸿毛泰山。比喻轻重悬殊。司马迁认为，每个人都难免一死，但死有轻重，或重于泰山，或轻于鸿毛。一个人应该为正义的事业、崇高的理想而死才有价值。司马迁的这种生死观无疑是正确的。（《汉书·司马迁传》）

刑制：

宫刑——古代五刑之一。又称"腐刑"。处此刑者，男子阉割其生殖器，女子则破坏其生殖机能（一说将女子禁闭于宫中）。这是次于死刑的重刑。《尚书·吕刑》："宫辟疑赦。"孔传："宫，淫刑也，男子割势，妇人幽闭。次死之刑。"《尚书大传》："男女不以义交者，其刑宫。"可知宫刑最初是用来惩罚那些乱搞男女关系的人。后来，宫刑也适用于其他罪行。例如司马迁，就是因言事触怒汉武帝而被处以宫刑。汉文帝时曾下诏废除宫刑，但不久又复用。隋文帝开皇初年，下诏废除宫刑。从此，宫刑基本废绝。（《汉书·司马迁传》）

二十、汉武帝求仙受骗

> "夏，封方士栾大为乐通侯，位上将军。""九月……乐通侯坐诬妄要斩。"

> —— （《汉书·武帝纪》）

汉武帝文治武功都十分显赫，但他一生也干了不少荒唐愚蠢的事情，其中之一就是迷信方士，求神拜仙。

公元前134年（武帝元光元年），有个叫李少君的方士来到长安，说自己有返老还童之术。一天，他在武安侯田蚡家里喝酒，煞有介事地对席上的一位九十多岁的老翁说："我从前和你的祖父在某某地方打过猎呢！"这个糊里糊涂的老翁仿佛记得年幼时跟随祖父打过猎，就附和着说："是的，是的，我还是小孩的时候，的确和祖父在那个地方打过猎！"实际上这是李少君事先打听好了的。但老翁这么一附和，在座的客人都惊异万分，都把李少君当作活神仙来膜拜。

有人就把这位"活神仙"报告给了汉武帝，汉武帝一直梦想长生，听说后，就把李少君请到皇宫里。当时，宫中有一尊古代铜器，汉武帝就试探李少君是否知道铜器的年代，李少君说："此铜器齐桓公的时候放置在柏寝这个地方。"汉武帝他们检视铜器上面的图案文字，

汉武帝寻仙图

果然是齐桓公时的铜器（这也至多说明李少君是一个见多识广的人）。汉武帝及其左右都十分惊讶，认为李少君就是个已经有几百岁的活神仙。于是汉武帝就向他询问长生不老之方。李少君向汉武帝乱吹一通："陛下只要虔诚地祭祀灶神，就可以请来鬼神，接着就可以将丹砂炼成黄金。用这种黄金制成的器物吃饭饮酒，就能够延年益寿，见到蓬莱山的神仙，这样，陛下就可以长生不老了。"李少君又说："我曾在东海上见到过仙人安期生。他还送给我一颗像瓜一般大的仙枣。安期生与蓬莱山的神仙有来往，陛下要想去蓬莱山，最好先找到安期生。只是他脾气有点古怪，见不见你就看他高兴不高兴。只要陛下心诚，总能找到他。"

汉武帝因为想成仙想得入了迷，竟然对李少君的谎言深信不疑。他一面亲自祭祀灶神，一面派李少君在皇宫里炼制丹砂，到东海去寻找那个根本不存在的安期生。可是丹砂还没有炼成黄金，李少君就病死了。汉武帝却硬说李少君羽化成了仙。见汉武帝如此迷信鬼神，于是燕、齐两地居住在海边的方士就更加装神弄鬼，想尽方法来欺骗汉武帝了。

第二年，宫里又来了一个齐地名叫少翁的方士，据说他已有二百岁，但却有着孩童一样的容颜。当时，汉武帝最宠爱的李夫人刚死。李夫人是当朝乐师李延年的妹妹，贰师将军李广利的姐姐。据说生的国色天香，曼妙动人，且能歌善舞，深受武帝宠幸。所以失去李夫人，汉武帝很心痛。当初，李夫人病重时，武帝前去探视，希望能再见她一面。李夫人不愿让武帝看见自己的病容而淡漠了感情，就用被子遮住自己的脸，对武帝说："贱妾久病不愈，容貌尽毁，真不好意思再见皇上。我死了也没有什么，只求皇上好好照顾儿子刘髆和我的兄弟。"汉武帝仍然想一睹李夫人的芳容，就劝告说："夫人的病如此沉重，还不知能否康复，你让我再看你一眼，再嘱托后事不好吗?"李夫人说："我容貌未加修饰，不敢见皇上。"汉武帝又说："你让我看你一眼，我将重重赏你，并给你弟弟升官。"李夫人说："升不升官在于皇上，不在见面不见面。"汉武帝坚持要看她，李夫人就伤心地哭了，见李夫人执意不肯相见，武帝也只好悻悻地走了。李夫人一死，汉武帝更加追念不已。听说少翁能够役使鬼神，起死回生，就叫少翁到宫里作法，为李夫人"招魂"。

少翁布置了一间很清静的屋子，中间设置了帐帏，并在帐帏里摆上酒肉，点燃了蜡烛。在一个漆黑的夜晚，少翁钻进帐帏施展"法术"，让汉武帝远远地坐在另一个帐帏里瞧。过了一会儿，武帝果然瞧见那个帐帏里有个美人在走动，一会儿走出帐帏，一会儿又坐在帐帏里。汉武帝直盯着那个美人，恍恍惚惚地越瞧越像是李夫人，可又不能近看。（实际上，那个美人是少翁让别人穿上李夫人的衣服伪装的）汉武帝认为少翁的法术灵验，就马上拜少翁为文成将军，还赏给他许多钱，并待之以客礼。

少翁又欺骗汉武帝说："陛下要想跟神仙交往，就不能住在这样的宫室里，宫室跟神仙住的地方不一样，神仙怎么来见您呢？陛下要想与神仙相见，可按我说的办。"于是汉武帝就按少翁说的，让人在宫殿的梁柱、墙壁和屋顶上都画上云气、仙车和各种神像，摆上各种祭祀的用品。可是少翁他们胡乱折腾了一年多，就是请不来神仙。

汉武帝见少翁的"法术"并不像他所说的那么灵验，不免起了疑心。少翁害怕露馅儿，又想出了欺骗的新招数，他暗中在一块布帛上写了一些谁也看不懂的"文字"，再将这块布帛放在草料中喂进牛肚里，然后就牵着这头牛去见汉武帝，装模作样地说："这头牛肚里有奇异之物。"汉武帝立即命人杀了这头牛，果然有一卷帛书。少翁把帛书交给汉武帝，十分得意。可汉武帝有些怀疑，就找来认得少翁字迹的人一辨认，果然是少翁的笔迹。于是武帝派人拷打审问，少翁忍受不了疼痛，只得招认实情。汉武帝愤怒异常，马上把少翁杀了。

贪图长生的汉武帝并没有因为连连受骗而醒悟。杀了少翁之后，他又根据方士们的建议，派人在建章宫里用香柏木为梁修建了一座二十丈的高台，叫作"柏梁台"；台上铸造了一个二十丈高的铜柱子，柱顶上又铸造了一个高达十丈的手托铜盘的铜仙人。那个铜盘叫"承露盘"，用来承接上天降下的"仙露"。方士们欺骗武帝说，用"仙露"和着玉石粉末喝下去，就能够长生不老。汉武帝毫不怀疑，一有露水就喝。这样喝了一段时间，不但没有成仙，反而得了一场病。他一面看病吃药，一面祈祷鬼神，特别迷信巫师。后来他的病渐渐痊愈，他却认为这是神仙显了灵，把功劳都记在巫师身上。

不久，乐成侯丁义又为汉武帝推荐了一个方士栾大。这个栾大长得高大俊美，善于言辞，和少翁是师兄弟，却比少翁还会骗人。他见到武帝就吹嘘说："我经常在海上往来，跟安期生、羡门生常打交道。只是他们嫌我地位卑贱，总不肯将'仙方'授给我。我的老师已经成了仙。他曾对我说过，丹砂可以炼成黄金，神仙能够请到，长生不老的仙药也一定能得到。我想把我的老师给您请来，就怕落得个文成将军那样的下场，所以就不敢和您谈论求仙的事了。"汉武帝害怕他不肯为自己卖力，就欺骗栾大说："文成将军是吃马肝中毒死的，我没有加害他。只要你能给我求来长生不老的仙方，你要什么我都给你。"

栾大见武帝中计，就进一步诱惑他说："我的老师从不求人，只能是别人求他。陛下如果真想把我的老师请来，就必须挑选一个尊贵的人做使者，并且要给这个人加封官职，让他做您的亲属。这样我的老师才肯接见您的使者，献出长生不老之方。"武帝见栾大说得有鼻子有眼，还真的动了心，就让栾大当面施展"法术"。栾大马上从身上掏出两颗棋子，送到武帝眼前说："请陛下仔细瞧好，我能让这两颗棋子打架，拉都拉不开。"说着，一手捏着一颗棋子，把它们放在棋盘上。只见他一松手，那两颗棋子果真吧嗒吧嗒地直往一处碰。栾大用手分开，再一松手，那两颗棋子又马上碰在一起。实际上这也没有什么玄乎的，两颗棋子是栾大用磁石精心磨制的。糊涂的汉武帝却认为栾大的法术果然高超，马上封栾大为五利将军。

当时，汉武帝担心黄河决堤，而国库空虚，就让栾大找他老师炼黄金。一个多月以后，栾大果然送给了武帝四颗金印，汉武帝大喜，又加封他为天士将军、地士将军、大通将军、天道将军，并封他为乐通侯，食邑二千户，赏给他豪华住宅，赐奴仆千人，车马以及金银器物等也一应俱全。就这样，武帝还怕栾大不称心，就将卫皇后生的一个公主许配给栾大做妻子，让他做了皇家的驸马，又赏赐黄金万斤（四颗金印换金万斤，划算）。在几个月的时间里，栾大富贵已极，这是他做梦都没有想到的。

但这突然而至的泼天富贵，给栾大带来了巨大压力，他再也找不到推辞的理由了，只好硬着头皮给汉武帝去请神仙。汉武帝多次上当，对栾大也起了戒心。栾大刚一离开长安，武帝就派了几个心腹暗地里跟踪他，打探虚实。栾大离开京城向东出发，行走多日来到泰山，在泰山转悠了一趟，就匆忙回到了长安。见到汉武帝，栾大照样胡编了一套谎话。汉武帝等他的心腹一回来，才知道栾大又制造了一个骗局，想不到这次又上了当，汉武帝恼羞成怒，马上下令将栾大斩首。

就这样，汉武帝多次上当，花钱无数，甚至还搭上自己的女儿，最终连个神仙影儿也没有见到。

【前事后鉴】

庄子在《逍遥游》中，给我们具体描绘了神仙的形象："藐姑射之山，有神人居焉。肌肤若冰雪，绰约若处子，不食五谷，吸风饮露，乘云气，御飞龙，而游乎四海之外"。其中"不食五谷，吸风饮露"一句最有吸引力，就是说神仙和我们凡夫俗子不同，是可以不吃五谷杂粮，不食人间烟火的，也就是后世方士鼓吹的"辟谷"。且辟谷可以长生。但庄子的这段话害人不浅，后世几乎所有企图追求长生不老的人或许都是受了庄子的骗，不仅没有长生，反而因为去吞食所谓"仙丹"而缩减寿命甚至丧生。不过，这也不能全怪庄子，因为古代迷信神仙长生之术是从皇家开始的，所谓上行而下效，封建时代无以数计的迷信神仙方术者的求仙之路是帝王们带头踏出来的。汉武帝就是这些帝王中的一个。当然，封建时代的皇帝梦想长生不老、求仙延寿的荒诞之举，不是从汉武帝开始的。在汉武帝之前，至少有个秦始皇就是这么做的。当年秦始皇扫灭六国，一统天下之后，拥有君临天下的至高无上的权力，怎样让自己活得更久，以便长期地拥有这一切？这是他做梦都在思考的问题。但他也十分清楚，一个人的寿命是有限的，死亡是每一个人的必然归宿。要想超越一般生命的寿限，只有神仙才能做到，所以秦始皇很自然地想到了求神拜仙。他派了一个叫徐福的人带着三千童男、童女，扬帆到海外去找寻神仙，但最终也没有见到神仙的影儿，结果也只落得个"金棺葬寒灰"的结局。

汉武帝生活的时代距离秦始皇不过一百多年的时间，秦始皇的荒诞与最终的结果他不会不清楚。但人总是有侥幸心理的，既然人们都说有神仙，岂是空穴来风？或许是秦始皇心不诚，或许是秦始皇贪暴虐民，天不延寿，抑或是秦始皇所遣之人用力不专，等等，总之，秦始皇没有找到神仙，并不能说明神仙就不存在。汉武帝就是抱着这种心理和对长生的渴望，才一次次吃亏上当的。那些梦想富贵的神巫方士们正是抓住了汉武帝的这种心理，才敢冒险行骗。不过，最后的结局是神巫方士们为骗取富贵而丢掉了性命，而汉武帝也不仅没能延年益寿、长生不老，反而因胡乱吞吃"仙丹"伤身减寿，给后人留下了笑柄，使他的百世英名大大减损了光彩。

从今天的角度来看，汉武帝的求仙之举也不过说明他相信迷信罢了，在科学并不发达的那个时代，本也无可厚非。但他身为帝王，为一己之私，乱行封赏，让江湖骗子有机可乘，这就不是一个英明帝王所应犯的过错了。汉武帝受骗上当的事例或许对今天的人们也有所启示，当你某方面的欲望太盛的时候，谨防骗子乘虚而入！

【相关链接】

人物：

安期生——亦称安期、安其生。人称千岁翁，安丘先生。琅琊阜乡人。师从河上公，黄老道家哲学传人，方仙道的创始人。道教视安期生为重视个人修炼的神仙，故上清派特盛称其事。传说他得太丹之道、三元之法，羽化登仙，驾鹤仙游，或在玄洲三玄宫，被奉为上清八真之一，其仙位或与彭祖、四皓相等。在陶弘景《真灵位业图》中列在第三左位，被奉为"北极真人"。

地名：

蓬莱仙山——蓬莱三仙山坐落在我国山东省蓬莱市，海滨之城，三仙山是指古代神话传说中的"蓬莱、方丈、瀛洲"三座仙山。

二十一、巫蛊酿祸戮无辜

> 秋七月，按道侯韩说、使者江充等掘蛊太子宫。壬午，太子与皇后谋斩充，以节发兵与丞相刘屈氂大战长安，死者数万人。
>
> ——《汉书·武帝纪》

武帝晚年的巫蛊案，是西汉非常重大的历史事件。此案引起了汉武帝晚期政治的重大转变。汉武帝一生好神仙，尚迷信，晚年多病，更是疑神疑鬼。当时一些方士与女巫，经常出入宫廷，他们教人在地下埋入木偶人，以诅咒祈禳的方式来消除灾祸。一时间，皇宫里闹得乌烟瘴气，结果终于酿成了震惊天下的"巫蛊之祸"。

"巫蛊之祸"的发生，还得从卫子夫卫皇后说起。卫子夫本是平阳侯曹时府中的歌伎，服侍曹时的夫人平阳公主。汉武帝即位后，一次偶然的机会，被汉武帝临幸，后来进宫当了皇后。

元狩元年（前122年），卫后所生之子刘据被立为太子。由于他是汉武帝长子，汉武帝特别宠爱他。除了专门派人辅导他学习《穀梁春秋》《公羊春秋》外，还为他建了一座苑囿，称为博望苑，让他学习接待宾客。皇太子的确立，自然更加巩固了皇后的地位，因此，卫皇后的荣宠也达到了极点，随之而来的，便是卫氏一门的封爵封侯。

　　但若干年以后，汉武帝与卫后、太子之间的矛盾就产生了。随着太子一天天长大，汉武帝渐渐感觉他的脾性和自己很不一样。例如武帝重刑罚杀戮，太子性宽厚仁慈；武帝喜欢大兴土木，穷兵黩武，太子主张与民休息，轻徭薄赋。汉武帝是一个颇为自负的人，对让这个脾性不像自己的儿子来继承皇位，开始有了疑虑，他不再像先前那样喜欢太子了。尤其是大将军卫青和骠骑将军霍去病死了以后，卫皇后没了依靠，武帝对太子更加冷淡了。皇帝对太子的态度必然引起朝臣们反应，一些见风使舵的大臣自然站在权力至高无上的皇帝一边，他们纷纷表示对太子的不满，在汉武帝面前不断说太子的坏话。

　　在太子刘据以外，汉武帝还有五个儿子，年纪都比太子小。汉武帝最喜欢的是最小的儿子刘弗陵。刘弗陵比太子刘据小 34 岁，出生时汉武帝已 64 岁，老年得子，自然对这个幼子格外疼爱。刘弗陵的母亲姓赵，生得漂亮，因为老爱攥着拳头，就称为"拳夫人"。据说，刘弗陵是他母亲怀胎十四个月才生下来的。对此，汉武帝认为这孩子来历不凡。他对大臣们说："古时尧帝是十四个月生出来的，我这个儿子也是十四个月生的，可见他的母亲也和尧的母亲差不多。"于是，武帝就把拳夫人居住的那座宫室的大门命名为"尧母门"。武帝经常在众人面前夸耀刘弗陵像自己，就有了改立刘弗陵为太子的打算。

　　有一次，太子刘据向卫皇后请安，好长时间才出来。一个叫苏文的宦官就向武帝告发说："太子经常在后宫调戏宫女，很不像话。"武帝也不追究，还故意给太子增添了许多宫女，予以试探。不久，卫皇后知道了这件事，为避免遭人暗算，就叫刘据去找武帝分辩一下。太子认为清者自清，自己也没做什么，没有必要去分辩。

后来，汉武帝迁居到京城之外的甘泉宫（今陕西淳化县西北）养病，太子派人去问候，那人不小心，误行了只有皇帝车马才能行走的驰道。正巧被绣衣使者江充看见了，就将那人抓住，并上报汉武帝。汉武帝认为江充做得对。

江充是赵国邯郸人，本出身于市井无赖，年轻时他将貌美的妹妹嫁给赵太子刘丹而成为赵王的座上客。后又与赵太子发生龃龉，就跑到长安向汉武帝举报赵太子刘丹的种种违法之事。武帝劾治刘姓诸王及家属极严，根据江充的举报，赵太子获罪死于狱中。汉武帝赞许江充，任命他以谒者的官职出使匈奴。出使前武帝曾问他出使时作何计划，他说一切随机应变。江充在匈奴那里活动了近一年。回来后得到重用，武帝委任他担任"直指绣衣使者"，负责京师治安，督捕盗贼，检察官员。

在任上，江充严厉劾察亲王贵戚及其子弟，敢于碰硬，因此深得武帝赏识。"上以充忠直，奉法不阿，所言中意。"例如，江充曾将在驰道中奔驰的武帝姑母馆陶太主的车骑尽"劾没入官"。这次又惩办在御用驰道中疾驰的太子家使。太子亲自出面说情，江充也不给面子。但江充知道自己得罪了太子，他害怕将来太子即位后报复，就千方百计寻找太子的过错，促使汉武帝将太子废了。

正好这时京城里巫蛊之术盛行。所谓巫蛊，就是制作木头人，在上面刻上仇家的姓名，然后日夜诅咒。据说这样可以让仇家遭殃，自己得福。皇宫中那些怨恨皇帝、皇后等人的嫔妃、宫女们，也就纷纷学样，制作木头人，偷偷诅咒起来。汉武帝很信这一套。有一天，他梦见有上千的木头人手持棍棒打他。惊醒之后，他认为是有人诅咒

巫蛊之祸

他，立即命江充追查。江充是一个心狠手辣的家伙，接受在长安大规模调查"巫蛊"一案的指令后，"知上意"久已不满卫氏集团，于是江充任用了一批来自匈奴和西域的"胡巫"，罗织陷害，严刑逼供，株连牵引数万人，通过查"巫蛊"，把一个长安城搞得乌烟瘴气。最终，则将调查矛头引向太子刘据和卫皇后。

这场惨案最早祸及丞相和公主。丞相公孙贺是卫皇后的大姐夫。他的儿子公孙敬声，因为擅自动用军款，被捕入狱。这时汉武帝正在捉拿一个叫朱安世的大侠客，很长时间也没有逮住。公孙贺为了替儿子赎罪，就请命捉拿朱安世。没过多少日子，公孙贺还真捉住了朱安世，并将他关进监狱，朱安世被公孙贺捕得后，就阴狠地说："你杀我一个，我灭你一族。"于是在狱中上书给汉武帝，举报公孙敬声与阳石公主私通，并且还埋了木头人诅咒皇上。汉武帝勃然大怒，立即提拔涿郡太守刘屈氂为丞相，将公孙贺父子逮捕入狱，并严刑拷问，一直将他们折磨至死。阳石公主、诸邑公主和卫青的儿子长平侯卫伉，因受此案牵连也一齐被杀。

江充见汉武帝偏听偏信，连自己的女儿也不放过，就更加胆大妄为。他命巫师檀何告诉武帝，皇宫蛊气很重，肯定是有人诅咒皇帝，如果不挖出那些木头人，皇上的病就没治了。汉武帝就委派江充带人到皇宫里去挖木头人。

江充亲自带领胡巫入宫搜查，故意先从被武帝疏远冷落的后宫开始，一直搜查到卫皇后和太子的寝宫。江充他们掘地三尺，将宫里宫外都挖了个遍，尺寸之地也不漏下。为了达到陷害太子的目的，江充趁人不注意时，将事先准备好的木头人拿出来，向众人展示，说在太子宫里挖出来的木头人最多，并说还发现了太子写的帛书，上面写着诅咒皇帝的话，必须立即奏明皇上，治太子的重罪。

太子见江充陷害自己，马上与太子少傅（皇太子的老师）石德商量对策。石德因害怕受太子牵连而被杀，就出了个主意，要太子刘据先将江充抓起来，查办他的罪行。太子不同意这么做，对石德说："江充是受皇命办差，我们哪能擅自逮捕他呀？还是我自己向皇上奏明实情，说不定皇上能够赦免我们。"于是太子准备车马，要到甘泉宫去见皇帝。

太子要见皇上的消息很快被江充知道了，他害怕阴谋败露，立即派人拦住太子的车马，说什么也不放行。太子刘据被逼无奈，只好采取石德的建议，把江充、檀何等人抓了起来。太子怒斥江充说："你这个奸贼，挑拨我们父子关系，打算谋反吗？"说着，就以谋反的罪名将江充斩首示众，并将巫师檀何烧死。

为防备不测，太子刘据当即派人通报卫皇后，调集军队来保卫皇宫。先前与江充一道受命挖掘木头人的御史章赣和宦官苏文逃到甘泉宫，却向汉武帝报告说太子起兵造反。武帝不信，说："可能是太子害怕，并痛恨江充所作所为，所以才生出乱子，等我当面问他，就知道是怎么回事了。"于是传令召见太子。但当那个传旨的人从甘泉宫来到长安城下时，见许多人从城里逃出来，纷纷说太子起兵造反，吓得没敢进城，就跑回来向汉武帝报告说："太子确实造反了，我说皇上要召见他，他不但不从命，还要杀了我，我只好逃回来复命。"汉武帝信以为真，马上下令丞相刘屈氂调集军队进攻长安，捉拿太子刘据。

刘屈氂奉命召集附近的地方军队，并力攻打长安。太子见事已至此，只得打开武库，将京城里的囚犯武装起来，让石德等人带着去抵抗刘屈氂的军队，同时向在朝的文武百官宣布："皇上在甘泉宫养病，有奸臣谋反作乱。"太子这么一说，弄得城中的官宦百姓也不知道到底谁在造反，于是整个京城乱成一锅粥。为了以正视听，汉武帝只好带兵回到长安建章宫，亲自督促刘屈氂跟太子作战。双方在京城混战了四五天，死伤了好几万人，街面上尸横遍地、血流成河。最后，刘屈氂打败了太子刘据，俘虏了石德等人。太子眼见大势已去，就带着两个儿子由南门逃走。当时南门守官田仁不敢杀害太子，将太子父子三人放走了。

刘屈氂率兵追到南门，听说田仁放跑了太子，即命将田仁捆绑斩首。御史大夫暴胜之急忙阻止说："田仁也是享有俸禄二千石的官员，必须奏明皇上才能杀他。"刘屈氂无奈，只好押着田仁去见汉武帝。武帝正在气头上，不但将田仁问斩，还下令将暴胜之捆绑起来，训斥他说："田仁放跑谋反的太子，该当死罪，丞相杀他是对的，你为何擅自阻拦？"暴胜之料想不会得到皇帝的宽恕，就在狱中自杀了。

太子刘据父子三人逃出长安，躲在湖县一个老百姓家里。由于这户人家很穷，没法负担他们父子三人的生活。刘据就去找当地一个有钱的朋友接济，可朋友还没找到，就走漏了风声。不久，新安县令李寿知道了太子的下落，就带兵来捉拿。太子无处逃生，就在门上拴了一根绳子，上吊自尽了。太子的两个儿子和那一家的主人，也被一齐杀死。

后来，汉武帝派人查出实情，才知道卫皇后和太子刘据根本就没有埋过木头人，全都是江充在中间捣鬼。于是武帝下令灭了江充的宗族，将宦官苏文绑在渭桥上活活烧死。捉拿太子的新安县令李寿等人被判灭门之罪。汉武帝晚年对这件事痛定思痛，后悔不已，并在湖县修建了"思子宫"和"归来望思之台"，以表达对无辜死去的太子和两个孙子的追思。

这一沸沸扬扬折腾了很长时间的事件就是历史上所说的"巫蛊之祸"。

【前事后鉴】

发生于征和元年（前 92 年）十一月的巫蛊之祸，历时多年，牵连被杀的有皇太子刘据、卫皇后，丞相公孙贺，诸邑、阳石二公主及三个皇孙，还牵涉到许多公卿大臣和重要人物，如江充、韩说、章赣、苏文、石德、赵破奴、任安、暴胜之、田仁、朱安世、商丘成、张富昌、李寿、马通、景建等，京都长安在这次政治动乱中致死者数以万计。其结果，导致了汉帝国统治上层一次严重的政治危机，酿成武帝后期政局空前剧变。但是，为什么会发生此案，则一直扑朔迷离，异说纷纭，成为武帝一生历史中的一个谜。宋代洪迈《容斋续笔》说："汉世巫蛊之祸，虽起于江充，然事会之来，盖有不可晓者。"

实际上，要揭开谜底也并不难。巫蛊事件本质上还是皇室内部的权力斗争，亦即老年皇帝与壮年太子之间的权力斗争所致。汉武帝于公元前140年即位，到巫蛊事件发生时已当了近半个世纪的皇帝，年龄约64岁左右；汉武帝自己7岁为皇太子，16岁即位，前后做了9年的太子，建元六年（前145年）太皇太后窦氏去世，汉武帝21岁时就真正大权独揽。而刘据于前121年被立为太子，至前92年巫蛊事件发生，刘据在太子位已经30年，这时年龄在36岁左右。老年人本来就多疑，汉武帝自己当太子的年数也不多，是很难理解年长太子渴望即位当权的心理的（当然，就是理解了他可能还是不会轻易让权），加之汉武帝一生功业显赫，霸气十足，特别容不得皇权被别人包括自己所立的储君——皇太子染指，甚至对有继承权且正值壮年的太子特别警惕与防范，所以，一有风吹草动，他就宁可信其有，最终铸成大错。

在中国历史上，年长太子不能安于等待而采取逼宫夺权的现象并不鲜见。例如清代康熙帝的太子胤礽也当了30多年太子，在康熙五十年皇上南巡时，趁机与人密谋，不顾一切地强行让康熙退位，自己即位，结果再次被废黜。在权力这个魔杖面前，是不讲什么血缘亲情的，父子反目，手足相残，可谓史不绝书。一部二十四史，演绎的就是一幕幕权力角逐的血腥闹剧。

不难看出，汉武帝与太子刘据的矛盾，实际也是皇权的继承者与被继承者之间的矛盾，江充他们不过是利用了这一矛盾以兜售其奸罢了。那些受巫蛊之祸牵连的受难者，也都是做了皇权斗争的牺牲品。由此可见封建统治的残忍与冷酷。

【相关链接】

成语：

大逆不道——封建统治者对反抗封建统治、背叛封建礼教的人所加的重大罪名。当年巫蛊祸起，民间相仇者都以巫蛊的罪名诬告对方，官府动不动就以大逆不道的罪名治罪，因此而被诛杀的有数万人之多。(《汉书·江充传》)

制度：

驰道——能够驱马通行的大道。《礼记·曲礼下》："驰道不除。"疏："驰道，正道，如今御路也。是君驰走车马之处，故曰驰道也。"古代规定，"驰道"为国君车马专行之道，除特殊情况外，他人皆不得越礼涉足，否则犯大不敬之罪。《汉书·贾山传》："(秦)为驰道于天下，东穷燕齐，南极吴楚。"并对驰道修筑的规模作了说明：路宽五十步（六尺为步），每隔三丈就种植树木，两边路基铁锥筑土，使之坚实。(《汉书·江充传》)

二十二、霍光忠心昭日月

（霍光）处废置之际，临大节而不可夺，遂匡国家，安社稷。拥昭立宣，光为师保，虽周公、阿衡，何以加此！

——《汉书·霍光传》

在中国历史上，他的名字经常和商汤时期的伊尹、西周初年的周公相提并论，他与这两人共同的业绩与贤德就是辅佐幼主功高盖世而无篡弑之野心，他就是忠心可昭日月的西汉名臣霍光。

霍光，字子盖，西汉河东平阳（今山西临汾西南）人，是骠骑将军霍去病的同父异母兄弟，十几岁时跟随哥哥霍去病来到京城。霍光成年时，由其兄霍去病保举入宫，担任宿卫宫廷的郎官。他为人端正机敏，办事周密严谨，深受汉武帝的喜爱。后来逐步提升为侍中（在内廷侍卫皇帝）。霍去病死后，汉武帝就提拔霍光担任光禄大夫，经常伴驾出行，回宫时就在皇帝的左右侍奉。这样侍奉汉武帝二十多年，从未出什么差错，很得汉武帝信赖。

汉武帝晚年体弱多病，又因太子刘据在"巫蛊之祸"中自杀身亡，太子之位虚悬未定，自知活不长久，对身后事非常忧虑。他考虑到，要想自己死后国家不生变乱，立太子无疑成为头等大事。当时汉武帝还有三个儿子，燕王刘旦和广陵王刘胥，但他们平日骄横不法，不能将江山社稷交给他们。小儿子弗陵还只有7岁，但聪明可爱，可以立为太子。只是年幼的太子必须有一个忠实可靠的大臣来辅佐，汉武帝才觉着放心。

汉武帝不愧为一代雄主，善于识人、用

霍光（？—前68年）辅政

人。他遍察满朝文武，最后看中了恭谨勤勉、忠实可靠的霍光，认为朝中文武大臣只有霍光可担此重任，所以就想把国事托付给他。汉武帝让人画了一张"周公背成王朝诸侯图"送给霍光。以此暗示霍光将来要像西周初年的周公辅佐成王一样来辅佐幼主弗陵。

第二年，汉武帝病危，霍光流着眼泪问汉武帝："陛下如有不测，由谁来继承皇位呢？"汉武帝这时明确地说："去年我送给你的那幅画，你还没有领会其中的意思吗？立我的小儿子弗陵为太子，希望你像周公辅佐成王那样辅佐太子！"

霍光叩头推辞说："我才疏德薄，不如金日磾合适。"但汉武帝主意已定，当即在病榻上下旨：霍光任大司马、大将军，金日磾任车骑将军，上官桀继任左将军，桑弘羊任御史大夫，这些人以霍光为首，共同辅佐太子。第二天，汉武帝就死了。太子刘弗陵继承皇位，他就是汉昭帝。

公元前 87 年，霍光受汉武帝遗诏，担负起辅佐幼主、治理国家的重任，他工作更加勤恳谨慎，时刻关注朝廷安危。有一天，宫中出现了怪异现象，群臣百官都惊恐不安。霍光担心出事，就召见保管皇印的郎官，要他交出皇印亲自保管。但这位郎官忠于职守，始终不肯把皇印交给霍光。并对霍光说："要我的脑袋可以。要皇印绝不可能。"当时霍光虽很生气，但事后对这位郎官忠于职守的精神很钦佩，于是第二天就下令给这个郎官提升两级。朝中官员见霍光这样不计私怨、秉公办事，感到由衷的敬佩。霍光的威望从此日渐提高。

霍光经常寻找机会教导年幼的昭帝，让他懂得如何才能当一个好皇帝的道理。他对昭帝说："百姓至今还在想念着孝文帝和景帝。"汉昭帝不大明白，就问："为什么呢？"霍光说："因为他们待老百姓好。"经过霍光的长期教导，昭帝渐渐懂得，要治理好国家，就要好好地爱护老百姓，为百姓办一些好事。于是，君臣两人就开始商量安抚百姓的办法：第一，荐纳贤良人才；第二，查办失职官员；第三，平反错判冤案；第四，安抚鳏寡孤独。同时，朝廷为贫苦百姓贷借粮种，田地租税一概减免。这些措施一出台，贫苦百姓奔走相告："又一个汉文帝来了！"

俗话说，"木秀于林，风必摧之"，霍光作为主要辅政大臣，处于权力中枢，必然招来其他也想掌权人的怨恨，他们窥伺时机，意图给霍光掘下陷阱，将他打倒。

最有资格跟霍光争权，也最想争权的第一个人就是辅政大臣左将军上官桀。他和霍光本是儿女亲家，霍光的大女儿嫁给他的儿子上官安为妻。上官桀的孙女（即霍光的外孙女）与汉昭帝年龄相当，为了和霍光争权，上官桀想把孙女儿嫁给昭帝，将来可立为皇后。上官桀父子为此事和霍光商量，霍光秉公办事，断然拒绝说："你的孙女儿也是我的外孙女，现在才六岁，送进宫去不合适。"上官桀父子因此恨死了霍光，处处给霍光找麻烦。

后来上官桀通过长公主（昭帝的姐姐）的情夫丁外人的门路，说服了长公主，在长公主的撮合下，终于将孙女儿送进宫中。原来，昭帝自幼失母，主要由姐姐长公主照顾，姐弟情深，加之昭帝还是一个小孩，见长公主同意了，他也就不说二话。这样上官桀的孙女儿就顺利入宫了，没几个月时间就立为皇后。从此，上官桀父子成了皇亲国戚，在朝廷更加位尊势盛了。

上官桀父子为报答长公主和丁外人，想请求为丁外人封侯。当他们与霍光商量此事时，霍光坦率地对他们说："汉高祖在世时立下'无功不得封侯'的规矩，现在丁外人无尺寸功，怎么能为他封侯呢？"上官桀只得又降而求其次，说："那就封丁外人为光禄大夫吧！"霍光斩钉截铁地回答说："那也不行！丁外人声名狼藉，什么官爵都不能封，请你以后不要再提这事了。"上官桀父子在霍光那里几次碰壁，恼羞成怒，就添油加醋地在长公主和丁外人那儿说霍光怎样不把他们放在眼里，长公主和丁外人从此也恨透了霍光。为了拔除霍光这个眼中钉，上官桀父子和长公主等人沆瀣一气，暗地里联络朝中反对霍光的力量，伺机动手。当时担任御史大夫的辅命大臣桑弘羊，因为想为子孙在朝廷里谋求一官半职被霍光拒绝而怨恨霍光，也加入到反对霍光的势力中。

汉昭帝的同父异母兄长燕王刘旦，因为没有当上皇帝，心怀怨恨，当然希望打倒霍光。反对霍光的势力和燕王刘旦相勾结，密谋策划先挤垮霍光，再废昭帝拥立燕王为帝。燕王刘旦恨不得马上当皇帝，就催促上官桀等人早点想办法动手。以燕王刘旦为首的政变集团，阴谋设局，就等着霍光自投罗网了。

有一天，霍光出长安城去检阅御林军（皇帝的近卫队）操练，并且调了一个校尉（仅次于将军的军职）到大将军府里来工作。上官桀等人认为这是整垮霍光的好机会，于是乘机假冒燕王刘旦的名义给昭帝上书，状告霍光。他们说霍光有两大罪状：一是僭越之罪。霍光出城阅兵，坐着像皇帝出巡时一样的车马，违反礼仪规定，不像个大臣的样子。二是图谋不轨。霍光擅自作主，私自调用校尉，有图谋不轨的阴谋。书信最后还表示愿交还燕王大印，回到宫里来警卫皇上，查处奸臣作乱的阴谋，等等。昭帝看了告状信后，当时没有表态。

第二天早朝时，霍光已知被诬告，就留在偏殿里等待昭帝的处置。昭帝一上朝，没看见霍光，就问："大将军怎么没来上朝？"上官桀立即回答说："大将军因被燕王告发，心虚不敢进来了。"汉昭帝派人去叫霍光进来。霍光怀着忐忑不安的心情入朝，脱下帽子叩头请罪说："臣该万死！请皇上发落。"汉昭帝当着满朝文武的面，对霍光说："大将军戴上帽子，请起来。我知道这封告状信是假的，你没有过错。"

霍光听了皇帝的话，又惊又喜，问昭帝："陛下怎么知道信是假的？"昭帝说："你出京城阅兵是最近几天的事，选调校尉也不过十来天，可燕王远在北方，怎么就知道了呢？就算知道了，马上写信派人送来，现在也到不了。如果大将军真的要作乱，又何必要调用一个校尉？这件事明摆着是有人想陷害你。我虽只有14岁，但也不会上这种当的。"汉昭帝就下令追查伪造信件的人。那个上书的人果然闻风逃跑了，昭帝下令限期缉捕逃犯。上官桀等人焦急不安，怕查下去会露出马脚，就劝昭帝说："这点小事算了，不必再追查了吧！"昭帝不仅没有松口，反而更加怀疑上官桀等人了。

上官桀等人并未就此罢休。他们仍旧在昭帝面前喋喋不休地谗陷霍光，昭帝不仅不听信，反而警告他们说："大将军是忠臣，先帝临终前托他辅佐我治理国家。他帮我办了很多好事，这是臣民有目共睹的，以后再有人毁谤他，我一定要从严惩处！"这样，上官桀等人想借皇帝的手来除掉霍光的阴谋再也不能得逞了。

但上官桀等人必欲置霍光于死地而后快，他们策划用暗杀的办法杀死霍光，然后夺取帝位。于是决定由长公主出面请霍光去家中喝酒，趁机刺杀霍光，进行宫廷政变。但是天下没有不透风的墙，上官桀等人的阴谋诡计还未付诸实施，就被霍光发现了。霍光将他们政变的阴谋上奏昭帝，然后将上官桀父子、桑弘羊、丁外人一律斩首。燕王刘旦和长公主也畏罪自杀。一场危及西汉王朝命运的宫廷政变就这样被霍光粉碎了。

这场政变平定了以后，霍光辅政更加勤勉谨慎，他举贤授能，严惩罪犯，宽仁待下，与民休息。保证了国家政局的稳定和经济的发展。遗憾的是年轻聪明的汉昭帝，21岁就死了。霍光辅佐昭帝13年，孜孜不倦，呕心沥血。现在昭帝死了，却没有生下皇子，该由谁来继承皇位呢？这是关系朝廷命运的头等大事。老成持重的霍光责无旁贷地担当起了这个重任。

昭帝死后，朝中许多大臣主张立广陵王刘胥为帝。但是霍光知道刘胥品行不端，所以当年汉武帝才不选立他为太子。现在自己反而选立一个失德的皇帝，那不是有负汉武帝的临终重托吗？于是霍光没有采纳众大臣的意见。在征得皇太后同意之后，他决定迎立汉武帝之孙昌邑王刘贺为帝。但昌邑王刘贺即位后的种种表现，说明他是一个荒淫无道的浪荡公子，既无天子之德，也无治国之才。霍光自感错立了皇帝，气恼忧闷不已，便悄悄地和好友大司农田延年商议计策。田延年对他说："大将军是国家的中流砥柱，既然知道昌邑王不配做君主，那就禀报太后把他废掉，另选一个贤明的人当君主好了。你应该学习商朝的伊尹（伊尹在商汤死后立太甲为君，因太甲不守君道而将他关押三年，自己亲自主政，待太甲改正后又还政于太甲），做一个安定汉室社稷的栋梁之臣，你也就是汉朝的伊尹了。"

一生谨慎的霍光唯恐田延年的个人意见不足为据，所以又和其他两个重臣商量，他们一致认为应废掉这个无道昏君。于是霍光和群臣一起去见太后，陈述废掉昌邑王刘贺的理由，将当了 27 天皇帝的昌邑王废黜了。霍光采纳光禄大夫丙吉的建议，将流落民间的汉武帝的曾孙刘病已接回宫中继承皇位。他就是被誉为西汉"中兴之主"的汉宣帝。

霍光在处理朝廷废立君主的大事上，起到了决定性的作用，稳定了国家的大局，成为一个有历史贡献的人物。宣帝即位后，对霍光褒奖有加。霍光依然忠心耿耿地辅佐年轻的宣帝，教他如何才能做一个贤明的君主。汉宣帝在他的辅佐下，继续遵照"与民休息"的方针来制定政策，处理国事，使西汉王朝再次兴盛，史称"昭宣中兴"。这和霍光从汉武帝末年到昭、宣两朝辅政二十余年的功绩是密不可分的。

地节二年（前 68 年），三朝元老霍光病逝。汉宣帝和皇太后亲自为霍光主持丧礼，并用极其隆重的礼仪，将这位忠心辅政安定社稷的重臣，埋葬在茂陵（汉武帝陵墓）的旁边，以示对他的尊宠。

【前事后鉴】

西汉名臣霍光是封建史家赞誉甚隆的人物。他先后辅佐过汉武帝、昭帝和宣帝，是真正的三朝元老，并且操盘君主废立大事，黜庸而择贤，使汉武帝之后的西汉政局保持了较长时间的相对稳定。堪称西汉中后期的国之柱石。史书上说霍光其人"不学无术"，是说他没能约束子弟，缺乏保护家族宗亲的远见，结果死才三年，就遭受"宗族诛夷"的惨剧。实际上，霍光怎么也算得上是一个政治家。在汉武帝死后的那一段时期，朝廷局势错综复杂，大权在握的霍光无疑成了风口浪尖上的人物，一些利欲熏心的野心家如长公主、上官桀父子、御史大夫桑弘羊、燕王刘旦等人沆瀣一气，为夺取权力，皆欲置霍光死地而后快。从霍光后来极其果断地将朝廷的这一毒瘤除掉的结果来看，他是有着丰富的斗争经验和谋略的，当不能以今天我们所理解的"不学无术"之意冠之。

在人的欲望当中，对权力的欲望如同对金钱美色的欲望一样强烈。尤其是身居官场的人更是如此。因为在封建社会，有了权力就几乎有了一切。所以在权力的角逐中，人们往往不惜性命，甚至甘冒九族之诛，铤而走险。同时，人的欲望又往往是没有止境的，当了大夫想当宰相，当了宰相还想当皇帝，真所谓欲壑难填！一部二十四史，毫不夸张地说，绝大的篇幅都是写权力斗争的悲剧的。在权力争夺的较量中，没有什么亲情可言，即使是父子兄弟之间，也是刀光剑影、你死我活，充满着杀戮与血腥味。这方面的例子史不绝书，确无赘述的必要。

霍光的高贵与高尚就在于他没有贪权、篡权的野心，没有滥用权力的劣迹，在于他勤谨国事，忠心不二，在权力的诱惑面前表现了一个伟丈夫的惊人的自我克制，全"节"终身。尽管那是封建时代一个臣子的名节，但要真正做到他那样也的确是不易的。

【相关链接】

成语：

不学无术——没有学问，没有能力。班固在霍光传中对他的忠于汉室、谦恭勤谨、政绩卓著给予很高的评价，然霍光缺乏政治远见，其当政之时，党亲连体，盘踞朝廷，为其后霍家覆灭败亡下了祸根。班固正是从这个角度说霍光"不学无术，暗于大理"的。（《汉书·霍光传》）

典故：

曲突徙薪——汉宣帝时，大臣徐福多次上书，提醒宣帝限制大将军霍光的权力，以防止其家人谋反。霍光死后，他的家人果然谋反，幸亏有人告发才未酿成大乱。事后，宣帝重赏告发者，而对徐福却没有一点赏赐。有一位大臣就上书为徐福鸣不平。他在上书中举了一个"曲突徙薪"的例子：有个人到朋友家做客，见朋友家的烟囱是直的，灶边又堆满了柴薪，就向主人建议说："你这烟囱要改成弯的，柴薪要搬到远处去，否则容易发生火灾啊！"主人不以为然。不久，主人家果然失火，幸亏邻居及时赶来扑救，才未造成大的损失。事后，主人杀牛摆酒，酬谢救火的邻居。并让因救火被烧得焦头烂额的人坐在上首，其他则按出力大小排座次。但偏偏没有请先前向他建议"曲突徙薪"的那个客人。席间，有个人对主人说："如果您当时听从那客人的话，把烟囱改成弯的，把柴薪搬到远处，也就不会失火了，更不用杀牛摆酒了。今天您论功请客，却把那位客人给忘了，这岂不是提醒您曲突徙薪的人没有受到恩泽，而为救火烧伤的人成为上客了吗？"主人听了这番话，顿时醒悟过来，马上将那个客人请来，并奉为上宾。

汉宣帝看到这里，明白了大臣的意思，马上重赏了徐福。(《汉书·霍光传》)

二十三、王昭君匈奴和亲

> 元帝以后宫良家子王嫱字昭君赐单于。单于欢喜，上书愿保塞上谷以西至敦煌，传之无穷，请罢边备塞吏卒，以休天子人民。
>
> ——《汉书·匈奴传》

她是中国古代四大美女之一，她远嫁匈奴，穿越大漠荒原、雪地冰天，传递着汉匈两族人民的和平之音。她的青冢，千百年来，总是那么芳草萋萋，似乎在昭示中华民族这个大家庭的儿女们，要根根相连，永远团结。这位远嫁匈奴的汉民族的和平使者就是西汉后期的王昭君。

经过汉武帝时期大规模的汉匈战争，匈奴遭到重创，势力越来越弱。汉宣帝时，匈奴内部发生了五支势力争夺统治权的斗争，接着就出现了呼韩邪单于和郅支单于南北对抗的局面。呼韩邪单于打算借助汉朝的支持，打败他的哥哥郅支单于，最终实现匈奴的统一，于是，他决心归顺汉朝。

公元前 51 年和公元前 49 年，呼韩邪单于先后两次到长安觐见汉朝皇帝。呼韩邪是第一个到中原来朝见汉帝的单于，汉宣帝对他以客礼相待，举行隆重的欢迎仪式。同时还赠送给他黄金单于玺、汉式衣裳、冠带、玉贝剑以及粮食等物，表示对呼韩邪政权的支持和友好。呼韩邪单于也向汉宣帝表示，愿意留居漠南，协助汉朝政府保护边塞。双方建立了和平相处、互相支持的关系。西域各国听到匈奴和汉朝和好了，也都争先恐后地同汉朝打交道。公元前 36 年，宣帝驾崩，他的儿子刘奭（音 shì）即位，就是汉元帝。没几年，匈奴的郅支单于侵犯西域各国，还杀了汉朝派去的使者。汉朝派兵打到康居，消灭了郅支单于的势力，并杀了郅支单于。呼韩邪单于实现了重新统一整个匈奴的愿望。

公元前 33 年，呼韩邪单于第三次到长安朝见汉朝皇帝。他向汉元帝提出，愿意当汉家女婿，再续和亲之好，元帝当即同意了。

从西汉建立到汉景帝执政的六十多年，汉朝同匈奴的和亲，是带有屈辱性的政治联姻，说白了，不过是对匈奴贵族的一种纳贡形式。汉武帝即位以后，由于汉朝经济、政治、军事等方面的强盛，便放弃对匈奴单方面退让的和亲政策，开始向匈奴展开大规模的反击战争。从此，西汉与匈奴"绝和亲"八十多年。这次重新恢复和亲，是汉朝居优势形势下的一种友好形式，虽然是政治联姻，情况已有不同了。

以前，汉朝和匈奴和亲，都得挑个公主或者宗室的女儿。这回，汉元帝决定挑个宫女给他，吩咐人到后宫去传话："谁愿意嫁给呼韩邪单于，皇上把他当公主看待。"

后宫的宫女都是从民间选来的。她们一被选进皇宫，就好像飞鸟被关进了笼子，失去了自由。许多宫女盼望能够从皇宫出去，嫁个丈夫，过自由自在的生活。可是现在要嫁到匈奴，到那天寒地冻、语言

昭君出塞图

不通、生活习惯不同的遥远的塞外，她们又都不愿意应选。

有一个叫王嫱，字昭君的宫女，出身平民家庭，幼年念过几年书。她是南郡秭归（今湖北西部）人，长得十分美丽，又很有见识。她觉得匈奴和汉朝结亲，是关系到匈奴和汉朝和好的大事；再说嫁给匈奴单于也比老死汉宫里强。于是她毅然应召，自愿嫁给呼韩邪单于为妻。

经办这件事情的官员正为没有宫女应召焦急，听到王昭君肯去，就禀明元帝。元帝先派人教王昭君学习匈奴语言，熟悉匈奴的礼仪风俗，然后就选择日子，让呼韩邪单于和王昭君在长安成亲。

到了结婚那天，呼韩邪单于按照汉朝的风俗习惯，亲自来迎娶新娘王昭君。当他撩起新娘的盖头，看见王昭君年轻美貌的容颜，高兴和激动的心情是不用说了。新郎和新娘向汉元帝谢恩的时候。元帝看到王昭君容貌丰美、仪态万方、通情识理的时候，多少有点舍不得，真想把她留下。但事已至此，为时已晚了。

汉元帝回到内宫，越想越懊恼。他再叫人从宫女的画像中拿出昭君的像来看。模样虽有点像，但完全没有昭君本人那样可爱。原来，汉代宫女进宫后，一般都是见不到皇帝的，而是由画工画了像，送到皇帝那里去听候挑选。有个画工名叫毛延寿，给宫女画像的时候，宫女们送点礼物给他，他就画得美一点。王昭君不愿意送礼物，所以毛延寿没有把王昭君的美貌如实地画出来。汉元帝一气之下，把毛延寿杀了。

王昭君跟呼韩邪单于离开长安回匈奴的时候，汉元帝赏赐他们许多财物，并设宴为他们送行。文武百官一直送他们到十里长亭。王昭君骑在马上，欢乐和忧愁交织在一起，眼角挂上了泪珠。她欢乐的是自己能一身干系汉、匈国运，使两族人民和平相处，以一个女儿身而有这样大的作为，毕竟是了不起的事；忧愁的是从此就离开生她养她的这片热土，或许永远也回不来了。

王昭君在汉朝和匈奴官员的护送下，离开了长安。她骑着马，冒着刺骨的寒风，千里迢迢地到了匈奴，做了呼韩邪单于的阏氏（音yān zhī，匈奴单于正妻的称呼），地位跟汉朝的皇后差不多。日子一久，她慢慢地也就生活惯了，和匈奴人相处得很好。匈奴人都喜欢她，尊敬她。昭君劝呼韩邪单于不要去发动战争，还把中原的文化传给匈奴。打这以后，匈奴和汉朝和睦相处，有六十多年没有发生战争。

王昭君出塞到匈奴后，帮助匈奴人种植粮食，指导他们使用汉人的农业生产工具，逐渐发展了农业生产，改变了匈奴人以前单一的游牧生活。因为农业有了发展，牲畜的饲料也就更有保障，促进了畜牧业的发达。在呼韩邪统治下，匈奴出现了人畜两旺的繁荣景象。王昭君得到了匈奴人的尊敬和爱戴。

呼韩邪单于仰慕汉族的文化，十分尊重王昭君，夫妻两人感情很融洽。就在他们离开长安的第二年，王昭君生了一个儿子，长大以后被封为匈奴的右日逐王。呼韩邪单于去世后，按照匈奴的风俗习惯，王昭君改嫁给新立的复株累若鞮单于，又生了两个女儿。在王昭君的影响下，她的子女及周围的人，都努力维护汉匈通好关系，使汉匈人民能够长期和平相处。

作为匈奴单于的妻子，王昭君出塞以后，不便再回汉朝了。因此，她晚年立下一个遗嘱，要求死后把她安葬在归化（今内蒙古呼和浩特）郊外，坟墓要坐北朝南，让她能遥望自己的故土。她去世后，子女们依照她的遗愿，选了一块向阳的水草丰茂的山城地，为她修建了坟墓。因为墓表草色青青，历代传称为"青冢"。现在昭君墓既是内蒙古旅游胜地，又是各民族团结的象征。

【前事后鉴】

杜甫诗云："群山万壑赴荆门，生长明妃（明妃：人们对昭君的称谓）尚有村。一去紫台连朔漠，独留青冢向黄昏。"这是对王昭君一生的高度概括。王昭君为何出塞历来众说纷纭，有的说是她负气嫁到匈奴的，因为她国色天香，姿容绝美，却无钱或不肯贿赂画家毛延寿，所以被画得相貌平平而没能得到元帝的宠幸，绝望之余就嫁到匈奴去了。古代文人为此写了不少对王昭君哀怨的诗，但宋代王安石一反此调，在他的《明妃曲》中写道："汉恩自浅胡恩深，人生乐在相知心"，鲜明地支持昭君勇于追求妇女解放、谋求自身幸福的行为，算是识高一筹。一般对王昭君的出塞行为给以正面的评价是，王昭君自愿承担起汉匈和好的重任，勇敢地充当了和平使者的角色，王昭君是我国民族团结的象征。另外，历史上还有人认为，王昭君出塞，是毛延寿设下的救国计策。他见昭君美貌非凡，若昭君不被送出，有朝一日必得宠，就会变为妲己式的人物，误国殃民。于是在画王昭君肖像时，有意丑化她，来欺骗汉元帝。结果让汉元帝误将王昭君送给了匈奴单于。因此，毛延寿就成了"忠臣唯有毛延寿，能送明妃出宫门"的大好人了。这些说法孰是孰非，暂不去追究它。王昭君的出塞的效果是"一人胜过十万兵"，昭君出塞后的几十年间汉匈边境几乎没有发生过战争，这说明昭君出塞至少在客观上缓和了汉匈关系，给两族人民带来了安定与和平，王昭君的历史贡献还是应该肯定的。

不过，历来都有人反对昭君和亲，甚至有人认为，用妇人安邦息事，实在是有伤国体。但这是一股酸论，其中还带有明显轻视妇女的意思，不足深信。实际上，和亲是有时代因素的。因为在封建时代要建立民族间的友好关系，主要靠统治阶级之间的和解，而统治阶级之间的和解又主要决定于双方力量的对比，以及由此产生的封建关系的改善，和亲就是改善封建关系的一种方式。今天，我们只有将和亲现象放在当时特殊的历史条件下去理解，才能懂得王昭君出塞和亲的进步意义。

成语：

安土重迁——安于故土，不愿轻易迁居异地。安土重迁是农耕民族的共性。作为有着古老农耕文明的汉民族，有着深深的土地崇拜情结，故土难离，叶落归根是我们这个民族的心理特征。"安土敦乎仁"，从某种意义上说，一个人的爱国主义情怀与这种对故土的挚爱有着密不可分的联系。（《汉书·元帝纪》）

人文景观：

昭君墓——昭君墓，蒙古语叫作"特木尔乌尔虎"，坐落在呼和浩特市南郊九公里大黑河南岸，其高三十余米，是一座人工筑成的大土丘，有已故去的国家副主席乌兰夫亲笔题写的"青冢"两个大字就竖在墓前。进门可见董必武1963年写下的一首讴歌民族友好的绝句："昭君自有千秋在，胡汉和亲识见高。词客各摅胸臆懑，舞文弄墨总徒劳。"再往里走，就看见昭君同呼韩邪单于二人并骑的青铜塑像，亲切感人，塑像后面就是青冢。历史学家翦伯赞先生曾说："在内蒙古人民心中，王昭君已经不是一个人物，而是一个象征，一个民族友好的象征；昭君墓也不是一座坟墓，而是一座民族友好的历史纪念塔。"

二十四、行奸宄王莽篡汉

莽既不仁而有奸邪之材，又乘四父历世之权，遭汉中微，国统三绝，而太后寿考为之宗主，故得肆其奸慝，以成篡盗之祸。

——《汉书·王莽传》

白居易有这样一首诗："周公恐惧流言日，王莽谦恭下士时。向使当初身便死，一生真伪复谁知！"本篇叙述的对象就是诗中提及的王莽。

王莽，字巨君，是汉元帝皇后王政君和大司马、大将军王凤的亲侄儿。本传记载，他的相貌有些很难看：大嘴巴，短额头，蛤蟆眼，豺狼声。据说当了皇帝后，经常躲在屏风后面回答臣下的奏问，不是十分亲近的人，是难以见他一面的。

公元前33年，汉元帝病死，太子刘骜即位，就是汉成帝。成帝的母亲、皇太后王政君有八个兄弟，除了王莽的父亲王曼早死外，其他七个都被封侯。其中王凤还被封为大司马、大将军，成为朝廷百官之首。王凤掌了大权，他的几个兄弟、侄儿都十分骄横奢侈。只有侄儿王莽，待人做事谨慎小心，生活也比较节俭。在众多的王家子弟中

王莽（前46—23）画像

声誉最好。

公元前 22 年，即汉成帝阳朔三年，王凤在家养病，王莽侍奉伯父左右，亲口尝药，端屎倒尿，前后几个月没有解开衣带好好休息过，比王凤的儿子们还孝顺，这使王凤十分感动，临死时请求皇太后和成帝委任王莽官职。于是，王莽当上了黄门郎，不久又升做射声校尉。

永始元年（前 16 年），王莽被封为新都侯。王莽官做得越大，越注意延揽人才。他把家中财物都用来接济帮助宾客，供养大批名士，还广泛结交上层文武官员。这样没有几年，王莽就赢得朝廷上下一片赞誉之声。在他的叔叔王根年老退休后，不足四十岁的王莽就担任了大司马之职。大司马位高权重，位极人臣，但王莽依然是那么谦逊有礼，他礼贤下士，举贤授能，清廉自守，生活更加节俭。一次，王莽的母亲生病，大臣们的夫人前去探视，王莽的妻子出来迎接诸位夫人，这些珠光宝气的贵妇人，一见王莽妻子穿的布衣长不及地，刚刚遮住膝盖，以为她是王府的仆人，寒暄之后，才得知是王莽的夫人，都感到十分惊讶。

汉成帝死后，汉哀帝刘欣即位。汉哀帝对王家人开始疏远，加之哀帝皇后的娘家人急于掌握朝廷大权，对王莽十分不利。王莽见处境危险，就辞职隐退了。外戚傅家和丁家在朝中得势以后，就胡作非为，干了很多坏事。相比之下，大臣们觉得还是大司马王莽正派。不久，汉哀帝去世，才九岁的汉平帝继位，王莽又被重新拜为大司马，国家大事都由大司马王莽作主。这时，王莽一看汉室江山已经不怎么稳固了，就萌生了篡位的野心。

有了篡位的野心以后，王莽开始排除异己，任人唯亲。朝廷中的一些阿谀之徒吹捧王莽是安定汉朝的大功臣，请太皇太后王政君封王莽为"安汉公"。王莽为了树德望于人，以图大事，说什么也不肯接受封号和封地。后来，经大臣们一再劝说，他只接受了封号，把封地退了。太皇太后把新野（今河南新野）的二万多顷地赏给王莽，王莽又推辞了。

王莽还选派一些心腹大臣分头到各地去考察民意。让他们趁机把王莽不肯接受新野封地这件事到处宣扬，大肆赞美王莽的功德。当时，中小地主都恨透了兼并土地的豪强，一听王莽连封给他的土地都不要，就觉得他是个了不起的好人。王莽越是不肯受封，越是有人上奏给王莽封地。据说，朝野上下，官吏平民，上书请求加封王莽的人共有四十八万人之多。有人还收集了三万多字歌颂王莽的诗文。这样一来，王莽的威望如日运中天，无人可及。

王莽的威望日升，招来汉平帝的嫉恨。而王莽为了控制平帝，将他的母亲与其隔离，并将他舅家的人杀光。君臣之间的矛盾势同水火。后来，王莽借为汉平帝上寿献酒之机。将汉平帝毒死。为了便于控制，他有意从宗室里找了一个两岁的孩子为皇太子，叫作孺子婴。自己当起了"假皇帝"（代理皇帝）。这时，王莽篡位野心开始暴露了出来。

一些阿谀王莽、想加官晋爵的人就挖空心思为王莽当皇帝制造凭据。于是"王莽是真命天子"的图书也发现了，地下埋着的刻有"王莽应该做皇帝"字样的石牛也出土了，汉高祖庙里还发现了"汉高祖让位给王莽"的铜匣子，如此等等，不一而足。一直以推让出名的王莽这会儿不再推让了。王莽向太皇太后去索要汉朝皇帝的玉玺。王政君这才大吃一惊，不肯把玉玺交出来。后来被逼得没法子，只好气愤地把玉玺扔在地上。

公元 8 年，王莽正式即位称皇帝。改国号叫"新"，都城仍在长安。统治了 210 年的西汉王朝，就这样结束了。

王莽做了皇帝，打着复古改制的幌子，下令变法。第一，把全国土地改为"王田"，不准买卖；第二，把奴婢称为"私属"，不准买卖；第三，评定物价，改革币制。但是王莽的这些改革，并没有使新朝长治久安，反而使社会矛盾日益激化，最终导致大规模的农民起义，王莽及其新朝最终走上了末路。

王莽是一个篡权有术、守业无能的人，面对大厦将倾的局面，他不知道该如何挽救自己的命运。他的那些所谓救亡措施给后人留下了很多的笑柄。

有人见他面对危局，心存恐惧而束手无策，就献计说，黄帝当年曾经建了一个华盖，后来就成了仙。王莽听了，赶忙命人建了一个九重的华盖，高达八丈一尺，作为登仙的车子。每次外出，他都乘坐这个车子，让几个人在车上击鼓，并让拉车的三百名勇士边拉边喊："登仙！登仙！"结果始终也没有登仙。

在农民起义军的猛烈攻势下，新朝的军队溃不成军。武关失守后，王莽更加焦虑。于是大司空崔发就出来献计，建议王莽向古代的君王学习，对着天大哭，祈求老天保佑他们，王莽居然采纳了他的建议。于是带着群臣，并逼着老百姓一道到南郊去"哭天"，王莽仰望苍天，喊道："苍天！苍天！你已将天命授予我，却为何不替我消灭反贼！如果我有大错，请用雷电击死我吧！"然后，王莽就痛哭不止，直至哭得昏了过去。为了向上天表示自己的真心，王莽还命令太学生和百姓们每天都到郊外去哭，早晚各哭一次。并下令说，哭得尽心而悲痛的就给郎官做。结果短短几天工夫，因"哭"而得到郎官职位就有五千人之多。但苍天也没有给他带来任何帮助。

公元 23 年，即地皇四年，绿林起义军拥立刘玄称帝，年号定为"更始"，刘玄就是更始帝。这使王莽受到了前所未有的打击。为了冲走这个坏消息带来的晦气，王莽举行了盛大的婚礼。为了显示自己没有老，他还特意将自己的胡子染成了黑色。但这丝毫不能挽救王莽的败亡命运。

公元 23 年的六月，王莽派出的军队和起义军在昆阳交战，结果王莽军几乎全军覆没。起义军乘胜直捣长安。很快，义军攻进皇宫，王莽和几千士兵逃到渐台上，义军随后马上包围渐台，于是两军用弓箭对射，后来箭射完了，双方短兵相接，王邑、王巡等大臣战死。王莽又躲进密室，结果被义军发现，商人杜吴杀死王莽，校尉公宾割下他的头颅，他的尸体也被剁成肉泥。一代巨奸和他的新朝就这样了结了。

【前事后鉴】

王莽本来也可以成为霍光第二的，要是他也能像霍光那样没有篡权野心的话。尽管历史不能假设，但我们还是有理由认为王莽的野心是逐步膨胀起来的。他没能像霍光那样守臣子之节，而是让自己的贪欲发展、膨胀，终至于暴露于世，而成为历代正统文士贬斥讥讽的对象。当然，王莽是两千年来中国历史上争议最多的人物之一，对他的评价也并非一边倒。有人称他是改革家，有人斥他为复古狂。有人把他比作"周公再世"，是忠臣孝子的楷模；有人把他看成"曹瞒前身"，是奸雄贼子的魁首。有人赞他为救世主，有人骂他是野心家。有人说他虚伪奸诈，有人说他坦荡无私。褒他的，最出名的是胡适之，甚至封他为一千九百年前的"社会主义者"；贬他的，最刻薄的是白居易，说他"向使当初身便死，一生真伪复谁知"。

　　白居易对王莽的评价虽然刻薄，但见识却十分独到深刻：一个人的真与伪及其世人对他的评价，有时与他的寿命的长短也的确有关系："真"有时可能是假象，但"伪"还没有暴露出来时，谁说这"真"是假的呢？而当这"伪"还未暴露他就死去，人们可能就只知其"真"而不知其伪了。试想王莽在推爵让封的时候就死去，那不就成了霍光再世了吗？平心而论，早年的王莽，我们还不能说他就是一个坏人，例如小时候他对母亲的孝顺，就不能说是虚情假意，父亲早逝，家境贫寒，母子相依为命，使他对母亲加倍关照，这也是人之常情，我们不能因为某人以后做了坏事就将原来的善行一概否定。就像近代的汪精卫，其盖棺论定是一个人所不齿的大汉奸，但他早年亦曾追随孙中山二十余年，年轻时因刺杀宣统皇帝的父亲载沣被捕，在狱中写下了"慷慨燕歌市，从容作楚囚。引刀成一快，不负少年头"的豪迈诗句。你能说汪精卫这也是虚情做作？如前所论，人的欲望是一步步膨胀起来的。王莽后来篡汉建立"新"朝，既是他渴望出人头地心理的一种消解，也是对幼时寄人篱下、长期所受压抑心理的一种补偿。

　　民间传说，王莽就是当初刘邦斩杀的那条拦路蛇变的，"莽"正好和蟒蛇的"蟒"同音。王莽篡权亡汉，就是报那一剑之仇。这当然是一种附会之说，实不足信。新莽政权存在十五年（公元9—23年）。其速兴速亡的命运是由许多因素所造成的，但是归根结底是王莽和他的新政所导致的。王莽一生虽然虚华无实，滥用刑法，而且有些荒淫好色，但他改革的初衷却是为了造福于世。对于这种复杂矛盾的人，得从多角度去看问题才会比较公正全面。

另外，我们现在说王莽是"巨奸"，似乎沿用的还是封建文人评价人物的道德标准。从封建朝代"家天下"的本质来看，天子可以姓刘，当然也可以姓王，不是说王莽不可以当皇帝，而是王莽前后的行为形成的巨大反差以及获取皇位的途径，都说明他确实是一个虚伪奸诈之人，从这个意义上而论，说王莽是一个大奸巨恶或许也没有错。

【相关链接】

古币：

金错刀——古钱币名。又叫"错刀"。王莽居摄二年（7年）造。钱上铸有"一刀值五千"字样，表示一个金错刀可以当五千钱用。当时一斤黄金值万钱，两个金错刀就可以换取一万钱，也就可以换取黄金一斤。这种大钱造成了通货膨胀，行之不久即废。因为这种钱上的"一刀"两字是用黄金错（镶嵌）成，而钱身又呈刀形，所以叫金错刀。金错刀制作精密，为后世所重，不少诗人也加以歌颂，如张衡的《四愁诗》："美人赠我金错刀，何以报之英琼瑶。"杜甫《对雪》诗："金错囊徒罄，银壶酒易溶。"（《汉书·食货志》）

田制：

王田——王莽在建立新朝以后所实行的一项土地政策。始建国元年（9年），王莽下令将民间田改称为王田，属朝廷所有，私人不得买卖。如果一家男子不满八人，田超过九百亩，应将多余的田分给本族或邻居无田的人；原来没有田的人，按男口每口给田一百亩。这种硬性的强迫措施，不能够阻止豪强对土地、人身兼并的继续发展，反而加速爆发了社会大混乱。这项命令终于成为一纸空文，于始建国四年被迫取消。(《汉书·王莽传》)

二十五、光武中兴复汉室

六月己未，即皇帝位……秀犹固辞，至于再，至于三。群下佥曰："'皇天大命，不可稽留'，敢不敬承。"于是建元为建武，大赦天下。

——《后汉书·光武帝纪》

西汉存世二百余年，为王莽所篡，江山易姓为王。不料起于南阳的高祖刘邦的九世孙刘秀，却能于乱世之中中原得鹿，重塑乾坤，使刘姓江山又得以延续近二百年。

汉光武帝刘秀，字文叔，南阳蔡阳（今属湖北枣阳）人。身具帝王之表：身高七尺三寸，眉目俊秀，须髯修美，鼻隆口方，天庭饱满。刘秀天生内敛，凡事不喜张扬。与先祖刘邦大为不同，刘秀自小专务稼穑，喜做农活。而他的哥哥刘縯则侠义豪爽，喜欢交游。做哥哥的常讥笑弟弟没有大志，就像当年汉高祖的哥哥刘仲一样平庸。

后来，刘秀和他的族兄刘嘉一起到长安太学读书，选择的专业是学习《尚书》。《尚书》是一本讲如何治理朝政的书。看来，刘秀的政治与军事才能与熟谙《尚书》是有关系的。当时，同在太学学习的有邓禹、朱祐等人，他们也都是南阳人，刘秀与他们交结甚深。后来邓

汉光武帝刘秀（前5—57年）画像

禹、朱祐都成为东汉的开国元勋。

但是，刘秀年轻时的志向并不远大，和他祖上刘邦相比就小多了。据说刘秀在长安学习时，有一天在街上碰上当时的执金吾（警卫皇宫的官员）出巡，他看见执金吾那样的八面威风，不由得羡慕起来。而当时在新野县有个叫阴丽华的美女，是当地年轻男士追求的目标，很多人到阴家提亲，都遭到拒绝。刘秀当时虽然没有见到这个美女，却立志要娶她。刘秀当年曾这样概括自己的人生目标："仕宦当作执金吾，娶妻当得阴丽华"。事也凑巧，王莽政权覆灭之后，刘秀果真与阴丽华共偕连理。

王莽末年，南阳郡有个叫李守的人，任王莽的宗卿师。有一次，他算了一卦，卦象显示"刘氏复兴、李氏为辅"，便告诉他儿子李通。李通便牢记这八个字，一直希望能找到姓刘的做皇帝，自己做开国辅臣。地皇三年（22年），刘秀兄弟俩就在李通的鼓动下，扯起造反的大旗。刘縯、刘秀、李轶（李通的堂弟）来到春陵召集了七八千人，号称春陵军。可是刘縯、刘秀这七八千人的动静闹大了，事情传到了王莽那里。王莽就将李守处死，并派甄阜、梁丘赐镇压刘縯、刘秀和李通的起义。刘縯召集的那七八千人开始还士气高昂，此时见朝廷派大军围剿，都以为大祸临头，一个个垂头丧气的。但是，当他们看见身穿铠甲战袍的刘秀时，都觉得刘秀这种老实人都不怕造反，他们还有什么可怕的呢？于是义军的士气又高涨起来。可是有了高涨的士气，舂陵军依然不是甄阜、梁丘赐的对手。于是舂陵军决定和在荆州活动的绿林军合作。刘秀便派刘嘉去和绿林军交涉。刘秀兄弟与绿林军合并以后，奉刘秀族兄刘玄为帝，即更始帝。

当初，王莽征召天下数百名通晓兵法的人从军，并且选练武士，广招猛将，军威空前强盛。王莽还任用一个叫巨无霸的人担任管军营事务的垒尉，这个巨无霸身高一丈，腰圆膀阔，是一位力敌万人的大力士。王莽又训练许多老虎、豹子、大象之类的猛兽，以助军威。等军事部署都做好了，王莽命名这支有四十二万人的部队为"虎牙五威兵"，号称一百万。公元 20 年夏季，王邑、王寻带领虎牙五威兵南下和严尤、陈茂会合，然后向军事要冲昆阳进军。

当时守在昆阳的更始首领是王凤和王常，他们只有八九千人。面对四十二万新朝兵，更始军不禁心慌了，想带着家人赶快跑到别处去。其时，刘秀率领数千人在阳关一带，听到新朝军队围攻昆阳的消息后，马上奔回昆阳。当看到更始军上下都想到别处避难后，刘秀对诸将说："昆阳是军事重镇，如果现在逃跑，把昆阳拱手让给新朝军队，那么新朝军队可以马上转攻我们义军的任何一支部队，我们就要遭受灭顶之灾；如果坚守昆阳，则各部还有一线生机。"但人们并不把刘秀的话当作一回事。

几天后，新朝四十二万大军兵临城下，诸将惊慌，问刘秀如何破敌。刘秀认为敌军庞大，须求外援。在征得诸将的同意后，刘秀和李轶带着十三名骑兵一起突围求救，让其余人坚守。刘秀来到定陵、郾等地，说服各地义军，前往援助昆阳。刘秀带着军队向昆阳挺进的消息被王邑知道后，他派了一支几千人的小部队阻挡刘秀。刘秀则带着一支一千人的先锋部队和敌人交锋。在战斗中，刘秀一改平日儒雅的形象，奋勇地杀了几十个人，部下将士一见刘秀这样勇敢，都高兴地说："刘将军平生看见少数敌人都表现出怯懦的样子，想不到面对如此众多的敌人却这样勇敢！"于是大家一起奋力杀向敌人，一鼓作气地歼灭了敌军。

刘秀军击败王邑的先锋军后士气高涨，于是刘秀又组成了一个三千人的敢死队，发了疯一样地向王邑的大本营进攻。王邑知道后，觉得刘秀以三千人来攻四十二万大军，实在是以卵击石，于是他挑了一万巡逻兵和刘秀对战，然后又荒唐地命令其余各部不得出战。刘秀虽然只有三千人，但是由于首战告捷，士兵个个都很勇猛。而王邑的部下由于先锋部队覆没，都十分怯敌。于是双方刚一交锋，王邑的部队就乱了阵脚，不多时，司徒王寻死于军中，这样王邑军的士气更加大受影响。而王邑的其余部队虽然知道王邑战败，却因为王邑有坚守的命令而不敢出战。此时昆阳城内的守军也攻出城外，和刘秀军夹击王邑军。王邑军不敢迎敌，接连败退。这时候，天公作美，顿时狂风怒起、暴雨倒灌，把王邑的大部分人马都卷到溃水里，淹死无数，死尸把溃水都堵死了。王邑与严尤、陈茂渡水而逃。再之后王邑带着几千人回到洛阳，严尤、陈茂仍然在荆州防守。王莽四十二万大军基本上被杀死、淹死，而其余没被淹死的士兵都逃回家乡了。这就是历史上著名的以两万胜四十二万的昆阳大战。昆阳一战，更始军夺了王邑留下的所有军粮，王莽由于虎牙五威军的全军覆没，再没有能力和更始抗衡，而各地百姓也纷纷揭竿而起，响应更始军。王莽的末日很快就来临了。

昆阳之战后，刘縯、刘秀兄弟威名日盛，新市军、平林军的将领私下都劝刘玄将他们除掉。刘秀察觉到这件事，多次让刘縯警惕。刘缤也知道新市、平林的人对他们兄弟不怀好意，但是没放在心上，结果被刘玄设计杀害。

这时，刚刚打胜昆阳之战的刘秀乘胜追击，进军颍川，攻占颍阳，连克五县。听到刘缤的死讯。刘秀冷静地分析了当时的情况，决定韬光养晦，以图大事，便孤身回到宛城向刘玄请罪，以此消除刘玄对他的怀疑。于是他回到宛城，为刘缤抗旨之事向刘玄道歉。之后百官向刘秀表示哀悼，他不露出丝毫悲哀，也不给刘缤服丧，饮食谈笑一如平常，对以前的功绩更是绝口不提，并在刘玄面前表现得十分谦卑。可在私下里，经常为哥哥的死而眼泪潸潸，他在心中发誓要为哥哥报仇雪恨。为了彻底消除刘玄的怀疑，刘秀决定在刘缤的丧期娶个妻子。却说刘缤起兵时，有一个叫阴识的人在长安读书。闻知刘缤起兵后，阴识毅然退学，举家来投奔刘缤，之后被拜为校尉，后迁偏将军，随刘缤征战于淯阳、新野、宛城。巧得很，阴识的妹妹恰好就是那位让刘秀醉心的美女阴丽华。于是在阴识的撮合下，刘秀与阴丽华结婚了。看到刘秀在刘缤的丧期还有心思结婚，刘玄彻底解除了对他的疑心，于是又封刘秀为破虏大将军、武信侯。但并没有让刘秀执掌兵权。后刘秀借奉命到河北招抚义军的机会，逐渐扩充自己的势力，建立独立的地盘，慢慢变得强大起来。

公元 25 年，当年王莽所立的孺子婴又被人拥立为帝。更始帝刘玄派军讨伐，杀死孺子婴。这年 6 月，刘秀在"诸将固请"又有"赤符天命"的情形下，在鄗南（今河北高邑县）即皇帝位，定年号为"建武"，光复了刘汉王朝。几个月后，赤眉军攻入长安，刘玄投降赤眉，被赤眉军所杀。刘秀率军先后收复了洛阳、长安，基本上统一了全国。

刘秀在位 33 年，在位期间，他制定宽缓养民的政策，发展生产，稳定政局；同时采取退功臣，用文官，藏弓箭，散良马的策略，防止内乱以消弭战祸，东汉王朝从此进入了一个相对稳定繁荣的时期。由于刘秀是西汉刘姓皇族后裔，所以刘秀的即位建国，被看作是恢复了刘姓天下，历史上将这称之为"光武中兴"。刘秀建立的封建王朝，史称东汉或后汉（西汉又称前汉）。刘秀死后，庙号世祖，谥"光武"。

【前事后鉴】

东汉开国皇帝汉光武帝刘秀，算得是中国历史上一位杰出的人物。史家称他为"中兴之主"。但实际上东汉与西汉并没有多少关系，要不是王莽篡汉，天下大乱，怎么编排也轮不上刘秀做皇帝，因为刘秀虽说是刘邦的第九世孙，但到他这一代，已没落为平民，刘秀的父亲也只是一个芝麻官——县令而已。时势造英雄，王莽乱世使刘秀这个已沦为平民的皇室后裔得以重塑乾坤，足登大宝，做了一个新朝代的开国之君。一句话，刘秀的机运不错。当然，刘秀也的确具备了一个总揽英雄、指点江山的领袖人物的气质与才能。

在昆阳之战前，刘秀还是一个默默无闻的小人物，昆阳之战后，他才名声大振，之后又在颍川一带立功，他的族兄更始帝刘玄杀了他哥哥刘缤后，他无奈回到宛城，开始了韬光养晦的日子（这正说明了刘秀的不凡）。刘秀要统率驾驭很多不容易领导的人物，而且都能够截长补短，为己所用，除了宗室身份，谨厚的声名和天命的心理准备之外，他具有领导能力的天才不能否定。他在乱世战争中所展现的军事韬略、将将之才，以及洞察时势、机敏果断的能力与魄力，都说明他的确具备了帝王之资。同时，刘秀处事精谨，细致周备，凡大小事宜，都亲身督察经营，毫不松懈。他经常在局势艰危的时候，冒生命危险亲临前线，从而鼓舞了士气，往往能够反败为胜。有人说他平生"见小敌怯，见大敌勇"。这又是刘秀的过人之处。因为他深知，强敌当前，倘若决战，一定是胜算在胸，所以能临危不惧，决一雌雄。而对出其不意而出现的小敌，最须警惕，因为处置不当，往往牵一发而动全身。由此可见，光武帝刘秀是一个很有军事头脑的帅才。

刘秀建立东汉政权之后，做了33年皇帝，这期间，他颁布了一系列政令、采取了一系列措施，创造了国家统一、社会安定、经济发展、文化繁荣的大好局面，成为封建社会一个有作为、有贡献的帝王。后人以"中兴之主"誉之，应该是比较公允的。总之，汉光武帝刘秀在创业与守业方面都表现了他特出的才能，算得上是一代天骄，一个对历史有杰出贡献的人物。

【相关链接】

成语：

推心置腹——推出自己的赤心，放置在人家的腹中。比喻赤诚待人。刘秀率军打败铜马军，铜马军被迫投降，但又人人不安，军心动乱，为稳定降众之心，刘秀令降军各安营扎寨，自己则不带部众到铜马军营中一一安抚，铜马军见刘秀推心置腹，赤诚相待，遂全部诚心归降。(《后汉书·光武帝纪》)

经学：

谶纬——西汉时社会上流行的一种宗教迷信。"谶"是当时巫师、方士制作的一种预言隐语，作为吉凶祸福的征兆或符验。"纬"对经典而言，是方士化的儒生附会儒家经典的各种著作，有《易》《书》《诗》《礼》《乐》《春秋》《孝经》七经之纬。谶纬起源于原始社会后期河图洛书的神话传说。王莽利用谶纬之说，为其改制寻找合法依据。刘秀建立东汉，也借用图谶（即用图像加隐语以预示吉凶祸福）为其张目。东汉章帝召集博士儒生在白虎观讨论五经异同，写成《白虎通义》一书，进一步把迷信的谶纬之学与今文经学混合一起，使儒学神学化。纬书留存至今天的已为数不多，除去迷信部分外，在天文、历数、地理知识等方面，或多或少包含着一些科学史的资料。（《后汉书·光武帝纪》）

二十六、伏波马革裹尸还

援曰:"方今匈奴、乌桓尚扰北边,欲自请击之。男儿要当死于边野,以马革裹尸还葬耳,何能卧床上在儿女子手中邪?"

——《后汉书·马援列传》

"马革裹尸"是一句激励历代将士的豪言壮语。这句话的作者——东汉伏波将军、新息侯马援,更是一位充满传奇色彩、令人敬佩的一代名将。在两汉交替之际,马援以自己出色的将才为这幅壮丽的历史画卷添上了浓墨重彩的一笔。

马援,字文渊,扶风茂陵人,是战国时赵国名将赵奢的后裔(赵奢被封为马服君,其后人因以"马"为氏)。12岁就没了父母,也就在这一年他才开始读书,曾经学习《齐诗》,可就是记不住原文。当时有位叫朱勃的人经常拜望马援的哥哥马况,朱勃12岁时就能背诵《诗经》《书经》,马援相形见绌、自愧不如。但是哥哥马况立刻察觉出了马援的心思,安慰他说:"朱勃小器速成,他的智慧也只有这一方面而已,最终他是赶不上你的,不用担忧,也不要自卑。"后来的事实也正说明了这一点(马援晋爵封侯时,朱勃还只是一个县令)。

马援（前14—49）画像

读书既已无望，马援开始独自闯荡天下。他先来到北地郡放牧，常对宾客说："大丈夫立志，越穷越应当坚定，越老越应当雄壮。"后来马援放牧发了财，有牛羊数千头，粮食万斛。马援又感叹说："一个人发家致富，积累了财产，贵在能够赈济别人，否则就是守财奴了！"于是把全部家产分送给亲友故旧，给自己只留下一身的穿戴。

王莽篡国，马援曾被王莽任命为新成大尹。王莽败亡后，西北的大军阀隗嚣十分敬重马援，任命其为绥德将军。自此，马援开始有了一展身手的好机会。

公元28年，隗嚣派马援前往成都观察公孙述那里的情况。公孙述是当时的一大强权，但是毫无深谋远虑，急于称帝不说，天下未定还要乱讲排场。过去，马援和公孙述是关系不错的同乡。但是公孙述与故人相见，讲排场，抖威风，让马援大失所望。尽管公孙述打算封马援高官，想留住他，但被马援婉言谢绝了。马援回见隗嚣时说："公孙述是井底蛙耳，不如结交刘秀。"于是，隗嚣派马援带着给刘秀的信来到洛阳。这一次，马援受到了截然不同的待遇。刘秀戴着头巾亲自笑迎马援，使马援深受感动，马援料定刘秀必成大业，萌发了投靠刘秀的念头。马援回到隗嚣处后，隗嚣将长子隗恂送入洛阳为人质，马援随同隗恂一起来到洛阳。公元29年，隗嚣在部将王元劝说下开始割据一方，准备叛汉独立。马援深知隗嚣不是刘秀对手，几次写信责备，隗嚣根本不予理会。马援于是上书刘秀，陈述剿灭隗嚣的作战方案，正式投靠刘秀阵营。

马援先后写信给隗嚣手下的将领高峻、任禹、杨广等，进行离间瓦解。当时，虽然马援初入刘秀军中，但他很快赢得了诸将的好评与敬重。公元 32 年，刘秀意欲亲征隗嚣，诸将大多反对。关键时刻，刘秀询问马援的意见。马援力陈隗嚣的将领已有土崩瓦解之势，并用米堆成山谷图形，展示大军进攻的线路，对敌我形势及具体战法分析得十分透辟。刘秀终于下了决心，亲征隗嚣。公元 33 年，隗嚣败亡。可以说，虽然马援没有直接参加讨伐隗嚣的战役，但他却是隗嚣的主要掘墓人之一。

公元 35 年，大将来歙举荐马援为陇西太守，这年夏季，马援大败先零羌，斩首数百，降伏八千余人。冬季，又和马成联手，深入险阻，斩首千余，缴获牛羊不计其数。当时有人提议放弃金城郡的破羌县，马援立刻上书阻止："破羌以西，城池大多完整牢固。那儿土地肥美，灌溉流通。如果让羌人占据，为害甚大，不能放弃。"刘秀准奏，马援便在当地设置官吏、安置流民、修缮城郭、开挖沟渠、鼓励农牧，同时招抚塞外的羌人，让他们前来归附。公元 36 年，参狼羌部落和其他羌人部落联合侵犯武都，马援大败羌军，降伏万人。陇右安定，王莽末年以来兴起的羌乱至此平息。有一次，有人传言羌人叛乱，狄道县令请求马援征调部队，当时马援正在喝酒，大笑说："羌人怎么敢侵犯我们！告诉狄道县令，让他回去放心睡觉。"后来事实表明，这次警报不过是谣传而已。面对羌人，马援就是这么自信。

公元 40 年，征侧、征贰姐妹在交趾反叛，九真、日南、合浦等郡的蛮族群起响应，整个交趾地区有脱离汉帝国的危险。刘秀于是封马援为伏波将军，扶勒侯刘隆为副将，讨伐交趾。经过两年征战，马援斩首数千，大破征氏姐妹，公元 43 年，马援诛灭二征，传首洛阳，受封为新息侯。之后，马援继续追击征侧余党，斩首五千余人，全部平定交趾地区。战事平息后，马援又果断地采用了民族和解政策，以原有的制度约束越人，自此以后，南越土著一直奉行马援的规定。

马援从交趾返回时，平陵人孟冀迎接慰劳他。马援对他说："现在匈奴、乌桓还在侵扰北部的边疆，我打算请求前去攻打他们。男儿最重要的是应当为国死于边野，用马革裹尸归葬于家，怎么能卧倒床上死在儿女之手呢！"

马援是一个严于律己的人，尤其是他对子侄的教育更是为后人所传颂。当初，马援的侄子马严、马敦都喜欢讽刺、议论，并且和轻佻的侠客结交。马援在交趾的时候，曾写信告诫他们，要他们向性格厚道、做事慎重周详的龙伯高学习，而不要向急公好义、爽直豪放的杜季良学习。他认为学习龙伯高而学不到家，还可以成为一个谨慎勤勉之人，所谓"刻鹄不成反类鹜"。学习杜季良而学不像样，则可能成为一个轻浮之人，所谓"画虎不成反类犬"。

公元 48 年，武陵蛮族人进攻临沅。马援当然不愿放弃这个再次立功的机会。但刘秀见他年纪老迈，不忍心让他再上战场。马援说："臣还能披甲上马。"并当场跨鞍上马，刘秀笑着说："这个老头子真是老当益壮啊！"于是派他与马武、耿舒、刘匡等率四万大军出征。出行前，马援对自己的朋友杜愔说："我受朝廷厚恩，如今年纪老迈，来日无多，常担心不能死于国事。现在如愿以偿，死了也甘心瞑目，只是害怕朝中权贵嫉贤妒能，在皇上面前谗言陷害，使皇上误解了我。"后来事态的发展也证实了马援的预言。

公元49年，马援率军到达临乡，老将军虎威犹存，斩杀、俘获蛮兵二千余人。在继续征讨的过程中，遇到了困境。当时面前有两条道路，一条路近但很险恶，另一条坦荡但运输线太长。副将耿舒主张保险，走坦荡的路。作为老将的马援自然期望兵贵神速，坚持走险路。于是汉军按马援的意思行军。当时天气酷热，很多士兵患瘟疫而死，马援自己也被传染。可他依然蹒跚着察看敌情，左右随从也无不感动落泪。终于，马援因为老迈体衰，没能逃过瘟神的魔爪，一代名将陨落在蛮荒之地，真正实现了自己"马革裹尸"的誓言。

但马援的身后事却令人悲哀。早在马援兵困于崎岖水道中时，副将耿舒就上书抨击马援的军事决策，认为大军陷于瘟疫险阻之地徒劳无功都是马援的责任。当马援死后，和他有过节的虎贲中郎将梁松马上陷害马援，刘秀大怒，立即收回马援的新息侯印信。当初，马援在交趾时，曾经常服用一种叫"薏苡仁"的药草以抵御瘴气。班师时，曾装了一车回来。当他死后，有人上书诬告他当初用车装回来的都是珍珠与犀角，刘秀信以为真，更加恼怒。马援的妻子儿女异常恐惧，不敢将马援的棺柩运回祖坟，只是草草地埋在城西。马援门下的宾客旧友，没有一人赶来祭吊。一代名将的结局竟是如此的可悲，怎不令人唏嘘？

【前事后鉴】

东汉名臣马援一生征战无数，为东汉政权的建立立下了赫赫战功，是光武帝刘秀手下一员难得的军事干才。马援生逢乱世，能够独具慧眼，择明主而事，说明他并非一介武夫，而是颇有政治头脑的人。他年轻时就颇有大志，曾对人说："丈夫为志，穷当益坚，老当益壮"，他一生志在疆场，曾立誓要"死于边野，以马革裹尸还葬"。这些豪言壮语对后人产生了永远的教育与激励作用，而马援本人，则是这些豪言壮语的真实的体现者。马援一生，为官清廉，待人宽厚，谦虚谨慎，严于自律，这从他功名显赫而从不居功自傲，以及他那篇为后人所称道的《诫兄子严、敦书》就可以看得出。

但令人扼腕的是，马援的结局却是悲剧性的。他实现了"马革裹尸"的誓言，却在尸骨未寒时受到光武帝的严厉处罚。死的时候连门下的宾客旧友，都没有一人赶来祭吊。凄凉寂寞，令人唏嘘。

马援死后蒙冤，责任主要在小人作祟，皇帝失察，但马援本人也是有责任的。这正所谓金无足赤，人无完人。马援一次不慎得罪了皇帝之婿梁松。史载：有一次梁松去问候生病的马援，拜于床下，马援自居是梁松父亲之友，就不搭理梁松这个小辈。俗话说，伸手不打笑脸人，即使是晚辈，人家前来探病，也应以礼相待为宜，而马援却倚老卖老，不予理睬，真乃百密一疏。梁松本是小人，又因得皇帝宠幸，于是记恨在心。马援死后，遂借故陷害。而马援死时门下的宾客旧友，没有一人赶来祭吊，这一方面说明光武帝刘秀法度威严，令这些宾客旧友畏惧而不敢来祭吊；另一方面说明马援与这些宾客旧友没有一个是生死之交，宾客旧友中无一人是节烈之士。这些都说明马援做人也还有不周到谨慎之处，所谓"蚁穴溃堤"，他留给后人的是一种人生的教训：人生至败，往往就在于自己不经意的细微小事！

【相关链接】

成语：

穷且益坚，老当益壮——处境越困穷，意志越坚定；年纪虽老，干劲更大。马援一生立志高远，功勋卓著，年岁高时，更是老骥伏枥，志在千里。他常对人说，大丈夫处世，越是失意困窘，越要意志坚定，越是年纪老大，越要壮心不已。（《后汉书·马援传》）

画虎类狗、刻鹄类鹜——前者比喻好高骛远，一无所成，反贻笑柄；后者比喻模拟相类似的人或事物，虽不能逼真，还可得其近似，以戒好高骛远。马援虽功高盖世，但为人恭谨。当时有两个高士，一个叫龙伯高，为人谨慎；一个叫杜季良，性格豪爽。马援写信告诫其子侄，要向谨慎的伯高学习，而不要学习模仿豪爽的季良，学前者不得，不失为谦谦君子，而学后者不得，则会成为轻薄之人。（《后汉书·马援传》）

人文景观：

伏波山——伏波山，位于漓江之滨，孤峰雄峙，半枕陆地，半插江潭，遏阻洄澜，故以为名。又因汉伏波将军马援南征经此，有还珠伏波传闻得名。唐时山上曾建有伏波将军亭。现有癸水亭、听涛阁、半山亭、还珠洞、试剑石、千佛岩、珊瑚岩等名胜，还有一口重1000余公斤的"千人锅"和重2700多公斤的大钟，为清定南王孔有德女儿为悼其父所铸。还珠洞内的试剑石，紧靠漓江，为一自洞顶垂悬而下之巨石，距地面仅寸许，戛然而断，实为奇观。相传为伏波将军试剑所致。还珠洞和千佛岩，分布着不少唐宋摩崖石刻和佛教摩崖造像，古称"伏波胜境"。

二十七、梁鸿才高不求仕

（梁鸿、孟光）乃共入霸陵山中，以耕织为业，咏诗书，弹琴以自娱。

——《后汉书·逸民列传》

东汉初年，继隐士严光之后，又有一名为后世称道的大隐士，他就是"举案齐眉"这一典故的主角之一梁鸿。

梁鸿，字伯鸾，扶风平陵（今陕西咸阳市西北）人。父亲梁让在新莽政权建立以前被封以修远伯的高爵，主管祭祀西方上帝少昊之事。王莽新朝灭亡后，天下大乱，梁让于逃难途中病死。梁让一死，梁家顿时陷入困境。梁鸿的母亲在无可奈何的情况下，扔下年幼的梁鸿与尚未掩埋的丈夫的尸体，离开了梁家。梁鸿举目无亲，草草地埋葬父亲之后，只身一人来到当时的京师长安谋生和求学。

长安是西汉帝国和新莽政权的政治、经济和文化中心。当时，全国的最高学府——太学，就设在这里。梁鸿到达长安后，无依无靠，飘零街头。还算幸运的是，他父亲昔日的几位故吏见此情景，向他伸出了援助之手，为他解决了衣食困难，还通过关系将他送入了太学学习。

太学的学生，几乎全是富贵子弟，他们出手阔绰，一掷千金；唯独梁鸿衣着寒碜，生活拮据。所以经常被那些纨绔子弟嘲笑和欺凌。世乱时危，家遭变故，以及太学生活的孤独，给梁鸿的心灵造成极大的创伤，使他感受到世情的浇薄，也看透了荣华富贵的虚幻，萌发了逃避尘世的念头。但求学期间，梁鸿仍好学不倦，博览群书，经书、诸子、诗赋等无所不通，可他又不愿皓首穷经，死钻章句。

　　梁鸿结束在太学的学业后，并没有去寻找做官的道路，而是在长安郊区的皇家林苑——上林苑中放猪。放牧之余，梁鸿每晚都在昏暗的灯光下苦读。一天，梁鸿在家不留神引起了火灾，不仅他的小屋被烧毁，大火还蔓延到了邻家，烧坏了邻居的部分财物。事后，梁鸿主动来到被火灾殃及的邻家，把自己喂养的那群小猪全都赔出。邻居一看梁鸿如此忠厚老实，贪心顿起，不肯放过梁鸿，说区区十几只小猪不足以抵偿他家的损失。梁鸿说："如今我孑然一身，没有任何财产可以赔你了，我给你家干活抵偿吧。"邻居答应了。

　　梁鸿成为无偿佣工之后，将邻人家的粗活细活统统包揽。辛勤劳作，绝无怨言。村里人见他举止不似常人，便为他抱不平，纷纷责备那位邻居贪心失礼。邻居也为梁鸿的宽厚忍让精神所感动，不仅不要梁鸿干活了，而且把那群小猪全部退还给他。梁鸿坚决不肯收回，说："火因我的过失而起，已给你家造成损失，我理应赔偿，哪能收回？"从此，村里人都非常尊敬梁鸿，认为他是一个忠厚有道德的人。梁鸿的名声也渐渐传了出去。后来，他见上林苑已无法安稳宁静地生活，便悄然回到了平陵老家。

　　梁鸿回到家乡后，耕种自给，读书养性。有权势的家族仰慕梁鸿的高尚节操，都想把自己的女儿嫁给他，梁鸿都一一回绝了。扶风县有一户姓孟的人家，虽不是高门大户，却靠经商聚积了不少钱财，算得上是当地数一数二的财主。孟家有一个女儿，长得粗眉大眼，体态肥胖，又丑又黑，力气大得可以举起石臼。这副容颜本来就使她的婚姻成为难题，但她偏又自视甚高，别人不挑她，她倒挑起别人来了，提亲的前后也有几家，但她都看不上眼，一概回绝。这样一拖延，三十岁了，这位孟女也还没有嫁出去。

父母终于失去了耐心，就问她："女儿，你到底要嫁个什么样的夫婿？"女儿不假思索地回答："我要嫁给像梁伯鸾那样的贤人！"父母认为女儿的这个念头荒唐之极，绝无实现的可能。可万没料到，梁鸿听到这个消息后，竟请人来下聘礼。孟家人喜出望外，满口答应；又担心梁鸿反悔，就马上议定了嫁娶之期。孟家女儿知道后，当然高兴，但并没有像她父母那样乐昏了头，而是很细心周到地准备陪嫁的物品，其中就包括做布衣、麻鞋的工具。

待到成婚之日，孟女被人打扮得花枝招展，头上珠光宝气，身着绫罗绸缎，脚穿青丝绣花鞋。一路吹奏弹唱，热闹非凡。然而，婚后一连七天，梁鸿都不讲一句话。第八天早上，孟女来到梁鸿面前，跪在地上恭恭敬敬地对他说："我早就听说夫子您有高尚的品格，立誓非您莫嫁；您也拒绝了许多家的提亲，最后选定了我作为结发夫妻。这使我倍感荣幸！现在我就要被您所弃，怎么敢不请罪呢？"

梁鸿听了，带着一种埋怨的口气说："我一直希望自己的妻子是位能穿粗布衣服的人，并且能与我同甘共苦，一起隐居到深山大泽之中。而你现在却穿着华丽，涂脂抹粉，一副贵夫人模样，这哪里是我理想中的妻子呢？"

孟女听了，不但不恼，反而满面欢喜，对梁鸿说："我这些日子的穿着打扮，并不是我的初衷，我只是想验证一下，夫君是否真是我理想中的贤士。其实，妾早就备妥了劳作的服装与用品。"说完，便将头发卷起来，穿上麻布衣服，架起织机，动手织布。梁鸿见此，又惊又喜，连忙走过去，笑容满面地对妻子说："这才真正是我梁鸿的妻子，能够侍奉我终身！"他怀着尊敬的心情，为妻子取名为孟光，字德曜，意思是她的品德如同日月那样显耀。

生活了一段时间，孟光就对梁鸿说："我早就知道夫君要遁世归隐，避开尘世的烦恼。但为何我们至今还不走？难道夫君还要向世俗低头，委屈自己，去入仕做官吗？"梁鸿忙说："贤妻说得好，我们马上隐居去吧。"于是夫妻二人悄悄地来到了霸陵（今西安市东北）山中，过起了与世隔绝的隐居生活。他们以耕织为业，吟诵诗书、弹奏琴瑟以自娱。梁鸿仰慕历代高行之士，因此为西汉初年"商山四皓"以来的二十四位高士撰写了颂词。

霸陵山离京畿不远。梁鸿夫妻隐居于此，终于被外人知道了，昔日平静、恬然的日子再也无法保持。因此，夫妻二人决定搬往人烟稀少的关东地区继续隐居。他们东出潼关，取道京师洛阳。看到洛阳城中巍峨、富丽的宫殿群，想到沿途所见老百姓生活的艰难，梁鸿就作了一首《五噫之歌》，讽刺统治者的生活奢侈和表达对老百姓苦难的关切。歌词大意是："登上高高的北邙山呵，噫！俯瞰那壮丽的帝都，宫殿巍峨蔽日啊，有谁同情百姓的辛劳……"

汉章帝得知这首歌后，龙颜大怒，传令各地捉拿梁鸿夫妻二人。好在梁鸿夫妻有意隐藏自己的行踪，终于没有落入官府之手。尽管如此，梁鸿也不得不改名期运，与孟光跋涉千里，在远离洛阳的齐鲁地区找到了一片属于他们的土地，继续过着他们理想中的生活。但齐鲁

举案齐眉

并非梁鸿所希望的净土。过了几年，他们隐居的行踪又被人发现，并最终传到了朝廷那里。

为了避免麻烦，他们从齐鲁地区南下到了吴地（今江苏境内），投奔当地大族皋伯通，住在皋伯通家宅的廊下小屋中，靠为人舂米过活。皋伯通开始倒未留意这个舂米人是何等人物。一天，他偶然看见梁鸿妻子孟光给梁鸿送饭，只见妻子恭恭敬敬地走到丈夫面前，低头不敢仰视，把装饭的盘子高举齐眉，请丈夫进食。皋伯通大吃一惊，心想：一个雇工能让他的妻子如此守礼，那此人一定是个隐逸的高人。他立即把梁鸿全家迁进他的家宅中居住，并供给他们衣食。

梁鸿已上了年纪，干体力活渐渐力不从心了，皋伯通热情款待他一家，又非常知趣，没盘根问底，梁鸿也就安心在皋家住下了。他晚年利用这段衣食不愁的宝贵时光，潜心著述，成文十余篇。由于长期颠沛流离的生活，繁重的劳动，使他积劳成疾，卧病在床。临终前，梁鸿对皋伯通说："我听说前代的高士都是不择生死之地，随遇而安葬。我死之后，请您千万不要让我的孩子把我弄回故乡去安葬。我既然死在吴地，就把我埋在吴地吧！"

梁鸿死后，皋伯通等人将其安葬在春秋战国四大刺客之一的要离冢旁，并说："要离断臂刺庆忌，是一个壮烈之士；梁鸿终身不出仕，是一个清高之士。就让他们二人长相依傍吧！"安葬完梁鸿，孟光带着孩子北上，回扶风老家，此后不知所终。

【前事后鉴】

这个故事所讲的梁鸿是一个隐士。隐士是中国古代文化中一个比较特殊的现象。隐士不是从梁鸿开始的，就是在东汉，还有一个和汉光武帝刘秀曾是同窗，曾经隐居富春江钓鱼的或许比梁鸿更有名的隐士严光严子陵。而且真要追溯起来，可以讲到尧帝时期的许由和巢父，孔子时代的老子、接舆、沮溺和战国时期的庄周等人。而梁鸿之后，自魏晋南北朝开始，历朝历代的五花八门的所谓隐士就多得不可计数了。

所谓"隐士"，就是隐居不仕之士。首先是"士"，即知识分子，否则就无所谓隐居。但光是读书人还不行，如果只是一个普通的知识分子，才学不高，德望不隆，也还算不得隐士。历代隐居的人不少，但真正称得上隐士的人则不多。《辞海》将"隐士"释为"隐居不仕的人"，没有强调"士"，并不确切。《南史·隐逸》给隐士下了一个定义：隐士"须含贞养素，文以艺业。不尔，则与夫樵者在山，何殊异也"。这是说一般的"士"隐居也不足称为"隐士"，须是有名的"士"，即"贤者"，亦即有才学，有德望，能够做官而不去做官也不作此努力的人，才叫"隐士"。《南史·隐逸》谓其"皆用宇宙而成心，借风云以为气"。因而"隐士"不是一般的人。

早期隐士，有自己的追求和志趣。孔子曰："隐居以求志。"隐居为求其志，而非消极无所求。从梁鸿一生的行迹来看，应该归属为孔子所说的"隐居以求志"一类的人。例如他一生都在刻苦读书从不止辍；例如他对帝王的奢侈的愤慨、对百姓的苦难的关切，都表现出他并非与世无争，不问世事。像梁鸿这样重视修身养德的人，在有了名气之后，要做官也不是没有机会，但他没有涉足官场，主要原因可能还是对现实的不满，尽管他生活的时代处于东汉前期，但从他所作的《五噫歌》来看，阶级矛盾和社会矛盾都在日益尖锐化，当时的人们，特别是统治阶级在对财富和名利的追求中所表现出来的庸俗与贪鄙，使梁鸿看到了人性的卑劣和官场的丑恶。严格地讲，梁鸿是一个理想主义者，古圣先贤尤其是那些淡泊名利、隐身林泉的岩穴高士，就是他要追步效法的榜样。对崇高道德和伟岸人格的追求就是他唯一的精神寄托。生命的意义不在于建功立业，而在于纯洁生命的本质，使其不为世俗的贪欲所浸染，因此梁鸿作为一个真正的隐士，他的一生都在为发掘生命的本真的意义而不懈地努力着，直到他临终的时候，嘱咐友人将他就地安葬，都表现出他淡泊超然、俯仰天地、以自然本真为依归的生命情调。这的确是要令后世如唐代卢藏用一类的走终南捷径的随驾隐士们汗颜的。

梁鸿的妻子孟光在历史上是以"举案齐眉"敬侍丈夫而闻名的。实际上孟光也算得一位女丈夫。她的高尚的品德修为不仅仅是今天在我们看来有些迂腐的"举案齐眉"一事来作为印证，而主要在于她是梁鸿的真正的知己和知音，在于她对功名富贵的鄙弃，在于她抛却安稳富有的生活而甘愿与丈夫四海飘零，穴居野处。这就说明，孟光的确不是一个平凡的女子，她的见识、她的行为、她的精神境界都已经超出了"平凡"！

　　一般地讲，隐士对社会并未作出什么贡献，社会的发展是靠不得隐士的。这话不是没有道理，古今论者于此所论甚多，兹不赘述。但在人类精神文明的发展进程中，真正隐士的精神则闪耀着人性的光芒，它昭示人们：生命存在的本身超出了一切物质实在的意义，生命的自由建立在不滞于物的基础之上。在现代社会，淡泊超远、轻薄名利的隐士精神或许能够有助于人性的复归！

【相关链接】

成语：

举案齐眉——梁鸿的妻子孟光送饭给丈夫时，总是将盘子举得高高的，不敢仰视丈夫。后来比喻夫妻相敬如宾。(《后汉书·逸民列传》)

作品：

《五噫歌》——东汉隐士梁鸿所作，歌曰："陟彼北芒兮，噫！顾览帝京兮，噫！宫室崔嵬兮，噫！人之劬劳兮，噫！辽辽未央兮，噫！"诗歌表达了作者对统治者淫逸骄奢的强烈不满和对劳动人民的深切同情。反映作者虽隐居不仕，但对社会现实却十分关注。(《后汉书·逸民列传》)

二十八、马皇后表率后宫

帝请曰："黄门舅旦夕供养且一年，既无褒异，又不录勤劳，无乃过乎？"太后曰："吾不欲令后世闻先帝数亲后宫之家，故不著也。"

——《后汉书·皇后纪》

东汉初年的明、章治世与一个女人也有关，她就是被史家所一再称道的明德皇后马皇后。

公元 58 年，汉明帝刘庄继承汉光武帝的帝位，继续推行光武帝治国之策，禁止外戚干政，严惩不法官吏，对百姓采取轻徭薄赋的政策，算得上东汉的一位贤明皇帝。而明帝的政绩与马皇后的辅佐也是分不开的。

马皇后是东汉开国功臣伏波将军马援的小女儿，身材高挑，面如满月，发似青丝。她自幼聪明好学，才思敏捷。父亲马援长期出征在外，母亲病重，哥哥也不幸死去。才十岁的她就开始当家理事，其机敏干练，俨然大人一般。汉光武帝建武二十五年（49 年），马援在出征途中病死，13 岁的马氏被纳为太子宫人，并深得光武帝皇后阴氏的赏识。

汉明帝即位时，马氏已22岁，被封为贵人，却尚未生子，明帝见马氏贤惠，就把另一个宫人生的皇子刘炟交给她抚养。并对马氏说："儿子不一定要是自己生的，关键在于怎么样付出爱心。"于是，马氏视刘炟如己出，对他的爱护关心超过了生母，两人建立了深厚的母子之情。由于汉明帝、皇太后都喜欢马氏，不久马氏便被立为皇后，刘炟则被立为皇太子。

明德皇后（39—79）马氏画像

马氏当了皇后，并不矫情傲物，待人仍像从前那样虚心有礼，不事张扬。她喜欢诵读《春秋》《楚辞》，尤其喜读《周礼》和董仲舒的《春秋繁露》。平常的穿着也十分朴素。其他嫔妃拜见她的时候，对她的穿戴表示不理解，问她为什么净穿一些不加花边的粗布衣服。马皇后笑着说："这种布料也不赖呀，染色之后不易褪色，所以我喜欢穿它。"嫔妃们听了都十分佩服她。

汉明帝喜好嬉戏游乐，马皇后总是找机会进行规劝，辞意恳切，常被明帝采纳。有一次，汉明帝带着后宫的嫔妃去濯龙园赏花。嫔妃们见马皇后没有来，纷纷请求派人去叫她。汉明帝摇摇头说："皇后本性不喜游玩，即使她来了，也不会快乐的。"由于马皇后的作用，汉明帝游玩的事就少多了。

汉明帝十五年，明帝打算按先帝之子一半的封地来作为诸皇子封邑的标准。马后就说："诸王子只有几个县的封邑,不是太少了点吗?"明帝说："我的儿子怎么能和先帝的儿子比呢?"汉明帝的这种公正无私、严于自律使马后十分感动。汉明帝见马皇后读书十分用功,就想试她的才识到底如何,他将一些奏章拿给她看,问她怎么处理。马皇后仔细斟酌了一会儿,就提出了自己的处理办法,条分缕析,讲得头头是道,深得明帝赏识。打这以后,汉明帝遇到难以决断的事,总是与马皇后商量,认真听取她的意见。而马后从来也不涉及自己的私事。所以明帝更加敬重她。

永元十八年(75年)汉明帝病逝,太子刘炟即位,就是汉章帝。马皇后被尊为皇太后。按规定,明帝的一些贵人都应当迁居南宫,马后感念旧情,对这些贵人都一一予以重赏,以使她们获得一些慰藉。马太后亲自动笔,写了一部汉明帝的《起居注》(记录皇帝的饮食起居、言行活动的文字材料)。汉章帝阅读之后,请求太后在《起居注》中加上他舅父马防侍奉汉明帝服药的事。章帝说:"我舅父没日没夜地服侍先帝一年多,太后不予记录功劳,也不给奖赏,这不有失公平吗?"马太后说:"我不想让后人知道先帝与外戚亲近的事,所以没有写上。"

汉章帝元年(76年),章帝又打算封爵诸舅,马太后没有答应。这年夏天,全国大部分地区发生了严重的旱灾。一些善于献媚邀功的大臣纷纷向章帝和太后上书,说这次旱灾是因为不封外戚引起的,劝皇帝封马防等人为列侯。汉章帝派人与太后商量,马太后当即下了一道诏书,大致的意思是:

封侯与否跟旱灾有什么关系呢?凡是请求给马家封侯的人,无非是讨好皇帝,求取富贵罢了。当年汉成帝在位的时候,外戚王氏兄弟五人于一日之内封了侯，也没听说老天爷下雨。汉武帝时窦婴、田蚡这些外戚，违法乱纪，横行无忌，虽显赫一时，最终没有一个不败亡的。因此先帝（明帝）才没有让马家的人担任中枢要职，也没有给他们封侯。我作为国母，仍然穿粗布衣裳，目的是为外戚做一个表率。前些日子我去濯龙园，那些来请安的外戚，车水马龙，连他们的奴仆也穿戴光鲜，一副华贵之态。而我的侍从的穿戴，简直不能相比。当时，我没有责怪他们。但打那以后，我就减少了他们的费用，好让他们多少有些内疚而收敛。知臣莫若君，何况是自己的亲属呢？难道我能辜负先帝的意愿，让西京吕氏、霍氏等外戚败亡的祸乱重演吗？

马太后的诏书使汉章帝深受感动。但他仍然向马太后恳求封其舅父马防等人为列侯，但又被马太后断然拒绝了。她坚定地说："高皇帝有约在先，无功不封侯。如今马家的人没有功劳，当然也不能封侯。我决心这样做，请皇上不必再犹豫了。"汉章帝无奈，只好按照马太后说的做。

马太后对娘家人历来管束极严。当初，她的母亲的坟冢略微高了点，她就叫其兄长稍加削减。娘家子侄如有孝义有德者，就给予奖赏；有纤介之过者，就严厉批评。这样一来，马家人都能奉公守法，而谁也不敢仗势非为了。

建初四年（79年），才43岁马太后就去世了。一代贤后在中国的历史典册中留下了她永远美丽的身影。

【前事后鉴】

在中国封建历史上，最为史家所称道的贤明有德的皇后可能要数东汉的马皇后和唐代的长孙皇后了（朱元璋的皇后马大脚或许也可算一个）。当然，贤明皇后也要有贤明的君主，她的贤德才能显现出来。长孙皇后的丈夫唐太宗乃是千古英帝，自不必说；而马皇后的丈夫东汉明帝，其德其才其功虽赶不上李世民，但也可以算得是东汉的一位明君。马皇后的成名，与这位皇帝也不无关系。

马皇后是东汉名将马援之女，她的贤德与良好的家教大有关系。马皇后的美德，除了能够讽谏皇帝勤于理政，且自己一贯不事张扬，生活节俭之外，最为后人所称誉的莫过于她一如既往地阻止娘家人封侯拜爵的事迹了（这一点连长孙皇后恐怕也比不上）。实际上，要做到这一点还真不容易。外戚专权在两汉都十分厉害，但专权之外戚没有一个有好的结局。马皇后在拒绝皇帝给她娘家人加封时所说的"西京外戚"，就包括汉初的吕氏家族和西汉后期的霍氏家族等权倾一时的外戚。而他们遭受灭亡的结果对马皇后来说，就是殷鉴不远的深刻教训。马皇后的一再拒封，说明她是一个清醒的、深明事理的女性，显然，她的目的是要通过拒封来保护娘家人，但客观上却起到了巩固了皇权，防患于未然的作用。可见马皇后是一个很有见识的人。

孟子云：生于忧患，死于安乐。马皇后深明此理，且行为戒惧。能够清醒地瞻睹未来，从长远打算，而不为眼前的既得利益所迷惑，这就是贤明的马皇后的过人之处，也是后人应该汲取的一种人生经验。

【相关链接】

成语：

车水马龙——车像流水，马像游龙。形容来往车马很多，连续不断的热闹情景。明德马皇后厉行节俭，反对奢华。她曾下诏说："前几天我路过娘家住地濯龙园的门前，见从外面到舅舅家拜候、请安的，车子像流水那样不停地驶去，马匹往来不绝，好像一条游龙，招摇得很。""车水马龙"一语即本于此。(《后汉书·皇后纪》)

含饴弄孙——含着饴糖逗小孙子。旧时形容晚年清闲的生活。汉章帝欲封诸舅爵位，太后马氏（即明德马皇后）坚辞不准，并表示自己不过问政事，只想含饴弄孙，过一种清闲的生活。(《后汉书·皇后纪》)

二十九、班固著史宣汉德

　　若固之序事，不激诡，不抑抗，赡而不秽，详而有体，使读之者亹亹而不厌，信哉其能成名也。

　　　　　　　　　　　　　　　　——《后汉书·班固列传》

　　东汉时期出现了一位与司马迁齐名的史学家，他就是一代良史班固。

　　班固，字孟坚，9岁时就会写文章、吟诗作赋。长大以后，博通经籍，深究诸子。他做学问，并不只师承一家，不搞章句之学，只了解文章大意而已。他性情宽厚，平易近人，从不恃才傲物，儒生们因此都很敬慕他。

　　东汉明帝永平（58—75年）初年，东平王刘苍，因为是皇帝的至亲而任骠骑将军，辅佐朝政，在东阁招揽英雄。那时班固才二十出头，他上书东平王，建议他纳贤授能，礼遇士人。刘苍深为赞许，采纳了他的意见。

　　父亲班彪去世时，班固回故里守丧。他认为父亲对《史记》续写的前汉史不够详备，于是潜心钻研思考，准备完成父亲的事业。不久有人上书汉明帝，告发班固私自改作国史，因此朝廷下诏郡府，逮捕班固，将他关押在京兆狱中，
并查抄了他家中的全部书稿。
在此之前，曾发生扶风人苏朗
谎称图谶入狱而死的事件。班
固的弟弟班超担心班固被郡府
严刑逼供，而不能为自己辩白，
就策马到宫门上书，受到皇帝
召见，班超向皇帝详尽讲述了
班固著述的意图。

　　恰在这时，郡守也将班固
的书稿送到朝廷，明帝阅览班
固的书稿，叹服他过人的才华，
就召他到京师，任命他为兰台
令史。让他与前睢阳县令陈宗、

班固（32—92）画像

长陵县令尹敏、司隶从事孟异共同修成《世祖本纪》一书。此后班固
被迁升为郎官，负责校订宫禁藏书。班固又撰述功臣、平林义军、新
市义军和公孙述的事迹，完成列传和载记二十八篇，奏上皇帝。明帝
于是又令他完成其原先所著的史书。

　　班固认为汉朝是直接继承了尧的天命而建立帝王基业的，到了第
六代汉武帝时，司马迁才追述汉朝功德，私下写作当朝前后始末，编
缀在前代各帝王的末尾，放置于秦皇、项羽之列，而汉武帝太初（前
104—前101年）以后的历史则空缺未载。所以他搜求编撰前人的记
录，收集所听说的史料，著成了在中国史学史上与《史记》齐名的
《汉书》。

《汉书》全书上起汉高祖，下迄汉平帝及王莽被杀。记述了十二代皇帝、前后二百三十年的历史。综述西汉一朝的业绩，将"五经"儒学融入其中，上下贯通，写成帝王本纪、表、志、传共计一百篇。班固自永平年间受汉明帝诏令开始，潜心积虑二十余年，至汉章帝建初（76—84 年）年间才完成写作。当时，人们很重视这部书，学者没有不诵读的。

班固自从做了郎官以后，越来越被汉明帝赏识。当时，京师洛阳正兴建宫殿，疏浚整治城壕，但关中父老仍然希望朝廷迁都长安。班固感怀西汉司马相如、吾丘寿王、东方朔等人虚构文辞，最终用来讽谏皇帝的做法，便奏上他所写的《两都赋》，盛赞洛阳城规模建制的宏伟，来驳倒主张迁都长安者的浮夸论调。

汉章帝即位，喜好文辞，班固越发得宠，多次进入皇宫给皇帝读书，有时竟一连数日昼夜不歇。章帝每次外出巡视，班固就献上赋和颂。朝廷有大政议论时，章帝就让班固应对公卿大臣的问难，在御前辩论。对班固的赏赐、恩宠都十分优厚。班固自认为父子两代有才学，但职位却未超过郎官，有感于东方朔、扬雄自述生不逢苏秦、张仪、范雎、蔡泽之世的做法，撰写《宾戏》一赋以自嘲。不久，班固迁任玄武司马之职。当时，汉章帝大会诸王和众儒生于白虎观，讲论"五经"同异，命班固撰写《白虎通义》。

那时北匈奴单于派遣使者向章帝进贡，想请求与汉朝和亲，章帝下诏征求群臣的意见。有人就对章帝说："匈奴是多变而诡诈的国家，没有归顺汉廷的诚意，只是因为惧怕汉王朝的威势，又特别害怕南匈奴，所以希望汉朝回访，借以平定内乱。现在如果派遣使者回访北匈奴，恐怕会失去南匈奴的亲附与友好，而使北匈奴的诡诈得逞，不能这样做。"

班固建议说："我私下以为，大汉兴建以来，已历数百年，常被夷狄战乱所困扰，尤其是与匈奴，更是交战频繁。或安抚，或攻战，不能拘泥于一，有时可以采取和平的方式，有时可以采用武力征服的途径，有时可委曲求全，有时则要临之以威。虽说政策因时而异，但是从未有过拒绝、放弃而不与他们交往的情况。于今匈奴主动纳贡称臣，请求和亲，乃是我大汉扬威之时。臣以为应照过去的办法，再次派遣使者，这样，对先朝是继承了宣帝五凤、甘露年间招致匈奴远道来称臣的会盟，对本朝则不丧失光武帝建武年间及明帝永平年间控制匈奴的大义。"

后来，班固因母亲的丧事而离职。汉和帝永元初年，大将军窦宪出征匈奴，任命班固为中护军，得以参谋议政。北匈奴单于听说汉朝军队出征，派遣使者到居延塞与汉军接触，想按照从前呼韩邪单于的旧例，到汉廷来称臣朝见汉和帝，请求汉朝对匈奴派遣大使。窦宪上书请求朝廷派遣班固代理中郎将之职。班固率领几百名骑兵与北匈奴使者一同出了居延塞，迎接北单于。但此时正逢南匈奴攻占北匈奴居地，班固来到私渠海，听说匈奴内乱，便率队返回了。等到窦宪谋反的阴谋败露，班固也受到牵连，首批被治罪罢官。

班固平素不怎么管教子女，以致儿子们多不遵守国家法度，当地官吏百姓都苦于常常被他们侵扰。起初，洛阳令种兢有一次出行，班固的家奴冲撞了他的车马，吏卒捶打并呵斥了那个家奴，那个家奴醉醺醺地破口大骂，种兢大怒，却又畏惧窦宪而不敢发作，因此怀恨在心。等到窦府的门客都被捕拷问，种兢趁机逮捕班固，班固就这样死在狱中。时年 61 岁。和帝下诏谴责种兢，把办案的小吏治了罪，以抵偿他害死班固的罪过。

【前事后鉴】

《红楼梦》中的《好了歌》中有这么两句诗："正叹他人命不长，哪知自己归来丧。"这两句诗很切合用来评价班固，班固感叹司马迁博识多知，见闻丰富，却不能以智慧使自己免于受刑的厄运，然而具有讽刺意味的是，班固自己也身受大辱，虽有智慧仍不能自保。这真如古人所说的：智慧如眼目，虽明察秋毫却见不到睫毛。

过去的史家对班固和他的《汉书》都给予了很高的评价。甚至班、马并称，将班固与司马迁相提并论，认为二人皆有良史之才。但班固与司马迁的为人有别，《汉书》与《史记》风格不同，这也是显而易见的。总之，司马迁的思想复杂一些，开放一些；班固的思想单纯一些，正统一些。《史记》写人写事，往往大开大阖，张扬个性，展露性情，更具有文学性；《汉书》传述史实，编排精当，毁誉不偏，进退有度，文辞丰赡而不杂乱，更具史学性。班、马二人及其著作风格的不同，除了他们各自的生活阅历有别之外，一个主要的原因就是他们所处的时代不一样。司马迁处于西汉武帝时期，这正是封建社会少年奋发的时期，尽管董仲舒当时提出了"罢黜百家，独尊儒术"的主张，但百家之说在当时还很有市场，司马迁的思想就杂有儒、道、墨、法、刑名等思想成分在内。《史记》所表现出来的纵横捭阖，不拘一格的风格与这种思想的包容性和开放性大有关系。而班固身处儒家思想大一统的东汉前期，诸子之说已降为儒学之虏，再也不能与儒学相抗衡，封建皇权思想、儒家的纲常伦理思想成为这一时期人们主导的思想，这就决定了班固以及他的《汉书》表现出明显的传统性与保守性。

不过，除了《汉书》本身的价值以外，班固在中国史学史上仍是有很大贡献的。第一，班固开创了断代史的体例，中国以后各朝代的史书的撰写都走的是班固的路子。第二，班固在中国古代地理学史中具有独特地位。班固的地理学成就主要体现在《汉书·地理志》中，《汉书·地理志》是从事中国疆域政区沿革研究的基础，是研究我国疆域地理、研究汉代地理的必读书目。

【相关链接】

著作：

《白虎通义》——东汉章帝建初四年（79年），皇帝亲自主持和召集当时著名的博士、儒生在白虎观讨论"五经"之同异。这场大讨论的由来，一是由于古文经学出现之后，在文字、思想、师说各方面都同今文经学派发生分歧，双方展开了激烈的斗争。自西汉武帝时占统治地位的今文经学派，为保住自己的地位，急需利用皇帝的权威制成定论，以压倒对方。二是自董仲舒的《春秋繁露》提出一整套"天人感应"的神学目的论的唯心主义哲学体系后，用神学解释经学之风便愈刮愈烈，到西汉末年，封建神学和庸俗经学的混合物谶纬迷信盛行起来，由于封建统治者的支持和提倡，迅速弥漫于学术思想领域。为了巩固封建统治的需要，封建皇帝也乐于出面，组织一场大讨论，以便使谶纬迷信和封建经典更好地结合起来，使神学经学化，经学神学化。在白虎观，博士、儒生纷纷陈述见解，章帝亲自裁决其经义奏议，后由班固等人整理编撰成《白虎通义》一书。《白虎通义》又称《白虎通》《白虎通德论》。这部书是今文经学的政治学说提要，广泛解释

了封建社会的一切政治制度和道德观念，成为当时封建统治阶级的神学、伦理学法典。(《后汉书·班固列传》)

作品：

《两都赋》——班固的《两都赋》分上下篇。上篇写西都（西汉都城长安，即今西安），下篇写东都（东汉都城洛阳）。《西都赋》写长安都城的壮丽宏大，宫殿之奇伟华美，后宫之奢侈淫靡，也极尽铺排之能事。但主旨却不是体现作者对它的赞扬，而是折之以法度，衡之以王制。《东都赋》写洛阳，虽也写宫室、田猎的内容，但比较概括，而从礼法制度出发，宣扬"宫室光明，阙庭神丽，奢不可逾，俭不能侈"，"顺时节而蒐狩，简车徒以讲武，则必临之以王制，考之以风雅"。基本态度是揆之礼法，东都虽光明神丽而更合乎王制。(《后汉书·班固列传》)

三十、班仲升投笔从戎

超乃顺风纵火，前后鼓噪。虏众惊乱，超手格杀三人，吏兵斩其使及从士三十余级，余众百许人悉烧死。……超于是召鄯善王广，以虏使首示之，一国震怖。

——《后汉书·班超列传》

东汉初期，有一位"投笔从戎"、受命出使西域，经过艰苦斗争，重新打通丝绸之路，成为我国历史上继张骞之后，为促进中、西方经济和文化交流作出了杰出贡献的英雄，他就是东汉著名史学家班固的弟弟，名叫班超。

班超，字仲升，平陵（今陕西咸阳市）人。他从小就胸怀大志而不拘小节，且恭谨仁孝，勤于家事。

班超（32—102）画像

青年时代的班超常给官府抄写文件，也替私人抄写书籍，得些报酬，补贴家用。这样经年累月，十分辛苦。有一天，班超抄写文件，心里觉得十分烦闷，忍不住立起身来，将笔猛地一扔，大声说道："大丈夫应该只有一个志向，那就是要像傅介子（西汉昭帝时曾为开辟西域立下战功）、张骞那样，立功异域，怎能长期把生命消磨在笔砚之间！"（成语"投笔从戎"本于此）

公元73年，班超投笔从戎，如愿以偿。当时，汉明帝派大将军窦固出兵攻打匈奴。班超随军出征，担任窦固手下的代理司马官职。由于他作战勇敢，屡立战功，得到窦固的赏识，派他出使西域，目的是联络西域各国，共同抗击匈奴。

班超奉命出使西域各国。经过长途跋涉，历尽千辛万苦，首先来到西域较大的鄯善国（今新疆南部鄯善）。鄯善王起初对他很恭敬，将他作为上国的贵宾招待，彼此十分友好。过了几天，匈奴也派使者来同鄯善国联络，由于匈奴使者的从中挑拨，鄯善王对班超的态度渐渐冷淡起来，并且产生了敌意。班超发觉以后，立刻召集同行人员，说明情况，研究对策，最后决定先下手为强，杀死匈奴使者，降伏鄯善王。

当时，虽然面临险境，同行人员仅有36人，但是班超勇敢果断，毫不畏惧，他说："不入虎穴，焉得虎子！眼前，我们只有迅速而主动地去找敌人拼命，才能够摆脱险境。"

这天深夜，班超率领36人，奔向匈奴使者的营地。夜里正好刮大风，班超先派10人，拿着鼓藏在匈奴使者营后，其余的人，各执弓箭刀枪，埋伏在营前两侧，然后乘风放一把大火，击鼓呐喊，一同杀出。匈奴没有防备，从睡梦中惊醒，不知道汉军有多少人马，吓得没命乱逃。当场，包括匈奴使者在内的 30 多人被杀，另有 100 多人被烧死。

第二天，班超请来鄯善王，把匈奴使者的首级提给他看，并且好言相劝，安慰了他一番。鄯善王这才心悦诚服，愿意同汉朝建立友好关系。

班超圆满完成出使任务，回到京都洛阳。汉明帝对班超这种足智多谋、胆大心细的举措大为赞赏，提升班超为军司马，命令他出使于阗。明帝让班超多带点人马，班超说："人多了，如果遇到意外事件，行动反而不方便，有这 36 人就足够了。"

于阗在鄯善西面，国势比较强，在那一地区称雄。班超一行人到了于阗，向于阗王转达了汉朝的友好愿望，希望于阗与汉朝结为友好关系。于阗王因为害怕匈奴，又见班超带的人少，对班超等人十分冷淡。有个巫师向于阗王出坏主意说："大王千万不能和汉朝通好啊！否则，会触怒神明降罪给大王。"他装神弄鬼一阵后又说："汉朝使者有匹好马，可以牵来杀了祭神，神明就会保佑大王的。"

于阗王派国相向班超讨马。班超对此事了如指掌，就说："可以，不过请让巫师亲自来牵马吧！"巫师果然得意扬扬地和国相来牵马。班超当即砍下巫师的头，打了于阗国相几百鞭子。接着，他提着巫师的头去见于阗王，责备说："敢于和汉朝廷不友好的人，巫师就是榜样！"

于阗王早已经听说班超在鄯善国的所作所为，看到这个场面，也吓得软了，当场表示愿意和汉朝建立友好关系。班超见于阗王有了诚意，就代表汉明帝送给他及于阗国大臣们许多礼物。

后来，班超继续出使西域诸国，帮助它们摆脱匈奴的束缚和奴役，使得西域五十余国全部归附了东汉。曾有一次，班超奉命准备回洛阳，疏勒、于阗等王侯将相痛哭挽留，抱住马脚不放，班超上书朝廷，请求收回成命，终于留了下来。班超从40岁出使西域，到71岁回到洛阳，在西域活动了31年，保护了丝绸之路的商旅往来，西域和内地的联系更加密切了。

班超被征召回洛阳，朝廷任命校尉任尚为都护，交接的时候，任尚对班超说："您在外国三十余年，我资力浅薄，难当重任，想听听您的教诲。"班超说："我年老糊涂，您多次担任要职，我哪里比得上您呢？如果您真要我说些什么，我就把自己不成熟的想法告诉您。塞外之人本来就不是孝子贤孙，他们大多是因罪而屯守边疆，加上边属小国的人很难驾驭，容易致乱。您平日为人性急严厉，要知道水太清就没有大鱼，治政过于明察精细就不能得到部下的拥戴，应该疏放简易，总之，只要抓住原则问题就行了，对于部下小的过错可以不必细究。"班超走了以后，任尚对自己的亲信说："我原以为班超先生有奇计妙策，现在听了他这一番话，也不过平常罢了。"任尚在任没几年，西域诸国就纷纷反叛汉朝。任尚也因此而被罢官戴罪回到洛阳，任尚落败的原因果真就像班超当年所指出的那样。

公元97年，班超任西域都护的时候，派使者甘英出使大秦（罗马帝国）。甘英到达波斯湾，被大海所阻。这次出使虽然没有到达大秦，却加深了对中亚各国的了解，为以后中西交通的发展提供了有利条件。

【前事后鉴】

在一个需要出生入死的英雄的时代，游走于翰墨之间的书生极有可能遭"百无一用"之讥。班超正是应了这样的时代需要而投笔从戎的。班超再次通西域，是历史上的一大壮举。班超在西域活动长达31年之久，他刚柔相济，恩威并施，平内乱，御强敌，使西域五十多个国家归附东汉，保护了西域的安全以及丝绸之路的畅通，为我国统一的多民族的国家的巩固和发展，作出了不朽的贡献。班超之所以能够成功，自然和他本人的才干有关：他胸怀大志，见识超群，灵活机敏，果敢无畏，这一切都反映了他优秀的个人素质。但他的成功还有其社会因素，他的再通西域，既反映了当时社会对打通西域的急切需要，其时又正处于东汉明、章盛世，有强大的朝廷做后盾，这也是班超得以成功的主要因素之一。可以说，是那个时代造就了班超这个杰出的英雄。

班超投笔从戎而功成名就，给了后人以深刻的启发。这就是人生的价值如何去实现的问题。试想班超若没有强大的汉朝廷做后盾，怎么可能以其36人的寡薄力量树威于西域三十余年？这说明个人的命运总是和国家、民族的命运紧密联系在一起的。为国家、民族的富强昌盛付出自己的才干与努力，才能最大限度地体现自己生命的价值；同样，只有国家、民族强大了，才能给个人提供一个更为广阔的发展空间，个人的理想抱负才能真正得以实现。但一个人要想获得成功，除了上述因素之外，还要具备过硬的自身素质，既要有卓越的才干，更要善于选择。哲人说过：人生就是选择。可见选择是多么重要！试想班超当初没有投笔从戎，而甘心老死于翰墨之间，凭着班超的才华，我们有理由相信他会在文学方面有一些建树，中国文学史上也可能载有他的名字。但他决不会成为一个驰名中外的外交家和一代名将。可见，正确的选择对一个人的成功是何等重要！

今天的人们尤其是年轻的朋友们，你从班超身上是否得到了这些启发呢？

【相关链接】

成语：

不入虎穴，焉得虎子——比喻不冒危险，不能成事。今也用来比喻不经历最艰苦的实践，就不能取得真知。班超一行三十六人，三十余年纵横西域，常奋不顾身，亲历险境。"不入虎穴，焉得虎子"的豪壮之语，充分表现了他那大智大勇、自信超迈的壮烈情怀，千年之下仍然激励人心！（《后汉书·班超列传》）

投笔从戎——意思是扔掉笔去参军。指文人从军。班超本来在京师帮人抄录文书，一日他扔笔于地，说："大丈夫应当有远大志向，应效法张骞等人在异域建立功勋，以获封侯。怎么能把生命消磨在笔墨之间呢？"（《后汉书·班超列传》）

释名：

乌孙——古代西域国家，初在祁连、敦煌间。汉文帝时，西迁至今伊犁河、伊塞克湖地区，都于赤谷城，以游牧为主。汉武帝元狩四年（前 119 年），张骞出使乌孙。汉武帝两次以宗女为公主嫁乌孙王。后属西域都护。南北朝时，又迁至葱岭北，与北魏关系甚密。近代哈萨克族中尚有乌孙部落。（《后汉书·班超列传》）

三十一、窦氏乱政颓汉室

宪性果急，睚眦之怨莫不报复。初，永平时，谒者韩纡
尝考勋父勋狱，宪遂令客斩纡子，以首祭勋冢。

——《后汉书·窦宪列传》

两汉时期外戚专权现象特别严重，但凡擅权专政的外戚又都没有好下场，这似乎是一个铁律，不信请看下面的叙述。

明帝当了 18 年皇帝后去世，皇子刘炟即位，是为章帝。章帝即位后，一改明帝时的严刑峻法，而行之以宽厚。章帝在后汉历史上也算是一个有作为的皇帝。但他封自己的三个舅舅为侯，开了后汉无战功封外戚为侯的先例，由此埋下了外戚擅权弄政的隐患。

章帝时后宫的争宠竞争十分激烈。当时，比较有名的后妃有窦皇后、宋贵人姐妹和梁贵人姐妹。汉章帝当初所立的太子是清河王刘庆。刘庆为宋贵人所生。窦皇后因为自己不能生育，而宋贵人之子被立为太子，担心自己的皇后地位不稳，就将梁贵人的儿子刘肇养为己子。后来，窦皇后将宋贵人陷害至死。刘庆被废，刘肇被立为太子。为了彻底清除对自己皇后地位的威胁，窦皇后又叫人捏造罪名，害死了刘肇的生母梁贵人。

章帝立窦氏为皇后，就加封皇后的哥哥窦宪为侍中、虎贲中郎将，窦皇后的弟弟窦笃、窦景、窦环也都在朝廷担任了要职。窦宪的曾祖父窦融是东汉初年河西的割据势力。后来，辅助光武帝统一天下有功，得到极高的待遇和地位。光武帝还和窦融结为亲家。窦融为人尚可，却不善于约束子弟，明帝时他的儿子窦穆和孙子窦勋都因为枉法被处死。窦皇后和窦宪、窦笃都是窦勋所生。马太后死后，外戚马氏式微，窦氏开始兴起。窦宪因为妹妹得到专宠，干了很多枉法之事。朝中贵族大臣没有不害怕他的。有一次，窦宪听说汉明帝的女儿沁水公主家里有一块好园田，就强行贱买了过来。章帝知道此事后，非常愤怒，在窦皇后的求情下，窦宪才免于问罪。在这件事上，章帝过于手软，虽然终章帝一世，窦宪也没有再得到任用，但还是为以后窦氏乱政埋下了隐患。

章和二年，当了13年皇帝的汉章帝去世，享年31岁。10岁的和帝刘肇即位，窦太后临朝听政。窦太后任命窦宪以侍中的身份主持机要，窦宪的几个弟弟也获得重用。又任命邓彪为太傅，邓彪为人仁厚，大权尽落在窦宪兄弟手中。窦宪其人，性暴情急，凡睚眦之怨，莫不报复。明帝时韩纡审理过其父窦勋的案子，窦宪派人杀了韩纡的儿子，拿人头到父亲坟前祭奠。都乡侯刘畅进京吊丧，因为经常进宫入见太后，窦宪担心会对自己有所不利，就派人刺杀了他。结果太后下旨调查，查出幕后主使竟是窦宪。杀宗室肯定是死罪，但窦太后还是出面袒护，让窦宪带兵攻打匈奴赎罪。于是，窦宪和耿秉去攻打北匈奴。前后两次攻战，居然灭了北匈奴。应当说，窦宪所灭的北匈奴，已经不能和西汉时的匈奴相提并论了，汉军又有南匈奴和西域诸国的配合，所以很容易地消灭了北匈奴。窦宪因为这个功劳被封为大将军，武阳侯，食邑二万户。他的弟弟窦笃为校尉，窦景为执金吾，窦环为光禄勋，不久，窦太后又让和帝下诏，封窦宪为冠军侯、窦笃为郾侯、窦景为汝阳侯、窦环为夏阳侯。窦宪的叔叔窦霸做了城门校尉，窦霸的弟弟窦褒、窦嘉分别任将作大匠和少府，窦家的其他子弟和亲戚，差不多都做了大官，这么一来，朝廷大权几乎全部落入窦家人的手中。

司徒袁安和司空任槐对窦家专权十分不满，就联名向汉和帝上书，揭发了四十多个依靠贿赂窦家升官的人，结果这四十多人全被罢官。窦家虽然特别痛恨袁安和任槐，但因他俩很有名望，也不好随意下毒手。新任尚书仆射乐恢，也趁机上书汉和帝，建议继续实行汉光武帝制定的不准外戚干预朝政的政策。窦太后看了乐恢的奏章，非常气恼。乐恢害怕遭到报复，就请求辞职告老还乡。得到批准后，窦宪仍然不肯放过准备还乡的乐恢，直到逼得乐恢服毒自杀才算罢休。

这以后，窦家的人更加骄纵横行，为所欲为，连他们的家奴也仗势欺人，作恶多端。整个洛阳城，只要一提起窦家，没有不害怕、没有不怨恨的。

永元四年，即和帝十四岁的这一年，司徒袁安抑郁而死。汉和帝就任命与袁安关系密切的大臣丁鸿为司徒，打算削弱并最终夺取窦家掌管的权力。当时，窦宪正驻防在凉州（今属甘肃），听说袁安死了。就决定带领人马回到洛阳，准备同他的女婿郭举及其父郭璜、穰侯邓叠、步兵校尉邓磊，合谋杀害和帝，由自己当皇帝。

汉和帝听到一些风声，本想召集丁鸿、任槐等大臣商议对策。可是，宫廷内外都是窦家的耳目，连找一个送信的人也找不到。因为接触不到大臣，和帝只好和身边的宦官们商量对策。宦官郑众（当时任钩盾令）谨慎机敏有心计，又不是窦氏的同党，所以和帝准备找他。除了宦官外，废太子清河王刘庆在铲除窦党中也发挥了很大作用，因为刘庆的太子之位是窦皇后阴谋废黜的，他当然痛恨窦家。和帝就以讲经为名，宣刘庆进宫。并派他去找千乘王刘伉借《汉书·外戚传》，寻找诛杀擅权外戚的证据。又命他去与郑众、丁鸿、任槐等人取得联系。于是，和帝与清河王刘庆，宦官郑众，大臣丁鸿、任槐等人合谋。经过周密策划，决定先撤换窦笃的卫尉之职，由丁鸿兼任，统领南北军；然后，宣召窦宪回京，趁他不备，将窦氏及其党羽一网打尽。

窦宪接到汉和帝要他回京的诏命，觉得正合心愿，就马上带领人马回到洛阳。汉和帝命大臣们到城外去迎接，犒劳窦宪、邓叠和他们手下的将士。于是，窦宪、邓叠各自归家，准备第二天去朝见皇帝。就在当天夜里，丁鸿派人关闭城门，将邓叠、邓磊、郭璜先抓起来杀了。与此同时，丁鸿他们又带领禁卫军包围了窦宪的将军府和窦笃、窦景、窦环的住宅。第二天，汉和帝命人收缴了窦宪兄弟四人的官印，强迫他们回到自己的封邑去。到封地后窦宪等人都被逼自杀了。几年之后，孤苦伶仃的窦太后也离开了人世。

宦官郑众由于在除灭诸窦中立有大功，被汉和帝封为大长秋一职，后来又封为鄛乡侯，食邑一千五百户。宦官封侯由此开始，这又为东汉后期宦官专权埋下了重大隐患，东汉后期的宦官专政的黑暗时代从此开始了。

【前事后鉴】

外戚是指中国古代帝王的母族或妻族，因为与皇帝异姓，故称

"外戚"。历代王朝外戚多凭借皇后、太后势力而把持朝政，权重势大，往往威胁皇权。外戚干政在两汉时期都特别严重。西汉初年，外戚干政就已经开始，吕后专政及诸吕擅权便是其例。景帝时的窦婴；武帝时的田蚡、卫青、霍去病；昭帝时的霍光等，都是以外戚身份而位高权重。霍光死后，宣帝借祖母家史氏、皇后家许氏除掉霍氏之势力，此后对史、许二家以及母王家、继后王家均大加重用，由此开外戚持续干政之祸。此后元帝皇后王家，哀帝祖母傅家、母丁家，都是西汉末有势力的外戚，尤其是元帝后王政君一家，更是长期专擅政权，最后西汉王朝终为王莽所篡。光武帝刘秀建立东汉以后，鉴于西汉末年皇权衰落，对外戚的势力有所削弱与防范，所以东汉之初的光武、明、章数代，外戚的力量作用于朝政的甚微。但刘秀在防范外戚的同时，为了加强皇权，又不断削弱三公权力，把行政权交予内朝的尚书，为任职于内朝的外戚和宦官得以主弄权柄、把持朝政开启了方便之门。加之汉和帝以后，君主大多年幼即位，太后临朝，重用外戚，使外戚得以擅权。等到小皇帝长大以后，他就利用宦官势力以夺回外戚之权，使宦官得以乘机干政。到新主嗣位，新的外戚和宦官又相继起而擅权。所以说，特殊的政治背景，才是外戚、宦官得以擅权的主因。

但历来占据高位，擅权干政，都要冒很大的政治风险。在充满血腥味的权力的角逐场上，没有永远的赢家。而失败则是必然的——即便你得势时循规蹈矩，区别只是时间的远近长短罢了。这在一生谨慎的外戚西汉霍光和东汉邓骘等人及其家族的最终命运上可以得到证明。窦宪及其宗族最终覆灭的结局，既是由于他作恶多端的结果，也是统治阶级内部权力斗争的必然结局。封建帝制才是产生这一切政治惨剧或闹剧的真正根源。

【相关链接】

成语：

睚眦必报——极小的仇恨也要报复。本传说窦宪性格暴烈，心胸狭窄，细小的私怨也一定报复。这种人一旦大权在握，必然制造血腥，而其本人的结局也必然是果报结束。（《后汉书·窦宪列传》）

官职：

三公——《礼记》等书以为三公指司马、司徒、司空。古文经学家则据《周礼》以为太傅、太师、太保为三公。三公是协助国君掌握军政大权的最高官员。秦与西汉前期以丞相（西汉末改为大司徒）、太尉（西汉末改为大司马）、御史大夫（西汉末改为大司空）为三公。东汉以太尉、司徒、司空为三公，综理众务，以太傅为上公。三公亦称三司。三国初所置三公与东汉同，但都不参预朝政。晋沿置。北周以太师、太傅、太保为三公，但无实际职权，仅为大臣虚衔。唐以太师、太傅、太保为三公。宋沿唐制设三公，为宰相、亲王的加官。明清相沿设三公。《后汉书·窦宪列传》

三十二、究天理张衡铸器

其牙机巧制，皆隐在尊中，覆盖周密无际。如有地动，
尊则振龙机发吐丸，而蟾蜍衔之。振声激扬，伺者因此觉知。
虽一龙发机，而七首不动，寻其方面，乃知震之所在……

—《后汉书·张衡列传》

公元 94 年，在通往汉朝故都长安的路上，一个 16 岁的英俊少年
正不畏艰苦，跋涉求师。他就是东汉伟大的科学家、世界第一架地震
仪的创造者、地震学的开山鼻祖张衡。

公元 78 年（东汉章帝建初三年），张衡诞生在山清水秀、风景优
美的南阳石桥镇（今属河南）。父亲早逝，张衡少年失怙，家境十分
艰难。贫困的生活，更加激发他刻苦忘我地学习。十多岁的时候，他
就读了很多书，写得一手好文章，开始有了些名气。到了十五六岁的
时候，有个地方官劝张衡："我看你才学出众，想推荐你去做孝廉怎
么样？"张衡谢绝了地方官的推荐。他要壮游天下，访师求学，实现
他更为远大的人生抱负。

公元 94 年，张衡收拾行装，离开家乡，踏上了游学的征途。他
先后游历了西京长安和东京洛阳。在这期间，他不辞辛苦，求师访

友，结识了马融、窦章、王符、崔瑗等许多著名学者和优秀青年，特别是在天文、数学、历数等方面都很有造诣的崔瑗，对张衡影响很大。他们经常在一起研究问题，交换心得。后来张衡能够进一步研究天文、物理等科学，与崔瑗的影响是分不开的。

对自然科学的钻研，让张衡有了更为强大的学习动力。从此，他读书更加认真刻苦，孜孜不倦。从公元108年开始的三年之中，张衡一直在家专心学业。一天夜晚，已经是五更天了，月落星稀，即将破晓，张衡还在聚精会神、不知疲倦地钻研着扬雄的《太玄经》，他看到书里面涉及好多有关天文、历法、数学的知识。读着读着，张衡顿觉豁然开朗。茫茫无际的宇宙有着无穷的奥秘，等待人们去揭晓，张衡对天文、历法有了更加浓厚的兴趣。他一边忘我地读书，一边刻苦实践，开始制造科学仪器，对天文现象进行详细的观察和长期的测量。当时了解张衡的人，对他这种刻苦好学、坚韧不拔的毅力，十分赞佩。他的朋友崔瑗曾称赞他的学习态度是"如川之逝，不舍昼夜"；张衡死后，崔瑗又称赞他的才华是"数术穷天地，制作牟造化"，这些的确是对张衡最恰当的评价！持之以恒是科学家必备的心理素质，张衡的恒心与毅力是惊人的。这从他仅写作《二京赋》一文就花了十年的时间才"精思傅会"而成就可以看出来。

公元119年（汉安帝元初六年）2月的一天，京师洛阳突然间高温酷热，风狂雨骤，电闪雷鸣。不一会儿，天空出现了一道道灼亮的闪光，随之又有隆隆的响声，接着大地摇晃，山崩地裂，有的地方地坼涌出洪水，有的地方城郭房屋倒塌，百姓伤亡无数。这是当时发生的一次大地震，京师洛阳和其他四十多个郡国地区，都或重或轻地遭到了地震的袭击和灾害。这年冬天，又发生了第二次大地震，地震范围波及八个郡国。在中国历史上，东汉时期发生地震的次数比较多，从公元 92 年以后的十多年内，几乎连年发生地震。根据《后汉书》的记载，从公元 96 年到 125 年的 30 年中，就有 23 年发生过较大的地震。张衡一生遇到过好多次地震，据统计，从公元 92 年到 139 年间（张衡 15 岁到他去世的那一年），京师洛阳和陇西共发生地震 20 次，其中大约有 6 次是破坏性地震。当时，由于缺少知识，百姓们对这些地震现象怀着非常神秘和恐惧的心理，不知所措。张衡亲眼见到了地震给人们带来的灾难和痛苦，决心研究地震。他认为地震是可以预测、可以认识的自然现象。于是苦心琢磨，下决心制造出一种能够用来观测地震的仪器，预防地震，解除人们的痛苦。

由于张衡长期居住洛阳，对地震有不少亲身的感受和体验，积累了许多第一手资料。公元 115 年（东汉安帝元初二年），他担任太史令（掌管天象学、历数学和传习学问的官职）之职，这让他的研究工作如虎添翼，使他更有条件进一步开展地震科研活动，有力地促成了他在天文学上的成就和地动仪的发明。地震发生后，上报的信息都由他记录。为了掌握各地震情，他也更感到需要仪器来观测。需要就是动力，频繁的地震灾害促使张衡长年累月孜孜不倦地研究如何预防地震的问题。他破除迷信，深入研究相关资料，借鉴民间有关经验。这样一连苦苦钻研了六年，终于研制成功了世界上第一台观测地震的仪器——候风地动仪。这是我国地震学系统研究的开端。

地动仪是用青铜铸成的，圆柱直径为汉制的八尺，上下两部分相合盖住，中央凸起，形状像个酒坛子，仪器的表面装饰着篆文、山、龟、鸟兽等各种纹饰。仪器中间有根粗大的铜柱，在大柱的周围，设有四根横杆，交叉起来，按照东、西、南、北、东北、东南、西北、西南八个方向安置，和外面的八个龙头相衔接，中间设置了开关用来拨动各个机件。仪器的外面有八条龙，每条龙嘴里都衔着一粒小铜球，八条龙的正下方各有一只铜蛤蟆，昂着头，张着嘴巴准备随时接住龙口中吐落的小铜球。这种仪器的枢纽和各种机件构造十分巧妙，都隐藏在酒器似的外壳里面，盖上盖子，四周严密得一点缝隙也没有。如果哪个方向发生了地震，传来了地震的震波，机关发动起来，哪个方向的龙嘴就张开吐出钢球，"当啷"一声落在铜蛤蟆的嘴里，看守的人听到响声，跑去一看，立刻就知道地震发生的日期和地震的方向。地震时，相应方位的一条龙作出反应，而其他方位的七条龙却纹丝不动，顺着有所反应的那条龙的方向，就能够知道地震所在的方位了。

候风地动仪的制造成功，是张衡在科学上所取得的最卓越的成就。

张衡在天文学的理论和实践上，都达到了当时最高的成就。他常常亲自观察天象，摸索日月星辰运行的规律，用了七八年苦功，经过无数次的研究、观察、测验，到公元117年，制造成功了世界上第一架自动的天文仪器——浑天仪。张衡把研究的成果写成一本书，叫作《灵宪》，对天体星象、日月星辰的观测都有详细的分析和说明，并且画出了我国最早的星图。他的《灵宪》和浑天仪都是我国古代天文学方面极其重要的科学成就。尤其是浑天仪提供了极其优秀的观测天象的方法，对以后天文学的研究有着很大的启发作用。

由于连年发生大地震，破坏性极强的大风灾也时常发生。针对风灾，张衡感到需要观测气象，创造一种风向计，以便为防止风暴袭击起到科学预报作用。他在五丈高的竿上，立起一只衔花的铜鸟，随风而转，可以看出风向，这就是候风仪，一般和地动仪合称为候风地动仪，又叫相风铜鸟。这和西方装置在屋顶上的候风鸡相似，不过，西方在 12 世纪时才有候风鸡的记载，比张衡的创造晚 1000 多年。

科学与迷信总是水火不相容的。东汉时期，谶纬之学（荒诞迷信之说）盛行，对张衡的科学发明，一些奉行谶纬迷信之说的人予以肆意攻击，但张衡不为所动。坚持以科学的真理来说服他们。在张衡去世前的一年（公元 138 年），一天，张衡正与同僚们在一块饮酒，地动仪上头朝西那条龙嘴里的铜球，突然"当啷"一声，落了下来，但洛阳城却十分平静，没有地震的感觉，连酒杯里的酒都纹丝没动。于是，同僚们议论纷纷，认为候风地动仪预测不准。张衡却坚信说："咱们等事实说话吧。"过了几天，驿官果然从千里以外的陇西，带来了甘肃兰州、临洮地区发生地震的消息，正是候风地动仪指示的方向，在铁的事实面前，同僚们不得不"服其妙"了！

永和元年（136 年），张衡离开京都洛阳，出任河间王的相国。当时，河间王刘政淫逸骄奢，不遵法度，与当地一些豪强大族狼狈为奸。张衡到任，即整治法度，恩威并用。他暗中查得奸党的姓名，将他们一网打尽。从此河间之地政治清明，百姓安居。张衡在职三年，即上书告老还乡，朝廷又征召他为尚书，担任朝廷的中枢要职。

公元 139 年，张衡在洛阳去世，享年 62 岁。一颗科学巨星陨落了。

【前事后鉴】

1800 多年以前，张衡的地动仪，就能准确地测出千里以外的地震，这是多么了不起的成就呀！地动仪里面机关的构造设计，可能在隋唐时期传到了波斯（今伊朗）和日本。《后汉书》中关于地动仪的记载，从 19 世纪以来，被译成多种外文，传播于世界。波斯直到 13 世纪才有类似的地震仪在马拉哈天文台中出现。欧洲在 18 世纪才发明用水银溢流来测报地震的简陋仪器，近代的地震仪到 1880 年才制造出来。它的原理和张衡的地动仪基本相似，但是时间却晚了 1700 多年。因此，张衡被公认为世界地震学的开山鼻祖。

河南石桥西南的鄂城寺，相传就是东汉时西鄂县城旧址，鄂城寺东侧的夏村寨，就是张衡旧宅所在地，现在叫作平子读书台，这一古迹说明了祖国人民对张衡的敬仰与纪念。张衡一生，努力学习，刻苦钻研，认真实践，孜孜不倦，精益求精，从不骄傲自满。知识广博而精深。文学方面有他杰出的代表作《二京赋》；天文历算上，他有空前卓越的发明，有对圆周率的研究，制造了浑天仪和候风地动仪；机械制造上，有他独特技巧的指南车和计里鼓车；在学术思想上，他坚持着反谶纬神学的斗争；在政治实践上，他曾是颇有政绩的地方官。这些丰富而珍贵的功劳业绩，在我国历史和全世界科学史上都占着崇高的地位，值得我们纪念和学习。正如郭沫若题张衡墓前碑记写的："如此全面发展之人物，在世界史中亦所罕见。"

今天我们学习张衡，就是要学习他热爱科学、追求真理的锲而不舍、百折不挠的精神，学习他不计名利、求真务实的科学态度。"科学有险阻，只要肯登攀"，张衡以他一生的光辉实践告诉后人，生命的奇迹在于努力创造，科学的成就源自不懈的追求。人生的价值不在于名利富贵，而在于对社会、对国家和对历史的奉献。张衡——一个永远响亮的名字！

【相关链接】

举荐制度：

孝廉——汉代选拔官吏的科目之一。始于董仲舒向汉武帝的奏请。本来是两种科目，孝是孝子，廉是廉洁之士，后来才合称为孝廉。元光元年（前134年），汉武帝"初令郡国举孝、廉各一人"，郡国岁举孝廉的制度从此确立。汉武帝以后，孝廉成为士大夫仕进的主要途径，被举的孝廉，多在郎署供职，由郎升迁为尚书、侍中、侍御史，或外迁县令、丞尉，再迁刺史、太守。汉朝以后的各代也常由地方举孝廉，隋唐只举秀才而不举孝廉。明清俗称举人为孝廉。(《后汉书·张衡列传》)

天文：

浑天仪——东汉科学家张衡创制的测量天体的仪器，也称"浑仪"。它是一种水运浑象，铸铜成球，上刻二十八宿、中外星官和黄道、赤道、南极、北极、二十四节气、恒显圈、恒隐圈等，用一套转动机械把它和漏壶结合起来。用水壶流水控制浑象，使它和天球同步转动，以显示星空的周日视运动，如恒星的出没和中天等。它有一个附属的机械结构，叫作"瑞轮蓂荚"。这是根据《白虎通·封禅》记载取名的一种机械日历，有传动装置和浑象相连，从每月初一开始，每天生一叶片，月半以后，每天落一叶片。漏水转浑天仪用的是两级漏壶，这是现在所知的最早关于两级漏壶的记载。它的受水壶也是两个，壶盖上各有一个左手抱箭，右手指刻的金仙人，一人指示白天的时间，一人指示夜里的时间。浑天仪对后来天文仪器的影响很大，唐宋以来在它的基础上发展出更复杂更完善的天象表演仪器和天文钟。(《后汉书·张衡列传》)

三十三、邓骘无罪遭横祸

骘以不与谋，但免特进，遣就国。宗族皆免官归故郡，
没入骘等赀财田宅，徙邓访及家属于远郡。郡县逼迫，广宗
及忠皆自杀。又徙封骘为罗侯，骘与子凤并不食而死。

——《后汉书·邓骘列传》

古人云：盈则溢，盛则衰。这句话揭示了事物转化的必然规律。
东汉外戚邓骘尽管规行矩步，但还是没能逃脱这种盛极而衰的命运。

邓骘，字昭伯，年青时被大将军窦宪征召到幕府。后来，邓骘的
妹妹被封为贵人，邓骘兄弟便都被任为郎中。邓贵人被册立为皇后，
邓骘又经过三次升迁，任虎贲中郎将，他的几位兄弟邓京、邓悝、邓
宏、邓阊都升任黄门侍郎。延平元年（106 年），邓骘被委命为车骑
将军，仪同三司（即享受司徒、司空、太尉一样的待遇）。仪同三司
的官职就是从邓骘开始的。

殇帝逝世以后，邓太后和邓骘等人商定拥立了安帝。自从和帝逝
世以后，邓骘兄弟经常居处在宫中。邓骘是个谦逊谨慎的人，他不想
长时间住在宫禁之中，就屡次请求回到自己的宅第中去，一年多以
后，邓太后才应允了他。

永初元年（107 年），邓
骘兄弟四人皆封侯（邓京已病
逝），食邑各万户。邓骘因为
曾与太后拥立安帝有功，还增
加食邑三千户。邓骘等都辞谢
推让，不被获准，于是邓骘上
疏陈述自己的意见说：

"我们兄弟都才庸德薄，
没有尺寸可用，很惭愧地居于
外戚之位，而生逢清明的时
代，承受浩荡的皇恩，居于朝
班之列，而光耀当世。却不能
弘扬圣明的风化美德，有补于

邓骘（？—121）画像

圣明的教化，实在惶恐不安，于心有愧。陛下秉承天命，心怀仁德。
当国家遭难之际，幸赖陛下运日月之光，独断乾纲，拯救汉室。我等
兄弟于此无尺寸之功，却受到过分推举褒奖，深感惊惶惭愧。

"回顾前代外戚覆亡的教训，静处反思，不寒而栗。我们虽然没
有远见卓识，但心存畏惧，母子、兄弟之间，经常互相告诫，希望能
够正直谨慎、敬天畏人，忠心辅政，以求上不负皇恩，下保全性命。
朝廷给予的名分，我们铭记在心，我们忠于朝廷至死不变，却不敢贸
然地接受爵禄与封地，而增加罪过，诚惶诚恐，冒死请求。"

太后不准，邓骘接连五六次上疏，才被允许。

这年夏天，羌人叛乱，震动了整个凉州，朝廷为此忧虑。于是诏
令邓骘率军征讨西羌，皇帝亲自到平乐观为邓骘饯行。邓骘西进，屯

兵汉阳，派征西校尉任尚、从事中郎司马钧与羌人作战，结果大败。当时，军需转运困难，百姓苦于劳役，朝廷只得诏令邓骘撤兵。

虽然这次没有打胜仗，但因邓骘是太后的至亲，朝廷派五官中郎将去迎接他，封他为大将军。邓骘的军队刚到河南，朝廷就派大鸿胪远道迎接，中常侍送牛肉酒食到郊外劳军，亲王、公主以下达官贵人都在路旁迎候。邓骘到京以后，朝廷大会群臣，赏赐邓骘束帛、马匹，恩宠显耀，震动了京都和边远的地方。

自永初元年（107 年），接连两年遭遇各种灾祸，百姓饥寒，饿殍仆道，盗贼蜂起，四境扰攘。邓骘等朝中显贵崇尚节俭，罢免劳役，荐举国内贤士何熙、羊浸、李部、陶敦等到朝中任职，征召杨震、朱宠、陈禅，让他们参加自己的幕府，于是天下恢复了安定。

永初四年（110 年），邓骘的母亲新野君病危，邓骘兄弟给皇帝上书请求回乡侍奉母亲。邓太后觉得邓阊最小，又特别孝顺，只准许了他的请求，赐给他车辆马匹。不久，新野君逝世，邓骘兄弟又要求退职服丧，接连呈上奏章，太后才准了他们的请求。邓骘兄弟回乡之后，一起居住在母亲坟旁。服丧期满后，朝廷下诏让邓骘等还朝辅政，仍授予上蔡侯等爵位，邓骘兄弟叩头坚决推让，朝廷才收回成命。于是将邓骘的官衔定在三公之下，国家有重要的计议，便请他们到朝堂和公卿商量。

公元 115 年，邓骘的弟弟邓弘去世。邓太后着齐衰，安帝着缌麻（齐衰、缌麻，都是古代的丧服），一起留宿在邓弘宅中守灵。邓弘年轻时研究欧阳生所传的《尚书》，曾在宫中教授安帝，许多儒者都跟随他。邓弘刚发病时候，便留下遗嘱说，他死后要全用平日穿过的旧衣服装敛，不得用锦衣、玉匣。有关官吏奏请朝廷追赠邓弘为骠骑将军，封西平侯。邓太后回想邓弘生前的意愿，不加官，不赠衣服，只赐钱一千万，布一万匹，邓骘等人仍然辞让不受。有人建议为邓弘举行隆重的葬礼，规格等同于西汉霍光的葬仪。邓太后也没有批准。

邓家自祖父邓禹开始，家风很正，教子有方，子孙都很遵守法度，以窦皇后家族覆灭的故事引以为戒，检察告诫族人，世代力求闭门静居。中郎将任尚曾送给邓骘的儿子侍中邓凤马匹，后来任尚因盗窃军粮被判罪，用囚车解送到朝中交廷尉究办，邓凤担心事情泄露，先向父亲邓骘坦白认罪，邓骘畏惧太后，便剃了妻子和邓凤的头发向朝廷道歉，承担自己教子不严的责任，天下人士都称赞邓骘这种自责自律的精神。

公元 121 年，邓太后去世，遗体还未入棺，安帝就重申前次诏令，封邓骘为上蔡侯，加特进官位。安帝自小就聪明敏捷，很为人称道，长大以后，却多有不道德的行为，乳母王圣见邓太后久久不把朝政交给安帝，担心太后要把安帝废了，就常常和中黄门李闰一起在太后左右窥探。等到太后逝世，一些曾经受到处罚、心怀怨恨的宫人，就诬告邓悝、邓弘、邓阊他们，说他们曾与尚书邓访商量，图谋另立平原王刘得为帝。

安帝听说这件事后，十分恼怒，命有关官员上奏弹劾邓悝等人大逆不道，于是将邓氏兄弟都贬为普通百姓。邓骘因为不曾参与谋划此事，只被免去特进官衔，被送回了他自己封地。邓氏族中在职人员都免去官职，遣送回乡。邓骘等人的钱财田地、房屋没收归入朝廷，邓访及其家属被迁徙到边远的地方，后受到郡县地方官吏的逼迫，邓广宗和邓忠都自杀了。又改封邓骘为罗侯，邓骘和他的儿子邓凤都绝食而死。邓骘的堂弟河南尹邓豹、度辽将军舞阳侯邓遵、将作大匠邓畅都自杀，只有邓广德兄弟因为母亲是安帝阎皇后的亲戚才得以留在京城。

大司农朱宠对邓骘无罪遇祸感到悲痛，便袒露上身，跟在载着邓太后棺木的车后边，上疏为邓骘争辩说：

"臣以为和熹皇后圣明良善，是汉朝的良母。她的兄弟忠孝两全，同心辅国，因而使宗庙有主，王室有了依靠。邓骘兄弟功成身退，辞谢封国，推让官位，历代的外戚没有能与邓骘兄弟相比的。他们应当享受心地良善、行为谦恭的福分，却意外地被宫人片面之词所陷害。邓骘兄弟的罪行没有明白的证据，案子不经过审讯，便使邓骘等人随意遭到如此残酷的惩罚，一门七人，同时死于非命。尸骨流散，怨魂不归，不顺于天，使人感叹，四海之内为此颓丧。应当将死者的骸骨收葬邓氏家冢，爱护邓氏孤儿，使他们成长，承嗣香火；以此向邓骘等人的亡灵道歉。"

朱宠知道自己言辞激切，就自己到廷尉衙中投案，皇帝果然下诏，免去了他的官职，让他回归乡里。众人大都来替邓骘鸣冤，安帝心中略有醒悟，于是责备地方官吏逼迫邓广宗等人之事，将邓骘等人的骸骨还葬于洛阳北邙山邓氏旧坟，三公九卿都来参加葬礼，大家都很悲伤。

皇帝诏令派使者用中牢祭奠，让邓骘的堂兄弟都回到了京城。到了顺帝即位，追念邓太后的恩德教训，哀怜邓骘的无辜，便诏令恢复已故大将军邓骘宗亲的内外官职，参加朝会都如同从前一样。任命邓骘兄弟的儿子及其幕府中的从事十二人都为郎中，并提拔曾为邓骘鸣冤的朱宠为太尉，录尚书事。

邓氏家族自光武中兴以后，世代受宠，地位高贵，封侯的就有二十九人，在东汉没有哪个家族能与之相匹。

【前事后鉴】

两汉的外戚，前后共有十余姓，不是只因为极端地强横不法，自取灭亡；像邓骘兄弟一生谨慎有加，最终也落得个冤死的结局，的确令人惋惜与深思。倒是史家看出了个中原因。那就是即使大权在握的外戚心存势败族诛的畏惧，战战兢兢，如履薄冰，循规蹈矩地行事，但一定会留下事端给后来的君主，而导致颠覆。其原因就是他们不得不灭。为什么呢？这就是他们与后来的君主恩情未结，可他们早已有了权势；后来的君主和他们感情疏远而对他们的礼数又不可不重，委曲求全同他们图谋政事；君主要给他的新宠授以要职，外戚早已占据了要害的位置，这就迫使君主必须除旧才能授新；当君臣之间有了裂痕，外戚的势力开始衰败，进谗言的人就可以将他们打败了。

史家的这种见解不可谓不深刻。但还要注意的一点就是，新皇帝对位高权重的前朝元老重臣总是有敬畏之心的，而皇帝本应是至高无上的，在他面前总站着一个令他畏惧的人在那里碍手碍脚的，他能不有所忌讳而寻找机会除掉你吗？所以说，执掌中枢权力的要臣，不管你是外戚，是宦官，还是三公，也不管你是横行不法犯下滔天罪恶，还是你谨小慎微，规矩守法，一旦皇帝把你当作绊脚石、眼中钉，你的结局都一样——败家亡身。这就是邓骘、邓悝兄弟虽远远地放弃了一时的权柄，忠心效命汉王朝，而终究不能避免灾难的根本原因！

邓骘的蒙冤，是在邓家的政治靠山邓太后死后尸骨未寒之时，汉安帝即听信谗言打击邓氏家族，逼迫邓骘兄弟自杀，其个中原因，除以上所说的之外，还有可能就是汉安帝借打击邓氏家族发泄一下长期受制于邓太后的不满。可他这一发泄，就是多条人命，足见"伴君如伴虎"这句话是多么形象而真实！

【相关链接】

丧制：

齐衰（音 zī cuī）——古代丧服分五个等级，即斩衰、齐衰、大功、小功、缌麻，又称"五服"，按照生者和死者之间亲属关系的远近而制定。齐衰是五服中次于斩衰的丧服。用熟麻布缝边整齐，故称齐衰。据《仪礼·丧服》，齐衰按居丧期分为四等：一、齐衰三年，是父已去世而子为其母、母为长子的丧服；二、齐衰杖期，杖是丧杖，期是一年，是父健在而子为其母，夫为妻的丧服；三、齐衰不杖期，是男子为伯父母、叔父母、兄弟、众子（长子以外之子）所持的丧服。又，已嫁女子为父母、媳妇为舅姑（公婆）孙和孙女为祖父母也是齐衰不杖期；四、齐衰三月，是为曾祖父母的丧服。（《后汉书·邓骘列传》）

三十四、马融讲学列女乐

　　融才高博洽，为世通儒，教养诸生，常有千数。涿郡卢植、北海郑玄，皆其徒也。善鼓琴，好吹笛，达生任性，不拘儒者之节。居宇器服，多存侈饰。常坐高堂，施绛纱帐，前授生徒，后列女乐，弟子以次相传，鲜有人入其室者。

——《后汉书·马融列传》

　　他是通儒，因为几乎他之前的儒家经典他都有所研究，并有专著问世；但他不是纯儒，因为他没有人们心目中所谓纯儒那样谨守儒规，他的生活甚至可以说比较放荡，例如他讲学的排场是"前授生徒，后列女乐"等等。这个儒学研究领域里的奇才、怪才，就是东汉时期的马融。

　　马融，字季长，扶风茂陵（今西安附近）人，父亲马严曾官至将作大匠。马融貌美儒雅，才华出众。当初，京兆人挚恂不肯做官，隐居在南山，招纳生徒讲授儒学，在关西一带很有名望。马融拜他为师，经过多年的刻苦努力，马融成了一个通晓儒学经典，博览诸子百家的"通儒"。挚恂见马融才华超群，就将女儿嫁给他为妻。

　　汉安帝永初二年（108年），大将军邓骘听说马融有美名，便征

马融（79—166）画像

召他为舍人。马融受老师影响，对做官不感兴趣，就没有应召。当时他客居在武都、汉阳二郡之间。适逢羌人进犯，边境动乱，粮价暴涨。函谷关以西，路上逃难的饥民结队成群。马融也为饥饿困扰，这才叹息着对友人说："古人说：'你左手拿着天下地图给他，右手却掐着他的喉咙要杀死他，即使是愚蠢的人也不愿接受这有名无实的事。'这话是说生命比天下还要宝贵。现在不能忍耐一点世俗的小小屈辱，而毁灭自己无价的身体，恐怕不合老、庄'不以名害其生'的道理。"于是，他就应召前往邓骘的大将军府做了舍人。

永初四年（110年），他被拜为校书郎中，去朝廷的东观主管校对宫禁藏书。这时，邓太后当朝处理国事，太后的兄弟、大将军邓骘辅佐朝政。但是有些世俗的儒生认为当时文德可提倡，武功应该废弃，于是废除了以狩猎练兵的军礼，停止了作战阵法的训练，乘此军备松弛之机，一些奸狡之徒就横行不法，为所欲为。马融有感于此，于汉安帝元初二年（115年），奏上《广成颂》，以婉转的言语相劝谏。他认为文武之道是圣贤从不毁坏的，金、木、水、火、土五材的功用，没有一样能够废止。没料到这篇《广成颂》，触怒了邓太后，即将马融滞留在东观校书，令他十年之内不得调迁官位。后来马融以为侄子办丧事为由，自我弹劾，罢官回归故里。邓太后闻讯很气愤，说马融是嫌皇帝诏封的官太小，以为羞辱，是想回到地方州、郡去当官，于是下令从此禁止他再入仕为官。

邓太后死后，汉安帝主政，将马融召回郎官部门，重新负责讲授经书的工作。后又让他出任河间王的厩长史一职。

不久，汉安帝东巡泰山，马融奏上一篇颂。安帝惊叹此颂文辞美妙，召他入宫，拜为郎中。直到北乡侯即位称帝（顺帝），马融上书称病辞去郎中，到地方做了郡府中的一员功曹。

汉顺帝阳嘉二年（133 年），诏令举荐敦厚朴实的人做官，城门校尉岑起举荐了马融，马融应召前往，经过应对策问，被授予议郎的官职。大将军梁商上表推荐他任职从事中郎，后又转任武都郡太守。当时西羌人发动叛乱，朝廷派征西将军马贤与护羌校尉胡畴出兵征讨，但是拖延时日，逡巡不进。马融知道他们将会失败，就奏请由自己带兵征剿："现在羌人各部落相互掠夺攻伐，应该趁他们还没有联合，赶快派兵深入，将其各个击破。而马贤等人滞留不进。羌人警觉，消息灵通，如果他们避开马贤前锋而迂回我军后方出击，就必然进犯京畿，酿成大祸。臣愿率关东兵五千人为先锋。三十日之内，必破羌人。"可惜马融这次上疏没能被朝廷采用。

马融的职位三次迁升，汉桓帝时升为南郡太守。在此之前，马融曾有事触犯过大将军梁冀，梁冀就暗示有关部门弹劾马融在郡守官任上贪赃不法，于是马融被罢官，并受髡刑发配到朔方郡。马融自杀未遂，只受了点轻伤。后被赦免回朝，再度担任议郎，重返东观著书立说，不久因病辞去官职。

马融才华出众，知识广博，是当时博通古今、学识渊博的一代名儒，他所教授培养的学生，常有数百上千人。涿郡人卢植、北海郡人郑玄，都是他的弟子。他还擅长弹琴，喜欢吹笛子，不受事务牵累，放任性情，不拘泥于儒者礼节。住房器用，十分奢侈华丽。时常坐在高堂之上，堂前悬挂红色纱帐，前面教授学生，后面却有歌女列队，弟子学习都是老生传授新生，很少有学生能进入他亲自授课的讲堂。

马融曾经想要训释《左氏春秋》。等到见了贾逵、郑众的注本，就说："贾君所注精练但不够广博，郑君所注广博而不精练，既有精练的又有广博的注本了，我还能在此加些什么呢？"他就只写作了《三传异同说》一书。他注释过的典籍有《孝经》《论语》《诗经》《周易》"三礼"《尚书》《烈女传》《老子》《淮南子》《离骚》等等。另外，所著辞赋、颂文、碑文、诔文、书信、记札、上表、奏章、七言诗、琴歌词、对策、遗令等，共计二十一篇。

当初，马融受邓太后惩治后，因为不敢再违背权势外戚，就为梁冀起草了弹劾李固的奏文，还写了《大将军西第颂》一文，因此很被正直之士所耻笑。他在88岁，桓帝延熹九年（166年）时，死于家中，遗嘱要求葬礼一定要从简操办。

【前事后鉴】

马融是东汉名将马援的从孙，和乃祖不同，马融一生不怎么讲儒者节操。他教授生徒，也是常坐高堂，施绛纱帐，前授生徒，后列女乐。活脱脱一副风流文人的样子。但马融确实是一个博学多才的大学者，世谓"通儒"。所谓"通"者，谓其于诸子经书皆能融会贯通、解析无碍之意。从马融一生的著述来看，说他是"通儒"还是名副其实的。

马融之学，属于古文经学。在儒家经学的发展史上，马融开始了综合各家遍注群经这种带有开创性的工作。他的经注成就，使古文经学达到成熟的境地，预示着汉代经学发展将步入新的时期。

对马融的为人，史家有这样一段发人深省的评论：当初马融谢绝邓骘的征召，徘徊于陇地、汉水之间，是有意要隐居守贞吗？不久就以乡曲之士的节操为羞耻，而珍爱自己的身体，最终还是奢靡淫乐，恣肆任性，结党偏私而被世人讥笑，所以说，能以自己的认识纠正自己欲望的人是很少的。生活苦的人很少顾虑安全；享受着安逸生活的人，处处怕发生危险。攀高而不畏惧的，是刑徒一类的人；从来不坐在危险之处的，必定是身份高贵的人。究其大致原因，无非是归结到各人所处地位不同罢了。生活于不同处境的人互相嘲笑，假使他们易地而处，也将同样互相嘲笑。史家的这些评论，虽不无道理，并且含有为马融进行辩解与开脱的成分，总起来说，马融还是一个才高德薄的人。

【相关链接】

举荐制度：

征辟——汉代征集贤士为官的一种方法，也称"公府辟士"。朝廷招聘为征；三公以下召布衣入仕为辟。汉代风尚，往往有名望的公卿，身居高位，以能罗致天下名士充当自己的幕僚为荣，而世间的英才俊士，亦以此途愈加奋勉，作为出身捷径。这种选举取士方法，始于西汉，盛于东汉。（《后汉书·马融列传》）

官职：

将作大匠——官名。秦始置将作少府，汉景帝中元六年（前144年）改名将作大匠。掌宫室、宗庙、陵寝和其他建筑事宜。魏晋沿置，东晋至南朝宋、齐，有事则置，无事则罢。南朝梁改作大匠卿，北齐称将作寺大匠。隋开皇年间改称将作监大监，并置副监。唐龙朔年间改为缮工监，置大匠、小匠。宋置监、少监备一人。元有将作院，置院使七人，掌制造金、玉、犀角、象牙各种服饰及制造、刺绣等事。明初设将作司，后属工部，称营缮所。（《后汉书·马融列传》）

三十五、郑玄集经学大成

郑玄括囊大典，网罗众家，删裁繁诬，刊改漏失，自是学者略知所归。

——《后汉书·郑玄列传》

两汉经学是儒学发展的一个重要阶段，东汉末年，有一位堪称两汉经学集大成者的经学大师，他就是郑玄。

郑玄，字康成，北海国高密县人。他的八世祖郑崇，在西汉哀帝时官至尚书仆射。郑玄年轻的时候，曾经担任乡里的啬夫，但他不愿做官吏，每逢休假回家，总要去学校听讲。父亲对此很恼火，却一直无法禁止他。郑玄后来到京城太学去求学，拜京兆人第五元先生为师，开始通晓《京氏易》《公羊春秋》《三统历》《九章算术》。又跟东郡人张恭祖学习《周官》《礼记》《左氏春秋》《韩诗》和《古

郑玄（127—200）画像

文尚书》。后来，经涿郡人卢植介绍，拜扶风人马融为师。

马融是当时的硕儒，生徒有四百余人，能登堂聆听他亲授的不过五十余人。郑玄拜在他的门下，三年竟不得见其一面；只是由他的高才弟子向郑玄传授学业。郑玄日夜钻研习诵，从不倦怠。一次，马融召集众弟子考核论定图谶纬书，听说郑玄精于算术，就召见了他。郑玄这才得以向马融询问了各种疑难问题，问学之后就告别了老师。马融对弟子们慨叹说："郑生今日离去，我的学术就要向东方传播了！"

郑玄远游他乡，拜师求学，历经十余年后，重归故里。因为家境贫寒，他只得客居东莱郡为人种田，此时追随他的学生已有数百上千之多。党锢之祸发生后，他与同郡的孙嵩等四十余人都被禁锢，终生不得做官。

从此，郑玄便隐居起来，潜心研究经学，闭门不出。当时任城人何休喜好《公羊春秋》学，于是著有《公羊墨守》《左氏膏肓》《穀梁废疾》；郑玄就写商榷文章，开启《墨守》，针砭《膏肓》，治愈《废疾》。何休读过郑玄的这些文章，感叹地说："郑康成这是入我居室，用我的矛来攻伐我呀！"

汉灵帝末年，党禁解除，大将军何进听说郑玄的名声，就征召他进京做官。州郡官员惧怕何进的权势，就胁迫郑玄应召，郑玄不得已而前往。何进特意为他准备了几案、手杖，礼遇隆重优厚。郑玄没有接受为他准备的朝服，而只是戴着头巾（平民的装饰）晋见，住了一夜就逃走了。当时郑玄年已六十，弟子来自五湖四海，有数千人之多。后来，将军袁隗上表荐举他担任侍中，他因父亲去世守丧而未上任。

北海国相孔融非常敬重郑玄，迫不及待地登门拜访他，并指示高密县为郑玄特设一个乡，他说："从前齐国曾设置'士乡'，越国设立过'君子军'，都意在优待贤人。郑君好学，实怀美德。从前太史公司马谈、廷尉吴公、谒者仆射邓公都是前汉的名臣。还有南山四皓中的东园公、夏黄公等，潜伏才华，隐藏踪迹，世人嘉奖他们的高尚品德，称他们为'公'。可见，'公'应该是那种具备仁义品德者的正当名号，不必非得是做过太尉、司徒、司空之类高官的人才能称'公'。如今郑君这个乡就应叫作'郑公乡'。以前东海的于公仅仅有断案公平这一项美德，他还要告诫乡人扩大自家里巷的大门，以备后代子孙发达时容得下驷马大车通过，何况郑公的美德，怎么能没有供四匹雄马大车行驶的道路呢？应该扩大郑公里巷大门，拓宽门前道路，使大门容得下高盖车辆，称为'通德门'。"

董卓将京都迁往长安时，公卿大臣们举荐郑玄为赵国相，他因道路不通而没有到任。当时正值黄巾军攻打青州，他就去徐州躲避战乱，徐州牧陶谦以师友之礼迎接他。

建安元年（196年），他从徐州返回故乡高密，路上与数万名黄巾军相遇，黄巾军得知是郑玄后都施礼下拜，相互约定不得进入高密县境。郑玄后来曾一度病重，唯恐自己将不久于人世，便留下遗书给他的儿子益恩说：

"我们家以前贫穷，幸赖父母兄弟宽容，我得以辞去小吏的差事，到周朝、秦朝的故都去游学，往返幽、并、兖、豫各州之地，有机会拜见一些官场贤达和隐居的儒学大师。凡志同道合的人，我都虚心向他们求教，让我获益匪浅。于是我广泛稽考六艺经典，浏览各家注解释文，不时还阅览研究谶纬图篆之书以及方术的奥妙。年过四十，才回到故乡供养家室，租种田地，欢度时光。

"等到朝廷宦官独揽大权，我因党人之祸获罪，遭禁锢不得做官，十四年之后才被赦免。后来多次被荐举为'贤良''方正'，被大将军、三司府征召。后朝廷又再次派公车征召，当时一同被征召的人，有的早已做了宰相。那几位先生德美才高，堪当王公大臣之任，适宜位居官宦之列。我自思无才充任官职，只求能够阐述孔子学说之本意，想整理统一诸家学派的分歧，期望能在这方面竭力发挥我的才能，所以虽屡被朝廷征召而一直没有从命。黄巾军造反作乱，使我萍踪不定、四海漂泊，后来才重返故乡。

"我今年已七十岁了。精力衰减，常有失误，按照礼典规定，该是把家务托付给子孙管理的年岁了。今天我告诉你，我老了，家务事就由你来承担了，我将安心闲居，以深入思考来完成学术研究。假如不是为了或拜接圣旨，或问候亲属，或凭吊死者，或视察农事，我何曾拄杖出过门呢！如今，家事无论大小，一律由你承担，只叹你孤独一人，连个可以依靠的兄弟姐妹都没有。你要持之以恒，谨修君子之德，谨守仪礼节操，接近有道之人。显赫荣誉是由同事和朋友促成的，道德操行的树立在于自己的志向。如能有些声望，父母也感到荣光，这些能不深思吗？

"我虽没有为官的政绩，却颇有辞让官爵的清高。自以评论经典的功业为乐事，以求不被后人所耻笑。最后，心中颇感遗憾的，只是死去双亲的坟墓未修成，我所喜好的群书也大多腐朽败坏了，而无法在讲习礼仪的课堂上写成定本，传给合适的人。我已是垂暮之人，哪里还能完成这些事呢！家产如今稍稍多于以往，只要勤奋努力，珍惜时光，就不必担忧饥寒。粗茶淡饭、简衣素服，能在这两方面节俭，也就让我没有什么遗憾了。假如我说的这些你都不能记住，那就到此为止吧!"

当时,大将军袁绍占据冀州,派使者邀请郑玄。并为郑玄举行隆重宴会,一时宾客盈门,郑玄最后到,被请入上座。郑玄眉清目秀,仪表温雅而身材高大,酒量过人。在座的宾客之中有许多英俊豪杰,既有才华又善辞令。他们见郑玄是儒者,并未把他当作博学多才的人,他们轮番发问,尽提一些怪异的问题。郑玄依照儒家意旨答辩应对,全都切中实质要害,宾客们获得了闻所未闻的知识。没有不佩服郑玄的。

当时汝南人应劭也归顺了袁绍,他在郑玄面前自荐说:"我是前泰山太守应仲远,想做您的学生,怎么样?"郑玄笑着说:"孔子的弟子,要考试德行、言语、政事、文学四科,颜渊、子贡这些学生是不称自己官阶门第的。"应劭面有惭色。袁绍就荐举郑玄为茂才,上奏推荐他做左中郎将,他都没有就任。朝廷又以公车征召郑玄为大司农,赐给安车一辆,要求沿途长官必须致迎送之礼。郑玄却称病请求回家了。

建安五年(200 年)春天,郑玄梦见孔子告诉他说:"起来,起来,今年是庚辰年,来年是辛巳年。"睡醒后,以谶语合计此梦,知道自己的生命就要结束了。不久便卧病不起。

当时,袁绍与曹操的军队正在官渡(今河南中牟东北)对垒,袁绍派使者强迫郑玄随军。郑玄不得已,带病到了元城县(今河北大名东)后,病重无法前行,这年六月去世,终年 74 岁。他遗嘱要求丧事从简。到安葬时,自郡国太守以下,凡是曾向郑玄从师学业的人,都披麻戴孝前来参加葬礼,总共有一千多人。

郑玄死后,他的学生联合起来,将郑玄生前解答弟子就"五经"

所提问题的语录编辑成书，依照《论语》的体例，写成共计八篇内容的《郑志》一书。郑玄一生所注释的著作有《周易》《尚书》《毛诗》《仪礼》《礼记》《论语》《孝经》《尚书大传》《中候》《乾象历》；还自著有《天文七政论》《鲁礼禘祫义》《六艺论》《毛诗谱》《驳许慎五经异义》《答临孝存周礼难》等，共计一百多万字。

郑玄训释经典力求质朴翔实，一些很有学问的学者讥讽他的注释过于烦琐。至于郑玄对儒家经典及其传注的广博熟悉，可称他为纯儒，齐鲁一带学者十分敬仰他。他的学生山阳人郗虑，官至御史大夫、东莱人王基、清河人崔琰，都是著名人士。又有乐安人国渊、任嘏当时都还是幼童，郑玄称赞国渊必是国家栋梁之材，任嘏有高尚道德。对于其余的学生，郑玄也多有鉴定和推举，这些学生后来的发展都像他所预言的那样。

郑玄只有一个儿子名益恩，孔融在北海国做官时，把他推举为孝廉；后来孔融被黄巾军围困，益恩去救难而身亡。益恩有一个遗腹子，郑玄因为见孩子手上的纹理与自己的类似，就将他取名叫"小同"。

对于郑玄的学术成就，史家评价极高。认为在经学派别林立、众说纷纭的东汉时期，郑玄能够囊括重要的典籍、著作，网罗众家学说，删减繁伪，修订错漏，使学者从此有所归依。因此，郑玄堪称是一位博通今古、集其大成的学术大师。这一评价是恰如其分的。

【前事后鉴】

郑玄在经学史上的地位，《后汉书》的作者范晔在其本传中作了高度的评价（文见篇首）。郑玄站在"通学"的立场上遍注群经，"整"而"齐"之。著书立说成绩之巨大，远在其师马融和两汉其他任何一位经学家之上。

俗话说：人无二心，心无二用。郑玄在学术上取得的非凡成就，得益于他的淡泊名利的品德修为。试想郑玄若是醉心于功名，在仕途上汲汲奔走，哪里还有心思去研究学问？就更谈不上取得如此丰硕的学术成果了。郑玄的淡泊超远的情怀，我们可以从他的"教子书"中看得出。在那个功名就是人生目的的时代，郑玄的为人的确是难能可贵的。

作为一代学术宗师，郑玄既专且博，在许多方面都取得了显赫的学术成就。在《易》学方面，他以"礼"注《易》，强调"不易之论"即社会伦理功能。改造了象数《易》学，是两汉《易》学发展的最高成果；在《尚书》学方面，其《尚书》注，是集东汉一代今古文《尚书》学之大成。郑注出现，"《古文尚书》遂显于世"，为儒者所宗。另外他在《毛诗》学、"三礼"学、《春秋》"三传"，以及"六艺"概论方面都取得了显著成就，为时人所不及。

综上所言，郑玄"括囊大典，网罗众说"，其学术业绩无疑是经学史上的一座丰碑。他遍注的群经，可惜大多已经散佚。至今完整的留存于《十三经注疏》中的《毛诗笺》和"三礼"注，以大量篇幅考订名物制度，训诂精湛，校雠严密，为研究中国古代文化提供了丰富而重要的资料。

【相关链接】

经学：

古文经学——经学是训释或阐述儒家经典的一门学问。古文经学是研究古文经籍的一个流派。古文经，指用秦统一以前的篆书抄写的经典。秦始皇焚书时，民间有人将一些经典埋藏起来，西汉前期相继发现，重要的有《古文尚书》《周官》(《周礼》)《春秋左传》等。王莽建新朝时，采用刘歆的建议，立古文经学博士，以排斥今文经学，自此开始经学今古文二派的论争。古文经学对经书的训释和今文经学不同。重名物训诂，以考证为特色，重经籍所证事实，倡文字学和考古学，后世又称"汉学"。古文经学盛行于东汉。六朝、隋、唐由于重视郑学（即经学中的郑玄学派），古文经学影响较大。清代学者继承古文经学家的训诂方法而加以条理发明，用于古籍和语言文字研究，有较大成就。

今文经学——经学中研究今文经学的一个流派。今文经，指汉代凭老儒记忆背诵，口耳相传的经文和解释，由弟子用当时的文字隶书记录下来的经典。如《书》出于伏生，《礼》出于高堂生，《春秋公羊传》出于公羊氏和胡毋生。汉武帝采纳董仲舒"罢黜百家，独尊儒术"的建议，表彰今文经典，并置五经博士，传授今文经学。出于当时的政治需要，今文经学着重发挥经文的微言大义，以巩固封建中央集权的"大一统"，故特重春秋公羊学。西汉末年以后，古文经学逐渐兴起，今文经学因拘于师承家法，流于烦琐和诞妄，逐渐衰微。东汉后期，古文经学大家马融、郑玄，兼通今文经，参采今、古文经学解释经义，经学上的流派渐趋统一。晚清时期，因外国资本主义的侵入，社会矛盾日益尖锐，促使有的学者继承今文经学的传统，发挥《公羊传》学说，干预时政，倡导变法，今文经学大盛。(《后汉书·郑玄列传》)

三十六、兴"党锢"宦官专权

于是天子震怒，班下郡国，逮捕党人，布告天下，使同
忿疾，遂收执膺等。其辞所连及陈寔之徒二百余人，或有逃
遁不获，皆悬金购募。使者四出，相望于道。明年，尚书霍
谞、城门校尉窦武并表为请，帝意稍解，乃皆赦归田里，禁
锢终身。

——《后汉书·党锢列传》

东汉中叶以后，外戚与宦官的争权夺利愈演愈烈。桓帝时期，以
李膺、陈蕃为首的官僚集团，与以郭泰为首的太学生联合起来，结成
朋党，猛烈抨击宦官的黑暗统治。宦官依靠皇权，两次向党人发动大
规模的残酷迫害活动，史称"党锢之祸"。

东汉桓帝即位以后，利用宦官力量剪灭了外戚梁冀，朝中大权似
乎回到了皇帝手中。但桓帝也是个糊涂的主儿。为了酬谢宦官，他一
天之内就封单超、徐璜、具瑗、左悺、唐衡等五人为县侯，世称"五
侯"。桓帝还让赵忠、刘普等七个宦官负责传达诏令文书，处理朝中
日常事务。宦官利用接近皇帝的便利条件，假传圣旨，飞扬跋扈，许
多官僚士绅为了谋求私利，也巴结宦官。宦官像外戚一样，到处安插

党锢之祸

亲信，在中央和地方培植自己的势力，形成了一个强有力的政治集团。这样很快又形成了宦官把持朝政的局面。真所谓驱狼而纳虎，朝政越来越糟。

宦官当政，很快引起了人们的不满。白马县（今河南滑县）县令李云，上书给桓帝说："梁冀专横跋扈，被陛下判了死罪。可陛下却封单超他们为侯，如果高祖地下有知，难道就不怪罪您吗？西北边境上的将士知道了，人心能不离散吗？孔子说过，帝王所以称作'帝'，是因为能够谛听别人的意见。如今官位错乱，吏治腐败，贿赂公行，奸人得宠，皇上就不能听听别人的意见吗？"

桓帝看了李云的书信，十分生气，马上下令抓捕李云，把他关进廷尉府的监狱。有个叫作杜众的官员，也给汉桓帝上书，甘与李云同罪。汉桓帝一点儿也不手软，将杜众也关进了监狱。大臣陈蕃、杨秉等联名上书，要求释放李云、杜众。汉桓帝不但不听，还把他们大骂了一顿。不久，李云、杜众被活活地拷打至死。

宦官单超等人见桓帝给他们撑腰，就更加肆无忌惮。他们效法梁冀，动用国库钱财，为自己兴建豪华的住宅，并广罗美女，把她们打扮得像皇帝的嫔妃一样，让她们日夜伺候在身边。宦官们收养许多义子，让他们继承爵位。还利用手中的权力，安插兄弟姻亲到各地去做地方官。这些人才庸德劣，只知道搜刮民财，残害百姓，无恶不作。

宦官单超的侄子、济阴太守单匡贪污了五六千万钱，被兖州（今山东兖州）刺史第五种派去的官员卫羽查出。单匡不但不低头认罪，反而收买了一个叫任方的刺客去暗杀卫羽。结果任方被卫羽抓住，关进了洛阳监狱。单匡却通过单超买通门路，释放了任方。后来，单超便捏造别的罪名，撤掉第五种的官职，把他充军到朔方。

下邳令徐宣是宦官徐璜的侄子，也是一个无恶不作的家伙。当地有个叫李嵩的人，生前曾做过汝南太守。徐宣看中了李家的女儿，便派人去说亲。李家不同意，徐宣就带着一帮打手闯进李家，把李嵩的女儿抢到县衙。李嵩的女儿拼死不从，徐宣就命人把她捆绑起来用乱箭射杀。李家的人到处去告状，最后告到东海（今山东枣庄一带）相黄浮那儿。当时，下邳正属东海管辖。黄浮生性耿直，马上把徐宣捉来问罪。他手下的官吏惧怕徐璜的势力，纷纷出来劝阻他。黄浮当即派人把徐宣拉到大街上砍了头。他对手下人说："今天我把徐宣这个奸贼杀了，就是明天去死，也可以瞑目了。"徐璜听说他侄子被黄浮杀了，急忙跑到汉桓帝那儿去哭诉。桓帝不问青红皂白，竟将黄浮罢去官职，罚做苦役。

宦官集团为所欲为，横行不法，激起了朝臣和读书人的强烈不满。特别是京师里的太学，有三万多名太学生，大多是忧国忧民的热血青年。他们抨击宦官、指点朝政、品评人物，形成了一股和宦官集团对抗的强大力量。对宦官的专权和横行不法，太学生们进行了有力的抗争。例如，冀州刺史朱穆打击横行州郡的宦官反遭报复，太学生为此愤愤不平。公元153年，太学生刘陶率领数千名太学生为搭救朱穆而掀起了一次学潮。他们向皇帝上书，痛斥宦官为虎狼，表示愿代朱穆受刑。迫于压力，桓帝释放了朱穆。公元162年，因为宦官诬陷对羌人作战有功的皇甫规，并把他下狱，又激怒了太学生。于是，张凤又率三百多太学生再次闹学潮，迫使桓帝赦免了皇甫规。太学生们和反对宦官集团的外戚、宗室、士大夫相联合，逐渐形成了一个有统一斗争目标的党派。当时，最有名的大官僚、大名士就有窦武、陈蕃、刘淑、李膺、杜密、郭泰、范滂、张邈等人。这些人公开号召人们起来跟宦官集团做斗争。当时，被时人公认为谦谦君子的大名士陈寔，见朝廷大肆逮捕党人，也自请入狱，用另一种方式表示对宦官的抗争。

汉桓帝延熹八年（165年），李膺官任司隶校尉（负责纠察京师百官及所辖附近各郡），陈蕃担任太尉之职，国丈窦武做了城门校尉。这么一来，朝廷似乎有了些正气。那些为非作歹的家伙害怕了。

野王县（今河南沁阳）县令、宦官张让的弟弟张朔，贪婪成性，残忍无道，曾无故将一个孕妇杀死。听说李膺做了司隶校尉，吓得连夜逃回他哥哥张让家里躲避。张让也知道李膺严厉，只好把张朔藏在夹壁墙里面。李膺得知消息，便亲自率兵闯进张家，打开夹壁墙，将张朔捉拿归案。审讯完毕就把张朔杀了。张让无奈，只好向桓帝告状。但案犯死前已经招供，桓帝也不便对李膺处罚。但此后宦官们更加痛恨李膺了。

不久之后发生的一桩杀人案，让李膺等党人栽了大跟头。原来，有个叫张成的方士，跟宦官来往很密切。因事先得知朝廷将要大赦，故意怂恿儿子杀了一个与自己有仇怨的人。当时任河南尹的李膺却不顾赦令，坚持将张成的儿子处死。宦官乘机唆使张成的弟子牢脩上书，告发李膺交结太学，共为部党，诽谤朝廷。在宦官的怂恿下，桓帝将为党人说话的太尉陈蕃撤职，下令逮捕李膺、范滂等二百余人。宦官更是推波助澜，大肆制造冤狱，弄得朝野上下，一片恐怖气氛。他们动用酷刑逼供牵引同党，企图一网打尽。"钩谓相牵引也"，所以，对这些党人也称"钩党"。

陈蕃被撤职之后，大臣们一个个吓得心惊胆战，谁也不敢替党人说话。倒是新息县（今河南息县）县令贾彪，听说此事后，就赶到洛阳找到窦皇后的父亲窦武，请他设法搭救李膺等人。当时，窦武很想抓权，对宦官擅政也十分不满。他想趁机利用党人把宦官压下去，便上书桓帝，请求赦免党人。窦武甚至交还了印绶，表示不释放党人，他就不再做官。桓帝见岳父如此，才改变了态度。偏巧李膺等人在监狱里，故意供出许多宦官子弟，说他们也是党人。那些宦官害怕受牵连，也纷纷去劝说汉桓帝。这样，汉桓帝才颁发了诏书，释放了李膺等二百多名党人。但是，却把这些人的名单通报给各地官府，明确宣布对他们"禁锢终身"，一辈子不允许再做官。这就是东汉的第一次"党锢之祸"。

这一年的冬天，36岁的汉桓帝突然病逝。他虽前后立过三个皇后，却没有生一个儿子。窦皇后急忙请她父亲窦武入宫，议定让河间王刘开的曾孙刘宏做皇帝，就是汉灵帝，他当时只有12岁。于是，大臣们便尊窦皇后为太后，请她临朝摄政。窦太后马上拜窦武为大将军、陈蕃为太傅，让他们辅助朝政。那时候，虽然"宦官五侯"差不多都死光了，可中常侍曹节、王甫、侯霸、苏康等宦官在朝廷仍然拥有庞大的势力。窦武、陈蕃上台后，决心除掉宦官集团，把朝政大权全部夺回来。

一次上朝时，陈蕃悄悄地对窦武说："从前先帝在位的时候，曹节、王甫他们就把持朝政，把国家弄得乱七八糟，老百姓纷纷起来闹事，都是他们的罪过。现在若不趁早把他们除掉，将来必留后患。"于是，他们不顾汉桓帝早先颁发的禁令，重新起用被废黜的李膺、刘猛、杜密等党人，跟他们商议对策，为诛灭宦官做准备。

机会终于来了。汉灵帝即位的这一年（168 年）的五月间，发生了日食。日食本来是自然现象，但当时的人以为，天生异象，必因人事。陈蕃认为这时正可以将日食现象推到宦官头上，借机除掉他们。于是就又去找窦武，对他说："我陈蕃已经快八十岁了，除了愿意帮助将军除害，还贪图什么呢？将军何不趁现在发生了日食，归罪于宦官，把他们都除掉！"窦武认为陈蕃说的在理，马上去见窦太后，说："宦官在从前不过是为皇宫看守门户、听从使唤的奴才罢了。现在却用宦官执掌朝政，让他们的子弟布列朝廷、出任州郡，这不是是非颠倒了吗？老百姓纷纷起来闹事，都是宦官专政的罪过。最近的日食，正是上天发出的警告。所以，只有诛灭所有宦官，才能振兴朝廷，安定人心。"窦太后却说："汉朝以来历代都有宦官，要杀也只能杀有罪的，怎么能全杀呢？"窦武无奈，只好先把罪恶昭著的管霸、苏康杀了。

后来，窦武和陈蕃还想杀死宦官头目曹节、王甫等人，但因为窦太后犹豫不决，这件事就拖着未办。一直到八月里，窦武、陈蕃才开始行动。他们先找借口罢免了看守宫门的宦官魏彪，让一个叫山冰的宦官代替他。然后又让山冰告发尚书郑飒，把他关进监狱。郑飒忍受不了严刑拷打，供出了曹节、王甫等宦官的许多罪行。于是，窦武、陈蕃便给窦太后上书，历数宦官们的罪状，准备将所有宦官一网打尽。

正所谓谋事不周，必栽跟头。这年九月的一天，有个宦官趁窦武、陈蕃没有上朝，盗取窦武、陈蕃的奏章。看到窦武、陈蕃开列的名单里面还有自己的名字，他不由得破口大骂道："那些横行不法的宦官，自然该杀。而我并没有犯什么过失，难道也应该灭门吗？"于是，他马上召集张亮等宦官一块儿商议对策。曹节、王甫听说了，急忙先把窦太后和汉灵帝控制起来，然后以汉灵帝的名义下诏书，带人去捉拿陈蕃、窦武。

陈蕃见事情不妙，慌忙召集属下官员和门生几十人，手执兵器闯进皇宫。他振臂高呼道："窦大将军忠心卫国，并没有造反，真正造反的是宦官！"话音未落，王甫带领人马冲杀过来，捉住了陈蕃，把他关进了监狱。那些宦官看见被捆绑起来的陈蕃，一边用脚踢，一边破口大骂道："老东西！你现在还能裁减我们的名额、削夺我们的俸禄吗？"没过一天，陈蕃就被他们活活地折磨死了。

与此同时，曹节、王甫还派人杀了山冰，救出郑飒。郑飒带着皇帝的符节去逮捕窦武，窦武跑到北军的军营里，集合了几千人马，向宦官反击。那时候，中郎将张奂刚从西北边塞回来，不知底细。曹节、王甫他们知道自己没有把握战胜窦武，便假传圣旨，调集张奂的人马攻打窦武。双方的军队在洛阳城里混战了起来。结果，窦武兵败自杀，曹节等人就把他的首级割下来示众。窦太后被迫交出玉玺，搬出了皇宫。窦家的宗族、宾客、姻亲，全部被杀。李膺、杜密等人，再一次被革了职。而曹节、王甫等十几个宦官，却全被封了侯。从此，宦官们拿汉灵帝做傀儡，更加横行无忌、为所欲为了。

第二年，宦官侯览又指使他的心腹朱显诬告山阳（今属山东）的秀才张俭，说他跟同郡的二十四个人结党谋反。曹节又趁机给汉灵帝上书，要求把李膺、杜密、范滂这些"党人"一律逮捕入狱。当时，只有14岁的汉灵帝就问："党人何罪？为什么要杀他们？"曹节说："因为他们互相标榜，图谋不轨。"汉灵帝仍然不明白，又问："图谋不轨是什么意思？"曹节没好声气地说："图谋不轨就是要篡夺朝政，危害国家。"于是，汉灵帝只好按照曹节的吩咐，命令全国各地的官员一致行动逮捕党人。

这一次，全国像李膺、杜密、范滂这样著名的党人，被杀、自杀的有一百多人。宦官们乘机把跟党人不沾边的读书人也算作党人。这样，前后被监禁、杀害的竟多达六七百人。跟党人有牵连的一千多太学生，也被关押起来。当时，曹节、王甫等宦官还让汉灵帝下诏书，宣布凡是党人和党人的父子、兄弟、门生以及他们以前推荐的官吏，一律"禁锢终身"，永远不让做官。

这就是东汉历史上的第二次"党锢之祸"。

【前事后鉴】

东汉自章帝以后，政治腐败，经济凋敝，社会矛盾日趋尖锐，东汉政权已显露出严重的政治危机，终于酿成东汉末年的党争事件。

东汉朝廷的政治势力主要有三股：即外戚势力、宦官势力和官僚势力。朝中的执政大权就在这三股势力之间此消彼长，东汉中后期，执掌朝廷权柄的不是外戚就是宦官，而本应是执掌朝廷权力的官僚则往往处在权力中枢之外，这就引起了大权旁落的官僚的强烈不满。由此，权力争夺战在东汉中后期就愈演愈烈，"党锢之祸"就是在这样的背景下发生的。

东汉初年，统治者利用兴办学校和乡党里选等方式，培养和选拔地主阶级的子弟进入各级政权机构。这样，就为儒生的入仕大开了方便之门。顺帝时修起太学，儒生数量增加很快，到质帝时太学生人数已增至三万多人。地方儒生数量更多，在郡国和私人精舍中就学的多达七八万人。这些儒生有豪家世族的子弟，大多数则是中小地主阶级的子弟，他们是官僚队伍的接班人。到了东汉中叶以后，外戚、宦官轮流专权，他们任人唯亲，裙带成风。宦官掌权时，他们的"子弟亲戚，并荷荣任"的现象更为严重，官吏选举制度更加流于形式，这就堵塞了儒生求官的道路，加深了儒生同宦官的矛盾。所以在反对宦官专政这一点上，儒生和官僚的看法和利益是一致的，这是他们联合反对宦官的基础。

官僚、儒生集团采取上书、大造舆论、闹学潮等方式反对宦官，最后以失败而告终。但这场历史悲剧还是有它的积极的意义的。"党锢之祸"虽是上层统治者内部争权夺利的斗争，但以陈蕃、李膺、范滂等为代表的党人和太学生，直接与当时最腐朽最黑暗的宦官势力做斗争，具有一定的正义性与合理性，他们那种忧国忧民、自我献身的精神，对后人都是一种永远的激励。

【相关链接】

成语：

党同伐异——跟自己意见相同的就结为朋党，跟自己意见不同的就加以攻击。东汉后期党同伐异盛行。朝臣士人或结为同党，或攻讦异己，弄得整个朝廷乌烟瘴气，加之宦官弄权，最终酿成党锢之祸，东汉王朝从此走向覆灭。(《后汉书·党锢列传序》)

典故：

梁上君子——一天晚上一个小偷悄悄进入大名士陈寔的家中，见他家人尚未熟睡，就爬到屋梁上躲了起来，伺机下手。恰好被刚刚就寝的陈寔瞧见。这时，陈寔不露声色，起来穿戴好衣帽，将所有儿女子孙叫到跟前，训诫他们说："做人不可不自勉，坏人未必生来就坏，只是坏事做多了，习以为常，才发展到现在的地步，躲在我家屋梁上的这位先生就属此类。"陈寔的一番话，使这个小偷无地自容，于是主动下来向陈寔请罪。从此以后，小偷就有了"梁上君子"的称呼。(《后汉书·陈寔列传》)

三十七、蔡邕附逆治死罪

太尉马日磾驰往谓允曰："伯喈旷世逸才，多识汉事，当续成汉史，为一代大典。且忠孝素著，而所坐无名，诛之无乃失人望乎？"

——《后汉书·蔡邕列传》

两汉四百年间，能够被人称为"旷世逸才"的或许只有他一人，他就是东汉著名文学家、史学家、音乐家和书法家蔡邕。

蔡邕，字伯喈，陈留郡圉县（今河南省开封市圉镇）人。蔡邕家风清正，他的六世祖蔡勋，好黄老之学，西汉平帝时任郡县县令。王莽初年，因效忠汉室而拒绝在王莽新朝任职，携带家人逃入深山。蔡邕的父亲蔡棱，也是有清白品行的人，

蔡邕（133—192）画像

死后被谥为贞定公。

蔡邕为人十分孝敬，他的母亲曾卧病三年。这期间，除了寒暑季节的变化，蔡邕从没有脱解过衣带，曾一连七十多天没有安稳地睡过一夜。母亲死后，蔡邕在母亲的墓旁搭了一座小茅屋守孝，一切举止都依礼而行。

此后，蔡邕一直是与叔父和堂弟住在一起，他们和睦相处，从没有分过财产。为此，乡里人都对蔡邕的品行十分推崇。蔡邕曾拜太博胡广为师，年轻时就很有学问。他喜好辞赋文章，精通数术、天文，还弹得一手好琴，是当时少有的奇才与全才。

汉桓帝重用宦官，当时中常侍徐璜、左悺等五侯专横擅权，听说蔡邕善于鼓琴，便奏请天子诏令蔡邕入朝。蔡邕不得已起行，但到了偃师的时候，便称说有病跑回了家。此后，蔡邕就闲居在家，以研习历史文物为务，不再与官宦交往。蔡邕有感于东方朔、扬雄、班固、崔骃等人著赋文以抒发感情的做法，对上述各家之说，斟酌得失，明晰是非，作成《释诲》一文，用来勉励和警诫自己。

建宁三年（170年），蔡邕到司徒桥玄的府中当幕宾，受到桥玄的礼遇。此后，他曾一度补任为平阿县的县令。不久，被召至朝中拜任郎中之职，在东观校理图书。进而又迁任为议郎。蔡邕认为，当时流传的经籍由于时代久远文字讹错甚多，加上俗儒的穿凿附会，更增加了后来学子的疑惑和误解，于是便在熹平四年（175年），与五官中郎将堂谿典、光禄大夫杨赐等一起上奏，请求校定"六经"的文字。获得皇帝准可后，蔡邕用朱笔将经文书写在碑石上，使工匠镌刻后立在太学的门外。于是，当时的书生们就都用它作为经文的标准。石碑初立的时候，观看和摹写的人很多，每天车乘多达千余辆，连街道巷陌都给堵塞了。

蔡邕以前在东观校理图书时，曾和卢植、韩说等撰补《后汉记》，恰好这时吃了一桩官司被流放于他乡，书稿未能完成，便上书汉灵帝，奏明他所著述的《汉记十意》并将这《十意》分别列好篇目，一同附在奏章的后面。灵帝嘉许他的才学，适逢第二年大赦，便赦免他返回家乡。蔡邕将要起程还乡时，五原郡的太守王智为他饯行，当酒兴正浓的时候，王智请蔡邕起身歌舞，蔡邕拒不搭理他。王智是中常侍王甫的弟弟，一向目中无人，如今却在稠人广众之中受到羞辱，就骂蔡邕："你这个流徒，竟敢轻视我！"蔡邕见此，便拂袖而去。王智怀恨在心，密告蔡邕曾抱怨对他的囚禁流放，并且还讥谤朝廷。因此，内廷的宠臣无不厌恶蔡邕。蔡邕担心自己最终难免受害，便远逃到吴郡会稽等地，先后在吴地生活了十二年。

吴地曾有人用桐木烧火做饭，蔡邕听到木头燃烧爆裂的声音，知道是块好木材，就要求将这块木材制成琴，琴制成了，果然声音悦耳，由于这琴的尾部还留有烧焦的痕迹，所以当时的人称它作"焦尾琴"。

当初，蔡邕在陈留时，他的邻居时常以酒食来召请他，而且每次去都是酒食尽欢。有一次，这位邻居家有位客人在屏风里面弹琴，蔡邕来到门口暗暗细听，并且自言自语地说："奇怪呵！用音乐请我却又存杀心，这是为什么？"于是没有进屋便又返回去了。传话的差役告诉主人说："蔡君刚才来过，但到门口又回去了。"由于蔡邕素来很受四乡邻里的尊重，所以主人一听便马上亲自追去询问其中的缘故，蔡邕告诉他实情后，两人都很奇怪，后来弹琴的客人解释说："我刚才拨弦时，看见窗外树上有一只螳螂正向着一只鸣蝉爬去，蝉即将逃离但还没有起飞，螳螂却有些犹豫，进一步又退一步，我很着急，唯恐螳螂捉不到蝉，这难道就是杀心反映在琴声上了吗？"蔡邕听后莞尔而笑，说："这就足以说明是怎么回事了。"

中平六年（189 年），灵帝死，董卓担任司空。他听说蔡邕的名气很大，便征召他到朝廷，蔡邕推说有病不肯就任。董卓大怒，骂道："我的权力足以使人满门抄斩，蔡邕再这样高傲，那可就离死不远了。"蔡邕不得已，来到京城，官拜祭酒之职，很得董卓的敬重，随即因考核政绩列为优等，而被补任为侍御史，转任持书御史，升为尚书。三日之间，历经三个府署。随后迁任为巴郡太守，复又留在朝中任侍中。

初平元年（190 年），蔡邕被任命为左中郎将，跟从献帝迁都长安，受封为高阳乡侯。董卓的门客和私兵将帅商议要推尊董卓与姜太公一样，称尚父。董卓征求蔡邕的意见，蔡邕说："姜太公因曾辅助周王室，受命剪灭了殷商，所以才特加了这一称号。您现在的威信确实很高，但我认为与尚父相比还是不行。应等到平定关东，圣上的车驾返归到洛阳时，然后才能再论此事。"董卓采纳了蔡邕的意见。

董卓尊重蔡邕的才学，给予很优厚的待遇，每次宴会，都要蔡邕弹琴赞美时事，而蔡邕也常劝诫他向往善行。但董卓刚愎自用，蔡邕恨他很少听从劝谏，曾对堂弟蔡谷说："董公性格刚强，又好掩饰自己的过错，最终是难有成就的。我想往东逃奔到兖州，如果道路太远不易到达，就暂时躲到山东等候，你看怎样？"蔡谷回答说："你的相貌有些与众不同，每次出入都被许多人围观，以你这副招人注意的相貌去隐匿，岂不太困难了吗？"蔡邕最终还是没有逃走。

董卓被杀以后，蔡邕到王允的府中做客，谈起董卓的事，不由自主地为他叹息，并表现出痛惜的神色。王允见此勃然大怒，斥责蔡邕说："董卓是国家大贼，几乎倾亡了汉室。你身为汉王朝的大臣，本应与大家同仇敌忾，怎么能徇私情而忘大节呢？现在上天诛灭了这个罪魁，你反而为他痛心，这岂不是同为叛贼吗？"随即将蔡邕拘捕，交予廷尉治罪。

蔡邕陈词认错，请求接受黥刑（面上刺字）或刖刑（砍去双腿）的处罚，保留性命以继续完成汉史。大夫们也都怜惜蔡邕而竭力挽救，王允一概不许。太尉马日磾赶来对王允说："伯喈是旷世逸才，又熟识汉事，应当让他续成后汉史，撰成东汉一代的重要典籍。况且他一向就有忠孝的名声，如今轻易治罪，杀了他岂不是会让人大失所望吗？"王允说："从前汉武帝不杀司马迁，使得他撰成诽谤之书流传后世。现今国运中衰，帝位不够巩固。不能再让奸佞之臣在幼主左右执笔，否则，不但无益于彰示帝王的威德，还会使我们也蒙受他的讥刺诽谤。"马日磾出来对人说："王公能这样多久呢？善人关乎国家的纲纪，史著关乎国家的大典，灭纪废典，他还能长久吗？"蔡邕最终死在狱中，时年 61 岁。

这时，王允也有些后悔，但是想制止已经来不及了。官绅和众儒生得到他的死讯，没有不伤心流泪的。北海人郑玄听到蔡邕的死讯，叹息道："汉世的历史，还有谁能写下留证后代！"在兖州、陈留等地，百姓们也都画像纪念他。

蔡邕撰述的汉代史事，未见存录在以后续著的后史中。所写的《灵纪》《汉记十意》和补述的诸列传四十二篇，也因李傕之乱，大多湮灭不存。只有诗赋文章共 104 篇，流传后世。

【前事后鉴】

蔡邕是东汉著名文学家、音乐家、书法家（他的女儿蔡文姬是我国最早的女诗人），时人称他为旷世逸才。在遇到董卓之前，蔡邕的仕途是坎坷不顺的，当年得罪宦官，流亡吴地 12 年。董卓征召，蔡邕起初也是不就的，迫于董卓的淫威才依附于他。大概是蔡邕有孝名于世，且有"逸才"，董卓对其予以重用以树德望，三日之间让蔡邕连升三级，这使蔡邕深感董卓的知遇之恩。尽管蔡邕或许也认识到董卓所以重用自己的真实目的，但"士为知己者死"，"君子当知恩图报"，所以董卓一死，虽然天下共庆，万民泄愤，蔡邕却不得不为之一叹。倘若蔡邕如众人一样庆幸董卓之死，他一定会被时人认为是一个薄情寡义之徒。这就是为什么王允以蔡邕同情董卓之罪杀蔡邕，而大夫们竭力挽救，官绅和众儒生得到他的死讯，都伤心流泪，以及兖州、陈留等地的百姓们都画像纪念他的原因。至少是人们认为蔡邕所为情有可原，不至于治罪，更不至于治死罪吧！

严格地讲，蔡邕不是一个死节之臣，当年董卓征召，他不能以死相抗，面对强暴，只能俯首就范。但依附董卓之后，他能够尽其所能，引导董卓行善而戒恶，说明蔡邕本性善良，并非助纣为虐之徒，这也就是蔡邕之死能够引起缙绅大夫和老百姓广泛同情的缘由。但从根本上讲，从自己的一己之私出发，而同情巨奸大恶的董卓，毕竟是冒天下之大不韪的，说依附、同情董卓是蔡邕一生的污点也不为过。这就说明，人有时是很复杂的：董卓虽有百恶，但能够厚待正统名士蔡邕，并时而能够采纳他的善谏，可见其百恶而能有一善；而蔡邕以仁孝名重于世，才智超群，却依附巨奸董卓，亦是有百善而难辞一恶。

蔡邕的经历告诉我们，凡注重修身养德者，在大是大非面前，是不能有半点含糊的，否则，就有可能遭人格之污，造成终身的遗憾；甚或使自己一生的道德修为功亏一篑，身败名裂，留下百世之讥。

【相关链接】

名物：

焦尾琴——蔡邕在吴地（今江浙一带）时，曾听到一块桐木在火中爆裂的声音，知道这是一块好木材，因此把它拣出来做成琴，音色非常美妙，但是木头的尾部依然被烧焦了，所以当时人们叫它焦尾琴。蔡邕遇害后，焦尾琴保存在皇家内库之中。据说齐明帝在位时，曾取出焦尾琴请古琴高手王仲雄弹奏。王仲雄连续弹奏了五天，并即兴创作了《懊恼曲》献给明帝。后传至南唐中主李璟手中，后又赠与大周后。李煜死后归宋室所有。据传，明朝昆山人王逢年还收藏着蔡邕制造的焦尾琴。（《后汉书·蔡邕列传》）

名人：

蔡琰——字文姬，蔡邕之女，自幼聪颖好学，史载她"博学有辩才，又妙于音律"。但她一生的遭遇却非常不幸。幼年曾随被陷获重罪的父亲度过一段亡命流离的生活。后来嫁给河东卫仲道，又遭夫亡，因为无子而回家寡居。不久在汉末大乱中，为胡骑所掳，遂流落于南匈奴（今山西一带），滞居十二年，嫁于胡人，生有二子，后为曹操赎回，再嫁陈留董祀。有五言《悲愤诗》和骚体《悲愤诗》《胡笳十八拍》存世，是中国文学史上第一个著名的女诗人。

三十八、贼董卓浩劫洛阳

> 是时洛中贵戚室第相望，金帛财产，家家殷积。卓纵放士兵，突其卢舍，淫略妇女，剽虏资物，谓之"搜牢"。人情崩恐，不保朝夕……卓尝遣军至阳城，时人会于社下，悉令就斩之，驾其车重，载其妇女，以头系车辕，歌呼而还。
>
> ——《后汉书·董卓列传》

东汉末年，京都洛阳遭遇到了前所未有、惨绝人寰的浩劫，董卓就是制造这场浩劫的罪魁祸首。

董卓，字仲颖，陇西临洮人。年轻时，曾经到居于西北的羌族地区游历，跟羌族的豪帅交朋友，在当地名气很大。后因镇压黄巾军有功，晋升为前将军之职，逐渐形成了自己的势力。董卓接到何进剪除宦官的命令，认为有机可乘，就率所属三千人马来到洛阳。就在此时，京都洛阳又发生了重大变故。原来，何进让董卓进京诛杀宦官的消息很快被宦官知晓，他们先发制人，不等董卓进京，何进动手，就率先将何进杀了。京城混乱，少帝外逃，董卓在进发洛阳的路上正巧碰上了已除掉宦官头目张让、段珪的卢植、闵贡他们，于是和他们一道簇拥着少帝刘辩和陈留王刘协一块儿回到洛阳。

董卓护着少帝刘辩和
陈留王刘协回到洛阳之后，
就想把持大权，控制政局，
因担心自己三千人马太少，
不能对朝臣构成威慑力量，
他就想出一条计策以壮大
声势，让部将在夜深人静
的时候悄悄地把军队带出
城，到白天再大张旗鼓地
从四个城门开进来，这样
持续了好几天，真的好像

董卓（？—192）画像

他董卓有千军万马似的。那些公卿大臣摸不清底细，都很害怕董卓。
后来，董卓收编了何进、何苗的军队，还收买了丁原的部将吕布，让
他杀了丁原，合并了丁原的军队。从此，董卓的势力日渐强大，威震
朝廷，董卓的政治野心也越来越大。

没过多久，董卓废黜少帝刘辩，拥立陈留王刘协为皇帝，即汉献
帝，改年号为初平。董卓大权独揽，自封郡侯，做了司空和丞相，控
制皇帝，左右国政，俨然皇帝一般，汉献帝成了一个只担皇帝名义的
傀儡。

掌权之后的董卓，简直就成了杀人魔王。当时，洛阳作为国都，
是全国最大的城市。皇亲贵族、公卿大臣，家家都积累了巨资财富。
董卓看着眼红，就放纵士兵在城里抢掠。那些士兵得到命令，不但抢
钱抢物，还掳掠和强奸妇女，连公主、宫女也不得幸免。何太后出殡
时，董卓还下令打开汉灵帝的陵墓，把埋在里面的珍宝拿出来据为己

有。有一次，董卓带兵在洛阳郊外游玩，正赶上百姓祭神赶庙会，人流熙攘，十分热闹。董卓以百姓们挡了他的道为由，下令士兵将赶庙会的男子全部杀死，抢掠妇女和财物，霎时间庙会场血流成河，哭声震天。董卓还不解气，又让士兵将砍下来的头颅挂在车辕上，带回京城，冒领"杀贼"之功。

董卓如此残暴，人神共愤。第二年（190年）正月，勃海太守袁绍会集曹操、孙坚等十八路人马，以袁绍为盟主，共同讨伐董卓。他们向全国各地颁发讨伐董卓的布告，声势十分浩大。

董卓害怕袁绍他们势大，决定迁都长安。大臣周毖、伍琼因为反对迁都，被董卓砍了脑袋。从此以后，大臣们都噤若寒蝉，谁也不敢再反对迁都了。

这年二月，董卓正式下令迁都长安。为打消人们返乡的念头，他指令士兵在洛阳城里到处放火，把宫殿、官府和民房全部焚烧，强迫皇室贵族、公卿大臣和老百姓跟他一块儿搬迁到长安。同时，他还捏造种种罪名，将许多当官的或者确实有钱的富人杀害，没收他们的全部财产。洛阳城的几百万市民，因为没了住所，只好哭哭啼啼地跟他走。一路上，百姓死伤无数。就这样，一座古老而繁华的洛阳城被洗劫一空，变成了一片废墟。

董卓劫持汉献帝到长安以后，仍然为所欲为，无恶不作。他在长安西边的眉县修建了一座城堡，叫作"郿坞"，又号称"万岁坞"。郿坞依山建造，城墙的规格超过了长安城墙。董卓在郿坞储存了足够食用三十年的粮食，以及无以计数的黄金珠宝。董卓当时打着他的如意算盘：有了郿坞，进可以据此争夺天下，退可以守此颐养天年。他妄想凭借这个郿坞，自己就可以立于不败之地。

那时，司徒王允和仆射士孙瑞在朝中比较有名望。他们想杀掉董卓，只是董卓义子吕布不易对付，使他们不敢轻易下手。但董卓刚愎自用，性格偏狭残忍，虽说和吕布亲如父子，但也不是没有隔阂。有一次，吕布稍有不慎，得罪了他，董卓就掷出手戟差点儿把吕布刺死，因此吕布怀恨在心。司徒王允知道了他们之间的矛盾，当即利用这个机会，将刺杀董卓的密谋告诉了吕布，请他做内应（王允设连环计，吕布戏貂蝉皆非史实，乃小说家言）。吕布便对天起誓，决心联手除掉董卓。

初平三年（192年）四月，汉献帝宣召文武百官上朝。董卓穿着朝服，坐着马车前往皇宫。董卓一贯目中无人，此时根本没有料到有什么危险。王允他们早已巧设机关，准备就绪，吕布怀藏诏书，让自己的同乡李肃带领十几个勇士埋伏在宫里面，自己则跟着董卓假装保护他。董卓的马车刚进宫门，李肃抢先冲过来，举剑就朝董卓的身上刺去。因为董卓身上的铠甲太厚，只伤了他的左臂。董卓从马车上摔下来，大声呼叫："奉先（吕布的字）我儿在哪儿？快来救我！"吕布从车后跑过来，厉声呵斥道："皇上下诏，要我杀死你这个奸贼！"

董卓见吕布背叛了自己，破口大骂。吕布当即把他刺倒在地，割下他的首级。王允见吕布杀了董卓，马上派人马打开郿坞，杀了董卓的弟弟董旻、董璜，灭了董卓的宗族。王允还派人把董卓的尸体抬到大街上示众，让老百姓发泄愤恨。

长安百姓听说董卓死了，万人空巷，纷纷跑到大街上载歌载舞，沽酒庆贺。那时正值初夏，天气渐渐变热了，有人见董卓肥胖的尸体开始腐烂，直往下流油，就在他的肚脐上插上一根灯芯，一直燃了两天才熄灭。

【前事后鉴】

普通人认识董卓，可能是从历史小说《三国演义》开始的，但尽管《三国演义》是小说，对董卓的描写却并未超越多少历史真实，也就是说，董卓的罪恶的确是擢发难数、罄竹难书的。

董卓本是西北边陲的一个地方官——并州牧，受大将军何进征召进京，当时所属人马也只有三千，然却能很快控制朝政，"挟天子以令诸侯"，是非暂且不论，说明董卓还是有些过人之处的。本传说他"性粗猛有谋"，"粗猛"是他犯下滔天罪恶的性格因素；"有谋"则是他能够"挟天子以令诸侯"的才智基础。但董卓虽然"有谋"，却极端缺乏政治远见，愚蠢地以为，大权在握，就可以为所欲为，所以在控制朝政以后，干尽了坏事，使京都洛阳遭遇到了空前的浩劫。董卓所以如此，与历史上的项羽有些相似，那就是认为可以以"力"征服天下，其结果没有不失败的。因此，从本质上看，董卓实际不过是残忍毒辣、暴虐无道的一介武夫而已。

董卓对自己的失败命运似有预见，所以他在权力鼎盛的时候，就苦心经营自己的避风巢穴——郿坞，荒唐地以为，即使夺天下不成功，也可以守着这些财富做个富家翁，颐养天年。这又是董卓缺乏政治见识的一个佐证。权力特别是最高权力的斗争本来就是你死我活的，一方的成功往往是以另一方的被消灭为标志的，你董卓夺天下不成功，那成功者还能让你活下来吗？可见董卓的见识是何等浅陋！

董卓坏事做绝，必然是人神共愤，死有余辜。所以他一被杀，立马就京师沸腾，普天同庆。董卓死后的尸体被肢解和被点天灯，说明了老百姓对他的切齿仇恨，这正是董卓一类桀纣之夫必然的结局。由此反证了民心的不可违、不可侮！

借用北宋大文豪苏轼嘲笑董卓可耻下场的一首诗来结束本篇：

衣中甲厚行所惧，坞里金多退足凭；

毕竟英雄谁得似，脐脂自照不须灯！

【相关链接】

释语：

扬汤止沸，莫若去薪——与其把沸水舀起来再倒回去以使它不沸腾，还不如去掉锅底下的柴薪不让它燃烧。比喻治标不如治本，要从根本上解决问题。董卓受大将军何进私召进京诛灭宦官，在途中写给皇太后的奏章中认为应该釜底抽薪，诛杀宦官头目张让等，认为杀了张让，就从根本上解决宦官乱政的问题了。(《后汉书·董卓列传》)

地理：

凉州——汉元封五年（前106年），凉州即为十三州部之一。东汉时，治所在陇县（今甘肃张家川回族自治县）。辖区相当于今甘肃、宁夏及青海、陕西、内蒙古部分地区。三国魏治所移至姑臧（今甘肃武威）。十六国时前凉、后凉、北凉都在此建国。自304年匈奴刘渊起兵，至439年魏灭北凉，一百多年间，黄河流域遭遇战争的严重破坏。而凉州自前凉以来是战争最少的地区，汉族的经济文化还能保持旧状；因之凉州在十六国时期是中国北部的主要文化城市，它对沟通中外交流和北魏的文化都起过重要作用。唐朝，凉州已成为较大的商业城市。(《后汉书·董卓列传》)

三十九、挟天子以令诸侯

冬十一月丙戌，曹操自为司空，行车骑将军事，百官总己以听。

—— 《后汉书·献帝纪》

在中国历史上，曹操几乎成了巨奸大恶的代名词，但今人依据他一生的业绩，又誉之为杰出的政治家、军事家和文学家，真所谓"千秋功罪，自有后人评说"。

曹操，字孟德，小字阿瞒，沛国谯县（今安徽亳州市）人。他祖上本姓夏侯，只因为他父亲夏侯嵩做了中常侍曹腾的养子，才改姓曹氏。

曹操自幼机警，有胆识，尤善诡变多诈。少年时期的曹操喜好玩鹰弄犬，四处游荡而没有节制。他的叔父多次向曹操父亲曹嵩说起曹操，要他好好管教。曹操很讨厌他的叔父。后来，有一次他与叔父在路上相遇，就突然倒地假装中风，口眼歪斜，言语不清。叔父就将这告诉了曹嵩，曹嵩很惊慌，将曹操喊来，见曹操容貌如常，没有任何中风的迹象，就问他："你叔父讲你中风，是他说错了？"曹操说："我本来就没有中风，只是叔父一直不喜欢我，所以常被他诬告。"曹嵩开始怀疑是叔父偏见。从此以后，但凡叔父讲曹操的不是，曹嵩再也不信。于是，曹操更加肆无忌惮了。不过，在一般人的眼里，这时的曹操还不过是一个浪荡公子罢了，只有梁国太尉桥玄认为曹操是个奇才。他对曹操说："天下将要大乱，不是旷世奇才不能拯救危乱，能够安定天下的，恐怕就是你吧！"他还对曹操说："我见到天下的名士也

曹操（155—220）画像

够多的了，却没有一个能比得上你，希望你好自为之。"从此，曹操的名气越来越大了。

东汉灵帝熹平三年（174年），曹操以孝廉推举为郎，任洛阳北部尉。曹操步入仕途之后，就与祖父曹腾所从属的宦官集团针锋相对。中平元年（184年），曹操出任骑都尉，参与镇压黄巾起义，继任济南相。中平四年，辞官还乡。第二年，受诏为典军校尉，重新获得军权，奔赴洛阳就任。当时，东汉王朝在黄巾起义冲击下摇摇欲坠。中平六年，董卓入朝专权，曹操拒绝董卓的拉拢，聚集5000兵力，与各地豪强一样拥兵割据。并于中平七年参加讨董联军，任奋武将军，拥袁绍为盟主。但联军各自打着算盘，十余万联军观望不前。曹操孤军奋进，战败而还，遂决意独立发展。汉献帝初平二年（191年），曹操出兵镇压黑山军白绕部，占据濮阳（今河南濮阳西南）。初平三年，曹操被济北相鲍信等拥为兖州牧。接着，曹操采取软硬兼施

的办法，收降青州黄巾军 30 余万，选其精锐，编为青州兵，成为后来征战的重要力量。曹操立足兖州后，盘踞南阳的袁术向北扩张，勾结割据幽州的公孙瓒，对曹操形成了南北夹击之势。曹操审时度势，表面仍顺从袁绍，以争取支援，先击溃公孙瓒，接着迫使袁术败走淮北。

初平四年秋天，曹操以报杀父之仇为名，贸然进攻徐州，怂恿军队屠杀数万人，因为军粮用尽，于第二年春退回兖州。当年夏，他再次出兵徐州，而兖州大部被吕布等乘虚夺占，经艰苦奋战，才收回失地。这时曹操采纳谋臣荀彧"深根固本以制天下"的计策，吸取教训，巩固了兖、豫二州的根据地。建安元年（196 年），曹操刚占领许昌，就收到了董承的密信，要他率军去洛阳护驾。

原来，董卓被吕布杀死的第二年（建安元年）七月，汉献帝在董承、张杨、杨奉、韩暹等人的保护下，回到了洛阳。但当时的洛阳经过董卓的焚毁破坏，已是断壁残垣满目疮痍。宫殿已经没有一处完整无损的了。张杨派人修复了南宫，让汉献帝暂时在这里上朝。文武百官没有住的地方，便利用残垣断壁搭设草棚或支帐篷，在里面安身。汉献帝下诏向各地征调粮食，数量极少，也是杯水车薪，无济于事。因此，公卿大臣自尚书郎以下，都去挖野菜充饥。董承眼看着饿死人的事不断发生，只好给兖州刺史曹操写信，请他到洛阳来想办法。

曹操接到董承的来信，觉得这是一个难得的机会，要想征服天下，汉献帝正是一块可以利用的招牌，于是率军来到洛阳。曹操拜见了汉献帝，并将粮食拿出来救济公卿大臣。曹操认为将汉献帝弄到许昌，更易于控制，便以洛阳残破空虚为由，上书汉献帝，请他把都城迁到许昌去。汉献帝和公卿大臣巴不得有个依靠，自然都同意。没过多少日子，他们就跟随曹操来到许昌，并决定以许昌为国都，改称为许都。于是，汉献帝便拜曹操为大将军、武平侯，并且还让他兼任司空。这么一来，曹操像当初董卓一样，控制了朝廷的全部大权。

从此以后，曹操"挟天子以令诸侯"，总揽军政大权。在许县及交通沿线实行屯田，足食强兵，减轻民赋。此后三年，曹操又运用分化瓦解、各个击破之策，相继击败张绣，擒杀吕布，占领了许多地盘，遂与兵多地广的袁绍抗衡。这样，曹操的势力越来越强大，汉献帝自然就只是曹操征服天下的一块政治招牌而徒有皇帝的虚名了。

【前事后鉴】

这里主要想说说曹操其人。

由于古代的小说、戏剧尤其是历史小说《三国演义》，将曹操作为大奸大恶的反面人物来描写，把历史上真实的曹操性格中不好的一面予以夸大，并虚构事实，以突出其奸诈的个性，所以千余年来，曹操几乎就成了"奸臣"的代名词。近现代以来，较早为曹操翻案的要算鲁迅和郭沫若。鲁迅在《汉文学史纲要》和他的一些杂文中都对曹操有过不少正面的评价，特别是郭沫若的历史剧《蔡文姬》，一改旧时曹操白脸奸臣的舞台形象，几乎就将曹操写成了一个仁义之君，虽似有矫枉过正之嫌，但于人们改变对曹操的看法，还曹操一个历史公正，还是很有帮助的。

实际地讲，真实的曹操是一个十分复杂的人物。"奸雄"二字实在是对他最好的概括。他"奸"的一面如诛孔融，斩杨修，戮朝臣，逼献帝，等等。在他身上，几乎集中了历代封建君主和权臣的"恶德"：虚伪狡诈，阴狠残忍，自私贪婪，权欲熏心。但曹操又不是一般的平庸浅陋的奸佞之徒，他的雄才大略和过人的智谋在中国历史也是少有的。作为一个政治家和军事家，曹操能够礼贤下士，举贤授能，胸怀韬略，目光远大。他采纳荀彧、程昱等谋士的建议，挟持献帝，迁都许昌，从而在群雄纷争的局面中，"挟天子以令诸侯"，牢牢掌握了政治主动权。在曹操身边，集中了一大批智谋之士和武勇之将，就人才优势来讲，孙、刘联手才能与之匹敌。而且，曹操用人能够不拘一格，如荀彧、郭嘉皆是袁绍旧臣，而曹操则信之任之；张辽、徐晃、庞德都是降将，曹操却视为亲信。对于真正的人才，曹操能够惺惺相惜，刘备来投之时，虽深知他是非久居人下的英雄，却礼遇有加，不予加害；文士陈琳曾为袁绍作"讨曹檄文"，辱及曹操祖先，后曹操破袁绍而获之，赦之而用为"从事"。关羽兵败降曹，曹操敬重其为人，待为上宾，礼遇甚隆，并任凭关羽寻刘备而去。

曹操爱才、惜才却又忌才，表面看来是十分矛盾的，实际却十分符合他的性格逻辑。曹操的惜才、爱才与忌才都是从"功利"目的出发的。他不杀刘备，用他自己的话说，是"方今正用英雄之时，不可杀一人而失天下之心"。而陈琳乃一介书生，杀之而有害贤之名，有失人望。至于关羽，曹操留而不杀，先欲结恩以为己用，后任其离去，乃是教其部下效法之。当关羽离去，诸将欲追时，曹操说："彼各为其主，勿追也。"（《三国志·蜀书·关羽传》）在曹操看来，孔融虚有才名而忤己，杨修则恃才而乱政乱军，罪在可杀。即使像荀彧、崔琰这样的重要谋臣，虽才智可用，然一旦与自己离心离德，亦必诛之。一句话，一切皆以一己之功利为取舍，小说《三国演义》中曹操所说的"宁教我负天下人，休教天下人负我"，这句话，的确是历史上的曹操灵魂深处唯我主义思想的最好表白。世人以"奸雄"二字来概括曹操的性格与为人，实是的评。

但我们今天评价曹操，不仅是看他的为人怎样，主要应该看他的历史贡献如何。曹操在汉末动乱之世，扫灭群雄，统一中国北方，基本结束了中原地区的战乱状态，使占有当时中国三分之二的地域保持了相对稳定，经济得以发展，人民得以安居。所以说曹操是一个有着杰出贡献的历史人物，是一个了不起的军事家和政治家。同时，正如鲁迅所说的：曹操是"改造文章的祖师"。作为建安文学的杰出代表，曹操还是一个杰出的诗人和著名的文学家。

【相关链接】

成语：

挟天子以令诸侯——挟制着皇帝，用皇帝的名义发号施令。现比喻用领导的名义按自己的意思去指挥别人。《后汉书·袁绍列传》记载，沮授说绍曰："将军累叶台辅，世济忠义。今朝廷播越，宗庙残毁，观诸州郡，虽外托义兵，内实相图，未有忧存社稷恤人之意。且今州城粗定，兵强士附，西迎大驾，即宫邺都，挟天子而令诸侯，蓄士马以讨不庭，谁能御之？"袁绍不听。后汉献帝被曹操挟制，成为曹操用以号令天下的政治工具。

名人：

建安七子——建安是汉献帝的年号，"七子"的说法见于曹丕《典论论文》，七子分别是指孔融、陈琳、王璨、徐干、阮瑀、应玚和刘桢。"七子"和曹操、曹丕、曹植"三曹"父子共同创造了"建安文学"，建安文学是我国文学史上的一个重要的发展阶段，它对后世文学特别是诗歌的影响重大而深远。

四十、汉献帝忍辱让位

冬十月乙卯，皇帝逊位，魏王丕称天子。奉帝为山阳
公，邑一万户，位在诸侯王上，奏事不称臣，受诏不拜……
——《后汉书·孝献帝纪》

东汉末年的一场"禅让"闹剧，结束延续了四百余年的刘汉王朝。
江山易主，合久必分，中国历史从此进入了三国鼎立的分裂时代。

东汉最后一位皇帝献帝刘协虽在位三十年（190—220 年），但一
直是个傀儡皇帝，先是受制于董卓，后又为曹操所挟制。他自己也感
觉很窝囊，不甘心做傀儡，就想方设法要除掉曹操。建安四年（199
年）的冬天，汉献帝就写了一封密诏，让董贵人缝在衣带里面偷偷地
交给她父亲董承，请他设法诛杀曹操。这年，刘备跟随曹操打败了吕
布，也来到许都（今河南许昌）。刘备是汉景帝之子中山靖王刘胜的
后裔。论辈分他是汉献帝的叔父，人们都称他刘皇叔。董承认为刘备
可靠，就让他看了"衣带诏"。两人经过商议，又约集了种辑、吴子
兰、王服三个将军，立誓杀掉曹操，恢复汉室皇权。

或许是天不灭曹，董承他们还没起事，曹操就派刘备讨伐袁术去
了（也是天不灭刘备）。董承因少了帮手，不敢妄动。第二年初，董

承密谋败露，曹操杀死董承等参与密谋的人，只有刘备一人因不在许都而漏网。与此案有牵连的董贵人也被曹操处死。尽管汉献帝以董贵人已有身孕为由，请求留她一条活命，但曹操还是把董贵人给活活勒死了。

人常言"兔死狐悲，物伤其类"，伏皇后见董贵人死得这么惨，感到十分恐惧，整天坐卧不安。自知曹操不除，自己的性命早晚不保。于是，她就给自己的父亲辅国将军伏完写了一封密信，叫他想出

汉献帝刘协（181—234）画像

除掉曹操的办法。伏完知道曹操羽翼已丰，亲信党羽充斥朝廷，把揽朝中大权，自己绝对没有能力除掉曹操，吓得赶紧把这封密信收藏起来。但是，纸包不住火，到了建安十九年（214 年），即董贵人死后的第十四年，曹操还是知道了伏皇后给她父亲伏完写密信的事。当时伏完已死，曹操无法治他的罪，就派尚书令华歆去逮捕伏皇后。伏皇后得到消息，吓得赶紧关住宫门，躲藏在夹壁墙里面。华歆闯进皇宫，拆毁夹壁墙，把伏皇后拉出来。伏皇后披头散发地向汉献帝告别，哭着说："皇上难道就不能救救我吗？"汉献帝流着眼泪，无可奈何地说："我已是自身难保，也不知道自己能活到哪一天，叫我怎么救你呀？"就这样，曹操杀了伏皇后和她生的两个皇子。

曹操为了牢牢地控制汉献帝，在杀了伏皇后以后，马上让汉献帝

立他的女儿曹节为皇后。第二年（216年），曹操又让献帝封他为魏王。这时候，袁绍、袁术、吕布、公孙瓒等割据势力已被曹操消灭，曹操统一了整个北方地区，所占据的差不多是当时整个中国的三分之二的地方。与曹操对立的，只剩下东吴的孙权和西蜀的刘备。魏、蜀、吴三国鼎立的局面业已形成，汉献帝只是徒有虚名而已。

俗话说"树倒猢狲散"，这话一点儿也不假。朝中那些所谓"叨食汉禄"的大臣们，一看刘姓江山早晚要被曹姓所取代，纷纷改换门庭，投靠新主。他们争相向曹操讨好，说"天命"已属曹家，应该由曹操取代刘家皇帝做天子。但曹操毕竟是精明的政治家，深知天下还没有统一，留下汉献帝这块招牌还有用处，不必急着做皇帝。他对大臣们说："当初周文王在世的时候，虽然占有天下三分之二，却仍然做殷纣王的臣下，一直到他的儿子周武王，才攻灭殷朝做了天子。如果天命果真降临到我头上，那么，我就做周文王吧。"曹操的意思很明显，他明确地把推翻刘姓皇帝、建立新朝的任务交给了他的儿子曹丕，所以曹操一死，曹丕就迫不及待地"逼宫"了。

建安二十五年（220年）正月，65岁的曹操病死。长子曹丕继承魏王之位。过了不到半年，曹丕就唆使左中郎将李伏等人上书，要求汉献帝让出帝位。

当时，有个辅国将军刘若，他虽是汉朝皇族，却是个吃里爬外的家伙。见曹丕早晚要篡汉，就主动投靠。于是，他就纠集一百二十多个大臣联名上书，逼迫汉献帝退位。汉献帝无可奈何，只好下诏宣布退位。诏书是这么说的：

"我在位三十年，天下一直动荡不安，幸运地靠着祖宗神灵的庇佑，才苟延到今天。我上视天象，下察民意，知道汉朝的气数已尽，天运已归属曹氏。大道运行，天下为公。古时候，唐尧把帝位传给了虞舜，虞舜把帝位传给了夏禹。他们的美德为万世所传颂，这是我一直非常羡慕的。我打算仿效唐尧，把帝位禅让给魏王，请魏王不要违了我心愿。"

为了避免留下篡位的恶名，魏王曹丕看过汉献帝的诏书，就假惺惺地予以推让，说自己没有帝王的才德，不敢担当帝位。可在暗地里，他却继续让大臣们向汉献帝施加压力。逼着汉献帝再一次下了诏书：

"从前唐尧德配天地，才盖九州，还察看天命之数，将帝位传给虞舜。如今上天终止了汉朝的命运，帝王之业确实转给了大魏。我守着空名而违背古义，实在愧对前贤。而魏王再三再四的谦让，让我心里更觉不安。舜、禹通情达理，当仁不让地继承帝王之位，故勋业垂于万载，美名传于无穷。因此，魏王只有早日登基，才能上合天意，下符民心，并了却我的宏愿。"

曹丕还是装模作样地推让一番之后才答应了。他派人在许都以南的繁阳修建了一座高台，叫作"受禅台"，决定选择一个黄道吉日，在那儿正式举行禅让大典。他要让天下的人们都知道，是汉献帝自愿把帝位让给他的，他曹丕就可以无须承担"篡位"的恶名了。

这年的十月，汉献帝被"请"到繁阳的"受禅台"，他让御史大夫张音把皇帝的符节和传国玉玺交给了魏王曹丕。

于是，曹丕便登上"受禅台"，正式召见文武百官，宣布受禅做了皇帝，就是魏文帝。他废汉献帝为山阳公，改汉延康元年为魏黄初元年，并追封其父曹操为魏武帝，庙号太祖。曹丕还不无得意地说："我现在知道古时候的'禅让'是怎么回事了！"

存在了近二百年的东汉政权就这样灭亡了。

【前事后鉴】

江山易主，皇帝更姓，历来大都是在血与火的搏杀中完成的。但也还有另一种"和平"的方式，那就是"禅让"。

禅让的方式，大概起源于原始社会末期形成的部落联盟酋长的民主继承制度或推选制度。后经先秦儒家特别是孟子的极力鼓吹与美化，遂成为远古尧舜一类的圣贤"天下为公"美德的明证。传说帝尧和帝舜都没有把帝位传给自己的儿子，而坚持"天下为公"的原则，举贤授能。故尧将帝位让给了舜，舜将帝位让给了禹。但到了大禹（即治洪水十三年而"三过家门而不入"的那个大禹），就没有这个好德行了，他不再禅让了，而自私地将帝位传给自己的儿子启，开了中国历史上的"家天下"的先例。

"禅让"的本义是指帝王自觉自愿地择取贤能，将帝王之位让给他姓之人。但远古时期的所谓"禅让"制，实际上并不是如先秦儒家说的那样高尚，甚或历史上就根本没有什么"禅让"。例如在先秦道家、墨家、法家的著作中就没有论及孟子所说的那种禅让，相反，对于帝尧和帝舜之间、帝舜与大禹之间帝位的传承，倒是揭露了他们之间的争权夺利和如后世一样充满着戮杀的。这说明，权力斗争，尤其是国家最高权力——皇（王）位之争，自古以来就是你死我活的，充满着血腥味的。而在数千年的封建时代所演绎的"禅让"闹剧，也只是留下了一些自欺欺人的笑柄。

自大禹开启了"家天下"以后，历史上也发生了几次"禅让"事件。在曹丕之前，王莽虽没有举行什么禅让仪式，但其性质与曹丕的即皇帝位差不多：王莽取代西汉，封幼帝孺子婴为"定安公"；曹丕取代东汉，封汉献帝为山阳公。他们都是行的一个路子，以比较"和平"的方式夺取帝位。曹丕之后，最著名的"禅让"事件要数赵匡胤取代后周柴宗训，本来是"陈桥兵变"，却要具体美化一番，说是"陈桥让位"，这种所谓的禅让本来就只是欺骗舆论，以免落下篡弑的骂名而已，实则是地道的掩耳盗铃、自欺欺人。说白了，"禅让"的本质就是"逼宫"，就是通过不流血或少流血的方式夺取帝位。而"让"的一方都同样地已经成为实际的傀儡，没有任何反抗能力，只能任窃取皇权的另一方随意摆弄。"禅让"的另一个实质就是窃权者为自己寻找遮羞布，将自己的"强行窃取"演绎为别人的"自愿退让"，封建统治者所一贯提倡的忠、孝、仁、义的纲常道德的虚伪性由此可见一斑。

【相关链接】

释词：

禅让——统治者把首领之位让给别人。"禅"意为"在祖宗面前大力推荐"，"让"指"让出帝位"。"禅让"又可分"内禅"与"外禅"，"内禅"是帝王将帝位让给同姓人，"外禅"谓天子禅位于外姓，如尧让位于舜。尧是黄帝以后比较著名部落联盟首领，尧生前把部落联盟首领位置让于舜，推舜为帝。这种让位，历史上称为"禅让"。尧舜"禅让"的历史传说，反映了上古的民主制度。但这或许是孟子等儒家之徒编造的假说，与历史真相不一定相合。后世所谓的"禅让"，基本都是以比较和平的政变、逼宫的方式，来实现政权的更迭。如曹丕代汉、赵匡胤代周等等。

人文景观：

禅陵——位于河南焦作市修武县方庄镇古汉村南，南距修武县城约23公里。禅陵北依太行山，其余三面皆为平原。陵东南400米处有一低矮山丘，因禅陵在此而得名，曰古汉山。北约5公里的太行山中有一幽静凹区，曰百家岩，内有一高约10米的高台，当地群众相传，汉献帝常来此避暑游玩，高台上建有汉献帝庙。陵北500米处是因陵而得名的古汉村。

责任编辑：汪　逸
封面设计：周方亚
责任校对：吕　飞

图书在版编目（CIP）数据

五陵王气：两汉经典故事课／张丛林 编著 . —北京：人民出版社，
　2020.1
（"二十五史"经典故事课丛书）
ISBN 978－7－01－021537－2

I.①五… 　II.①张… 　III.①中国历史－汉代－通俗读物

　IV.① K234.09

中国版本图书馆 CIP 数据核字（2019）第 259670 号

五陵王气——两汉经典故事课
WULING WANGQI LIANGHAN JINGDIAN GUSHIKE

张丛林　编著

人民出版社 出版发行
（100706　北京市东城区隆福寺街 99 号）

北京汇林印务有限公司印刷　新华书店经销

2020 年 1 月第 1 版　2020 年 1 月北京第 1 次印刷
开本：710 毫米 ×1000 毫米 1/16　印张：19.25
字数：240 千字

ISBN 978－7－01－021537－2　定价：59.00 元

邮购地址 100706　北京市东城区隆福寺街 99 号
人民东方图书销售中心　电话（010）65250042　65289539